DUCHAMP DU SIGNE

L'essentiel des écrits de Marcel Duchamp (hors correspondance) est publié par les Éditions Flammarion en deux volumes de la collection Champs.
Le premier (n° 614) intitulé *Duchamp du Signe*, a été élaboré par Michel Sanouillet à partir de l'ouvrage *Marchand du Sel*, réalisé en 1958 avec la collaboration de Marcel Duchamp, plusieurs fois remanié et augmenté.
Le second (n° 637) reprend les *Notes* de Marcel Duchamp retrouvées par Paul Matisse après la mort de l'auteur et publiées en édition de luxe à tirage limité à l'occasion de l'exposition inaugurale du Centre national d'Art et de Culture Georges Pompidou en mars 1980.
Les textes reproduits dans ces deux volumes sont contemporains, les plus souvent complémentaires, parfois redondants, en tous cas indissociables. L'ensemble constitue un corpus documentaire fragmenté mais homogène. Le lecteur devra donc s'astreindre à des renvois fréquents de l'un à l'autre.

MICHEL SANOUILLET ET PAUL MATISSE

MARCEL DUCHAMP

DUCHAMP DU SIGNE

Ecrits

Réunis et présentés par
Michel Sanouillet

Nouvelle édition revue et augmentée
avec la collaboration de
Elmer Peterson

Flammarion

L'éditeur tient à remercier, pour l'autorisation de reproduction des textes dont ils détiennent le copyright, ou qui sont en leur possession :

Les « Associates in Fine Arts », de l'Université de Yale, pour les *Notes de la Société Anonyme* (© 1950 by « The Associates in Fine Arts » at Yale University).

Arne H. Ekstrom pour *A l'Infinitif* (*The White Box*, © 1966 by Cordier & Ekstrom, Inc.).

« Art News » pour *Le Processus créatif* (*The Creative Act*, © 1957 by « Art News »).

L'Institut d'Art de Chicago, pour *la Collection Mary Reynolds* (*The Mary Reynolds Collection*, © 1956 by the Art Institute of Chicago).

Au Musée d'Art Moderne de New York, pour *Tribut à l'Artiste* (*A Tribute to the Artist*, in *Charles Demuth* by Andrew Carnduff Ritchie, © 1950 by the Museum of Modern Art, New York) et pour *Ce qui ne va pas en art dans ce pays...* (*The Great Trouble with Art in this Country*, publié pour la première fois dans *Eleven Europeans in America*, The Museum of Modern Art Bulletin, © 1946 by the Museum of Modern Art, New York), ainsi que pour *Si la scie...* et *A propos des Ready-mades*.

Matta, pour *Ombres portées*.

Pierre André Benoit pour *Possible*.

Enrico Donati, Sidney Janis, Arturo Schwarz.

Printed in France

ISBN : 978-2-0808-1614-6

"Une œuvre de Duchamp n'est pas exactement ce qu'on a devant les yeux, mais l'impulsion que ce signe *donne à l'esprit de celui qui le regarde"*.

J.-H. Lévesque. "La Leçon de M.D." In: *The United States Lines Paris Review*, **1955, bib. B 122.**

ABRÉVIATIONS

Sauf indications contraires, tous les textes sont de Marcel Duchamp (M.D.), tous les commentaires, notes et traductions de Michel Sanouillet (M.S.). Des crochets [ ] marquent une intervention du glossateur.

Bib.	renvoie à la note bibliographique figurant à la fin du présent ouvrage.
MDS	*Marchand du Sel.* Écrits de Marcel Duchamp. Édition originale. Paris, Le Terrain Vague, 1958. Bib. B 188.
CW	Arturo Schwarz. *The Complete Works of Marcel Duchamp.* Londres, Thames & Hudson, 1969. Bib. B 195.
CW Cat.	renvoie au numéro du catalogue raisonné des œuvres de M.D. contenu dans l'ouvrage précédent (pp. 372-580).
CW Bib.	renvoie au numéro de la bibliographie descriptive des écrits de M.D. contenue dans le même ouvrage (pp. 583-606).
NP	Arturo Schwarz. *Notes and Projects for the Large Glass.* Londres, Thames & Hudson, 1969. Bib. B 200. Le chiffre ou nombre suivant *NP* renvoie au numéro de la note citée.
BV	Marcel Duchamp. *La Mariée mise à nu par ses Célibataires, même (Boîte Verte).* Paris, Éditions Rrose Sélavy, 1934. Bib. A 33.
RS	Marcel Duchamp. *Rrose Sélavy.* Paris, G.L.M., 1939. Bib. A 49.
AI	Marcel Duchamp. *A l'Infinitif* (Boîte Blanche). New York, Cordier & Ekstrom, Inc., 1967. Bib. A 135.
WB	Pierre de Massot. *The Wonderful Book/Reflections on Rrose Sélavy.* Paris, chez l'auteur, 1924. Bib. B 145.
V	Marcel Duchamp. *From or by Marcel Duchamp* (Boîte en Valise). Paris, chez l'auteur, 1941. Bib. A 53.
L	Robert Lebel. *Sur Marcel Duchamp.* Paris, Trianon Press, 1959. Bib. B 118.
AHN	André Breton. *Anthologie de l'humour noir.* Paris, Sagittaire, 1940. Bib. B 24.
CG	Cleve Gray (in *AI*).
GH	George Hamilton.

AVERTISSEMENT

D'ailleurs, ce sont toujours les autres qui meurent...
Épitaphe,
tombeau de Marcel Duchamp
à Rouen

Nombre de nos contemporains s'étonneront d'apprendre qu'il existe des écrits de Marcel Duchamp. Le peintre du *Nu descendant un escalier* est surtout connu en effet pour le rôle qu'il a joué dans l'émancipation de l'art moderne, ou encore pour son étrange abandon de toute activité picturale en 1923 au profit du jeu d'échecs.

C'est en 1934 seulement, avec la publication des notes sur *La Mariée mise à nu par ses Célibataires, même*, que Duchamp se fit connaître comme « écriveur ». L'événement passa du reste inaperçu sauf d'André Breton qui, avec son discernement habituel, en pressentit immédiatement l'importance. Mais le tirage de la « Boîte verte » étant resté confidentiel, il fallut attendre 1958 et la parution aux Éditions du Terrain Vague de *Marchand du Sel*, premier recueil des écrits de Duchamp, pour que la production « littéraire » de l'artiste fût enfin rendue dans son ensemble accessible au grand public.

Dix-sept années se sont écoulées depuis cette date. Pendant dix d'entre elles, Duchamp a continué à distiller ici et là des notes, aphorismes et articles divers, qu'on trouvera incorporés dans la présente réédition, ainsi que des écrits anciens tels *A l'Infinitif* (« Boîte blanche ») publié en 1966.

Ainsi qu'il est précisé dans le corps de l'ouvrage, seuls sont reproduits ici les textes édités par Marcel Duchamp ou dont il a expressément approuvé la publication. Ils ont été regroupés en quatre chapitres, quelque peu différents de ceux du *Marchand du Sel :*

Le Voile de la Mariée : ensemble des notes relatives au « Grand Verre », *La Mariée mise à nu par ses Célibataires, même.*

Rrose & Cie : recueil de contrepèteries, calembours et jeux verbaux du type de ceux de *Rrose Sélavy* (1939).

M.D., Criticavit : articles, notules, aphorismes critiques.

Texticules : tous les autres textes, généralement brefs, qui n'ont pu s'inscrire dans les chapitres précédents.

Ces titres de chapitres ne sont pas de Marcel Duchamp, mais ont été inspirés par son œuvre.

Nous exprimons notre gratitude à tous les amis de M.D., aux collectionneurs d'œuvres d'art et de documents, aux détenteurs de droits d'auteurs qui ont permis l'utilisation et la reproduction des textes et des illustrations de cet ouvrage.

Nous remercions également les collègues et collaborateurs qui nous ont apporté leur aide dans la collecte des documents et l'établissement des textes, notamment Elmer Peterson, Anne d'Harnoncourt, Kynaston McShine, Craig Adcock et Yves Poupard-Lieussou.

A Alexina Duchamp, enfin, nous dédions cet ouvrage, en mémoire de Marcel à qui il tenait à cœur.

M. S.

Dans *Marchand du Sel,* les textes étaient reproduits soit en français, soit en anglais, selon que M.D. les avait rédigés dans l'une ou l'autre langue. Une édition intégralement anglaise ayant été publiée en 1973 par Oxford University Press à New York, nous avons, dans le présent recueil, systématiquement traduit en français tous les écrits de M.D. initialement parus en anglais.

Préface de 1958

Rrose Sélavy connaît bien le marchand du sel.
Robert Desnos

[Il est certain que les événements survenus depuis 1958, date de la rédaction de l'introduction qui va suivre, ont éclairé d'un jour nouveau la vie et l'œuvre de Marcel Duchamp. Sa mort, survenue en 1968, a figé en légende ce qui n'était alors que petite histoire. La place de Duchamp dans l'opinion publique a changé considérablement : on a pris conscience de la modification qui s'est opérée, par le canal de ses concepts philosophiques, dans la perception individuelle et collective de l'œuvre d'art. Avec cinquante ans de recul, on s'est aperçu que l'apparition des *readymades* en 1914 marquait non plus une évolution, ni même une révolution, dans l'histoire de l'esthétique moderne, mais une véritable mutation.

C'est pourquoi, sans doute, Duchamp a joué un rôle de mentor dans la genèse et l'élaboration des principaux mouvements d'avant-garde de ces dernières années, néo-dadaïsme, Op Art, Pop Art, Hyperréalisme, etc. Il n'est que de fréquenter l'un quelconque des salons d'art contemporain pour en acquérir la souvent pénible conviction.

Parallèlement, les expériences tentées depuis une décennie dans le domaine de la linguistique vont dans le sens des découvertes duchampiennes et confirment le caractère prémonitoire des excursions de Rrose Sélavy hors du champ clos de la peinture et des arts plastiques. Certaines des préoccupations fondamentales de la nouvelle critique et du structuralisme se trouvent déjà conceptualisées dans les textes de *A l'Infinitif*, publiés en 1966, mais datant de 1914-1920.

On comprend ainsi peu à peu que c'est bien par des personnages tels que Marcel Duchamp, et non par des figures plus publiques, que notre siècle se sera démarqué des précédents. Au moment où il amorce son déclin, les idées de Duchamp, accueillies avec indifférence des lustres durant, parviennent à maturité et seront bientôt *reçues*.

Il était donc fatal que certaines des observations ci-après parussent aujourd'hui simplistes, caduques ou tout bonnement naïves. Nous avons estimé cependant que dans l'ensemble cette préface n'avait pas trop pris de rides et qu'en tout état de cause, ayant été revue et approuvée par Marcel Duchamp, elle devait figurer telle quelle dans le présent recueil.]

En inaugurant cette collection par la publication des écrits de Marcel Duchamp, nous avons voulu rendre hommage à l'un des hommes les plus importants de notre époque.

L'importance d'une œuvre, on le conçoit, ne se mesure pour nous ni à son ampleur, ni à sa popularité. Nous avons trop souvent aperçu le vide immense qu'engendrent, toute publicité passée, les gros tirages et la peinture au « point » où nos contemporains aiment à trouver leurs critères. Nous sentons confusément qu'il en faudrait moins, et beaucoup plus, pour influer sur notre comportement intime, pour modifier nos goûts fondamentaux, en somme pour nous accorder avec nous-mêmes et le temps où nous vivons : une idée, un mot, deux doubles croches, un désaccord de couleurs, pourvu qu'ils soient inventés, *suffisent à déclencher un véritable processus de transmutation. Mais il faut une manière de prescience pour l'amorcer, et plusieurs générations pour le mener à terme.*

Aussi l'homme important *nous apparaît-il comme cet alchimiste dont l'œuvre, intrinsèquement ou historiquement incommunicable au grand public, peut néanmoins opérer cette transmutation chez certains artistes, poètes, musiciens, particulièrement réceptifs. Ceux-ci, faisant pour ainsi dire office de truchements, vulgarisent ensuite, par le canal de leurs pro-*

ductions personnelles, une ou deux de ces idées-forces d'emprunt et par là contribuent à former le goût d'une période. Pour le spectateur ou le lecteur communs, sensibles seulement à la valeur épiphénoménale de l'événement quotidien, le peintre en vue, le romancier à la mode, parce qu'il se trouve être le lieu de cette rare conjonction de l'idée-force et de la sensibilité de l'époque, présente tous les signes de l'hommc important, *qui ne sont en fait que ceux de* l'homme triomphal. *Son œuvre est au mieux une incarnation, au pire un délayage, une explication, toujours un produit destiné à la consommation courante et, comme tel, éminemment digestible. Ce produit touche, il est vrai, un immense public, d'où l'on voit que l'*homme triomphal *fait illusion assez aisément. Mais si l'on veut bien considérer la provenance réelle de l'élément essentiel qui fait le succès du produit, on admettra sans trop de réticence l'extrême importance de ces hommes dont l'œuvre, levain innombrable, peut, par procuration, susciter de véritables* multiplications.

De cette leçon méconnue de l'histoire, Duchamp nous offre une remarquable illustration. Il a su, par des méandres souterrains et de mystérieux arcanes, pourrir les fondements de notre art, de notre littérature, de nos dogmes, au point que notre existence quotidienne subrepticement en accuse le contre-coup. Depuis les premiers ready-mades, *les termites cheminent : rares sont ceux de nos contemporains qui ont perçu sous eux l'implacable progression de leur armée, décuplée d'heure en heure. Il a fallu des effondrements, des lézardes soudain apparues jusque sur la façade de nos académies pour que l'évidence crève enfin les yeux les plus aveugles : le monde où nous entrons ressemble étrangement à celui où, depuis déjà presque un siècle, se meut Marcel Duchamp.*

En 1923, *Duchamp mettait la dernière main à son Grand Verre — ou plutôt l'avant-dernière, puisqu'il ne devait jamais le finir — et entreprenait de se taire. Ce n'était point là propos délibéré, mais lente découverte de la valeur du mutisme.*

Ce silence de Marcel Duchamp pèse sur les lettres contemporaines à l'égal du Harrar rimbaldien. Il s'entend au loin jusqu'à mettre mal à l'aise nos littérateurs et nos peintres à succès qui, devant une attaque inexistante, tiennent à se justifier publiquement d'oser écrire ou peindre.

Sur la page même qu'ils noircissent, les voici confrontés avec la question (torture) que déjà posaient les Surréalistes dans Littérature *en 1919: « Pourquoi écrivez-vous? » Question qui touche d'ailleurs à la mise en demeure. En fait l'existence même de Duchamp n'aura été qu'un long silence entrecoupé des bribes que nous reproduisons ici, combien révélatrices, quand la pression intérieure devenait intenable ou que quelque ami, par une manière de chantage, l'amenait à sortir de sa réserve.*

C'est qu'après le suicide, un certain silence constitue la forme la plus tendue de la révolte dont il contient tout le potentiel dicible et indicible. Il faut imaginer Duchamp sans romantisme, après un essai patient et laborieux pour se forger un monde conforme à ses propres concepts, suffisamment recréé pour ne rien devoir, ou si peu, à la réalité humaine (et c'est la Mariée*), tentant de conquérir le temps, l'espace (*roto-reliefs *et machines-optiques), de vaincre le hasard (échecs, roulette), face à la réalité des choses dont l'implacable immensité le contraint à se taire. A se taire, mais non pas à accepter. On l'ignore, car le calme légendaire de Duchamp, et son sourire, ont su faire illusion. Cependant, à P. de Massot dont la femme vient de mourir, il câble :* Triste pendant automnal de lâcheté inacceptable confirmant une fois de plus inanité imbécile de toute justification raisonnée. *Le même jour il précise dans une lettre : « Nous jouons tous un misérable jeu et les généralités et les généralisations sont l'invention de tricheurs en chambre ». Non, le silence de Duchamp n'est pas indifférence, ni abandon, ni vide, mais un ressort bandé immobile et menaçant.*

On comprend dès lors que d'une attitude très exactement rationnelle et, en somme, exprimant une conception philosophique cohérente de l'existence, on ait voulu faire une démarche volontaire dont le mobile échappe et s'auréole de mystère. Or, dans sa vie comme dans son art ou ses écrits, Duchamp n'a jamais accepté de principe tout fait, de données intangibles. La courte conférence sur le processus de la création qu'il a donnée à Houston [1] *nous explique comment il n'a jamais cessé de s'élever contre l'établissement d'un goût quelconque, fût-il mauvais. Cette sophistique où il s'enferme volontairement (« je me force, dit-il, à me contredire pour*

---

1) Cf. pp. 187-189.

éviter de suivre mon goût ») traduit le souci constant de ne pas être dupe et implique l'acceptation d'une rude discipline personnelle ; toute âme, même supérieure, étant à la merci des tentations communes ou subtiles, qu'offrent le succès et la facilité. Duchamp n'est pas éloigné de voir dans son attitude un humanisme, car ce qui nous différencie de la machine, n'est-ce pas en fin de compte la possibilité laissée à l'homme de ne pas se répéter ?

C'est dans ce contexte qu'il convient de lire les pages qui suivent. Elles ne sont pas des créations littéraires au sens propre du terme, mais plutôt les jalons d'un lent processus mental, des concessions faites à regret, comme les brefs et éloquents « ahans » d'un homme qui peine. Dans leur laconisme lapidaire, elles nous donnent cependant une idée de ce que Duchamp eût aimé faire de ce monde, les bornes du possible ayant été reculées. André Breton remarque justement que « la question de la réalité, dans ses rapports avec la possibilité, question qui demeure la grande source d'angoisse, est ici résolue de la manière la plus hardie... « en distendant un peu les lois physiques et chimiques ». « Il est hors de doute, continue Breton, qu'on s'attachera plus tard à retrouver l'ordre chronologique rigoureux des trouvailles auxquelles cette méthode a pu conduire Marcel Duchamp dans l'ordre plastique. L'avenir ne pourra faire moins qu'en remonter systématiquement le cours, qu'en décrire avec précaution les méandres, à la recherche du trésor caché qui fut l'esprit de Duchamp et, à travers lui, ce qu'il y a de plus rare et de plus précieux, l'esprit de ce temps même. Il y va de toute l'initiation profonde à la façon de sentir la plus moderne, dont l'humour se présente dans cette œuvre comme la condition implicite. »[1] Le présent ouvrage contribuera pour beaucoup à éclairer cette recherche et à faciliter cette initiation.

L'ardeur subversive de Duchamp s'est portée dès 1913 contre le langage. On verra comme il entend reformer — et non réformer — notre moyen le plus ordinaire d'expression[2]. Il n'entreprend pas comme Tzara, Hausmann ou Schwitters de revenir aux sources mêmes du langage,

1) *Anthologie de l'humour noir*, p. 221.
2) Cf. ci-après chap. II, *Rrose & Cie*.

aux phonèmes élémentaires sensibles à l'oreille ; mais plutôt, suivant une démarche très rimbaldienne, de donner à chaque mot, à chaque lettre, une valeur sémantique arbitraire. On se rapproche ici des expériences tentées par Paul Éluard dans sa revue Proverbe. *Il s'agit* d'épuiser *le sens des mots, de jouer avec eux jusqu'à les violenter dans leurs attributs les plus secrets, à prononcer enfin le divorce total entre le terme et le contenu expressif que nous lui reconnaissons à l'accoutumée. Les vocables une fois vides et disponibles livreront d'eux-mêmes, soit par l'étrangeté soudain visible de leur structure interne, soit par leur baroque association avec d'autres mots, des trésors insoupçonnés d'images ou d'idées. L'aventure du langage se déroule ainsi à l'inverse de la recherche stylistique toujours éprise d'original et de sensations visuelles et auditives ; le principe étant qu'un mot trop regardé, comme un paysage, perd sa saveur, s'use, va de soi et c'est le lieu commun. L'intérêt que suscite son contenu sémantique s'amenuise jusqu'à s'évanouir. C'est alors seulement, au point où le styliste en quête de pittoresque abandonne la partie, que Duchamp intervient : voici que la cosse vide de fruit, le mot-assemblage-de-lettres assume une nouvelle identité, physique, tangible, surprenant interprète d'une nouvelle réalité. Duchamp recherche ainsi comment on pourrait renouveler totalement un vocabulaire en « rechargeant » tous les mots abstraits du dictionnaire d'un contenu neuf, pour aboutir, comme au seuil de l'histoire humaine, à des « mots premiers », « divisibles » seulement par eux-mêmes et par l'unité* [1].

Qu'au cours de ces manipulations et de ces jeux un certain comique se dégage, cela est possible, comme la chaleur au cours d'une réaction chimique, mais nullement nécessaire et dans tous les cas d'une importance secondaire. Cela apparaît assez clairement dans les sentences où, comme le note encore Breton, Duchamp a su « faire intervenir le plaisir jusque dans la formulation de la loi à laquelle la réalité doit répondre. (Un fil vertical tombe d'un mètre de hauteur sur un plan horizontal en se déformant *à son gré* et donne une figure nouvelle de l'unité de longueur [...]). *En cela réside ce que Duchamp a appelé* l'ironisme d'affir-

1) On lira avec intérêt, pp. 173-174, le témoignage de l'admiration précoce éprouvée par Duchamp pour les expériences « philologiques » de Jean-Pierre Brisset et de Raymond Roussel.

mation, *par opposition à l'ironisme négateur, dépendant du rire seulement, ironisme d'affirmation qui est à l'humour ce que la fleur de farine est au blé* » [1].

Nul peut-être n'aura été moins dadaïste — *membre d'un mouvement* — *et plus* dada — *incarnation d'un état d'esprit — que Marcel Duchamp. Alors que pour beaucoup l'explosion dadaïste et surréaliste a été l'élément catalyseur d'une découverte — je pense aux animateurs de* Littérature —, *pour tant d'autres l'aubaine qui leur aura donné à bon compte la vie littéraire, il est évident qu'à travers Dada et le Surréalisme Duchamp est resté lui-même. Son évolution intérieure, commencée dès avant le Cubisme, ne porte la marque d'aucune influence connue. Il trouve rassemblés en lui les éléments constitutifs de la révolte dadaïste à l'état pur, c'est-à-dire l'absence totale de principes et de préjugés, la liberté de construire ou de détruire dans le plus total désintéressement, tout étant d'ailleurs égal et permis : « Il n'y a pas de solution, dit Duchamp, parce qu'il n'y a pas de problème. » Ce sens aussi de l' « umour » cette affection pour les calembours qui sont toujours comme le contrepoint visible d'une architecture inexprimée, ce désir de se formuler en sentences dépourvues de tout lyrisme ou en contrepèteries qui savent si bien transcender le comique. « Mon ironie, dit encore Duchamp, est celle de l'indifférence : méta-ironie. » On pourrait s'y tromper quelquefois : mais les jeux de Duchamp se déroulent aux antipodes de ceux de l'Almanach Vermot.*

A ces caractères innés du révolté moderne, il joint des qualités plus rares, qui laissent supposer quelque solide fondation : une simplicité, une rectitude qui ne doivent rien à la morale, bien qu'il y ait beaucoup du moraliste chez Duchamp, ce « Français du XVIIIe siècle finissant occupé à disséquer sensations et sentiments, à les réduire et traduire impitoyablement en mécanique comme jadis, dans le domaine du roman, Crébillon fils ou Laclos » [2].

Il serait vain de nous dissimuler que l'œuvre de Marcel Duchamp tant écrite que plastique, prête le flanc à toutes les accusations. On a pu

---

1) *Anthologie de l'humour noir*, loc. cit.
2) Charles ESTIENNE, *Surréalisme et peinture*, in : *Combat*, Paris, 15 juillet 1954.

lire sous la plume des chroniqueurs à la mode les critiques auxquelles nulle avant-garde ne saurait échapper : hermétisme gratuit, intellectualisme glacial et desséché, si ce n'est, tout crûment, plagiat, escroquerie, bluff flagrant et colossale mystification. En outre, devant le succès de Duchamp outre-Atlantique, notre chauvinisme français nous fait dire : « Ces Américains, tout de même, quelle crédulité ! » C'est pourtant le très sérieux et anglo-saxon Times Literary Supplement *qui exprime le plus ouvertement toutes ces critiques dans un article de tête consacré au mouvement Dada : « ... En 1915 Marcel Duchamp, autre cubiste raté, traversa l'Atlantique avec l'intention bien arrêtée de choquer l'Amérique par des farces d'atelier qui n'avaient suscité que peu d'intérêt en France. Il faut bien que Duchamp ait réussi au-delà de ses plus folles espérances, car aujourd'hui les historiens d'art américains rivalisent d'ardeur pour lui rendre hommage. « C'est peut-être l'esprit le plus inventif de notre siècle artistique. Depuis Léonard de Vinci, aucun artiste n'a été à ce point possédé du désir de nouvelles expériences philosophiques et technologiques », écrit l'un d'eux. Et tel autre dit de cet homme qui a renoncé à l'art en faveur des échecs à un âge relativement tendre : « Peu d'artistes ont exercé une si profonde influence sur leur époque. » Malheureusement la vérité est que l'art n'a jamais comblé Marcel Duchamp de ses faveurs. »* [1]

Sans doute la part dévolue à la mystification est grande dans l'œuvre de Duchamp. Son ami H. P. Roché remarque : « Je me méfie des Normands comme Duchamp, ... je sais que Duchamp peut m'avoir... » [2] *Encore ne faut-il pas se méprendre sur le sens et le but de cette mystification, qui n'est jamais gratuite et fait partie d'un comportement social très étudié.*

D'ailleurs, à la prise de position assez brutale du T.L.S. répondent celles de Breton qui, lui non plus, ne veut pas être dupe : « Notre ami Duchamp est assurément l'homme le plus intelligent et (pour beaucoup) le plus gênant de cette première partie du XXe siècle » [3] *; et d'Apollinaire*

1) *Anonyme* (comme tous les articles de tête du T.L.S.), 23 octobre 1953, p. 2.
2) H. P. Roché, *Souvenirs sur Marcel Duchamp* in : *La Nouvelle N.R.F.*, pp. 1133-1136, 1954.
3) *Anthologie de l'Humour noir*, loc. cit.

dont on notera qu'elle fut écrite en 1913, tout au début de l'évolution post-cubiste de Duchamp : « De même que l'on avait promené une œuvre de Cimabué, notre siècle a vu promener triomphalement pour être mené aux Arts-et-Métiers, l'aéroplane de Blériot tout chargé d'humanité, d'effort millénaire, d'art nécessaire. Il sera peut-être réservé à un artiste aussi dégagé des préoccupations esthétiques, aussi préoccupé d'énergie que Marcel Duchamp de réconcilier l'art et le peuple. »[1] Passons sur le pathos. Mais ne soyons pas surpris outre mesure de la dernière affirmation du prophétique auteur de La Jolie Rousse. Duchamp, comme l'écrivait plus haut Breton avec beaucoup de pénétration, incarne bien, à leur niveau le plus fondamental, les méthodes et les préoccupations d'une sensibilité si moderne que nos contemporains n'ont point encore pris conscience de son existence diffuse dans l'époque. Et l'entretien avec M. Sweeney, que nous reproduisons plus loin[2], éclaire cet aspect « populaire » de l'œuvre de Duchamp. Il faut d'ailleurs avoir causé en Amérique avec des gens de toutes conditions pour comprendre combien l'œuvre de Duchamp, qui bouleversa les milieux artistiques new-yorkais voici un demi-siècle, influence aujourd'hui un style de vie. A travers certaines méthodes publicitaires, une nouvelle optique de la vie sociale, un sens de l'humour absurde et incongru, elle est pour ainsi dire passée dans les mœurs.

Cette tentative de repenser le monde poursuivie par Duchamp en dehors de tous les sentiers battus trouve son point d'appui sur la machine, image et incarnation de notre époque, et sur le hasard qui a, de fait, pour nos contemporains, remplacé la divinité.

Duchamp, vers 1910, conçoit au contact des expériences futuristes, la vision de la société qui nous est promise où l'automatique et l'artificiel règleront tous nos rapports. Et pour mieux affirmer sa personnalité humaine, il s'intègre à ce monde nouveau. Au-delà de notre époque qui en est encore à vouloir adapter la machine à l'homme, Duchamp va essayer d'imaginer un état de choses où l'homme humanisera la machine à tel point qu'elle se prendra à vivre. Et dès lors les questions fusent,

1) *Méditations Esthétiques, Les Peintres cubistes*, Paris, Eugène Figuière, 1913, p. 76.
2) Pp. 175-185.

que son Grand Verre *dépeint, que sa* Boîte *décrit : si la machine, une machine dépourvue de tout attribut anthropomorphique, évoluait dans un monde à son image, hors des critères qui régissent l'homme, son créateur? Si tel le singe de Kafka, elle imitait servilement toutes les simagrées humaines dans le but exclusif de se libérer de ses chaînes, de « sortir »? Si la machine donc aimait, désirait, se mariait? Quel serait son processus de raisonnement? Nos bons auteurs de science-fiction, ceux du moins qui ne manquent pas d'un certain sens de l'humour, verront que* La Mariée *de Duchamp nous entraîne bien au-delà de leurs créations les plus folles où les robots, piteusement, ne s'expriment jamais qu'en termes humains, où toutes les recherches dans le fantastique n'aboutissent jamais qu'à une pauvre animalisation de Martiens ou de Lunaires. A lire les notes jetées pour la* Mariée, *le lecteur le plus réticent, s'il se veut un instant honnête, reconnaîtra la constance, la lucidité audacieuse, le calme déterminé de la pensée de Duchamp. La machine selon Duchamp est une créature suprêmement intelligente qui évolue dans un monde absolument divorcé du nôtre : elle pense, organise sa pensée en phrases cohérentes, use, suivant la technique analysée plus haut, de mots dont le sens nous est familier. Cependant ces mots s'entendent pour nous mystifier, de ces phrases n'émane que le secret, cette pensée que nous suivons pas à pas aboutit à une impasse, à un éclat de rire, voire à une nouvelle interrogation. Pour la machine de Duchamp, un « tamis » n'est pas nécessairement un tamis* [1].

D'autre part, que se passerait-il si la machine admettait, elle aussi, la possibilité de l'accident, de la non-répétition, attribut exclusif de l'homme? Mieux encore, si nous ayant devancés, elle savait employer le hasard à des fins utilitaires ou esthétiques? Je concède que nous nous trouvons ici au seuil d'un domaine où les esprits sérieux seront tentés de nous laisser pénétrer seul. Mais enfin, sommes-nous si loin de la science *poétique dont rêvait un Baudelaire* [2]*? Et ne voit-on pas que cette latitude laissée à la matière, comme si chaque atome était doué de conscience,*

1) Il faut lire sur ce sujet l'excellent ouvrage de Michel Carrouges, *Les Machines célibataires*, bib. B 47 ; et la rigoureuse « lecture » de Jean Suquet, *Miroir de la Mariée*, bib. B 213.
2) Cf. Charles Baudelaire, *Œuvres*. La Pléiade, N.R.F., Paris, 1954, p. 1381.

de connaissance et de sentiments, tout en multipliant à l'infini les occasions laissées au hasard, en limite du même coup singulièrement le domaine relatif? Ces élevages de poussière, ces stoppages-étalons *nous ouvrent la porte sur l'étonnante poésie du néant, sur le sens de l'insensé, sur le monde que tout objet recèle dans son microcosme. Et l'on imagine ce qu'eût été, écrit par Duchamp, le roman de la mariée... Mais l'exploitation pratique de ses découvertes n'intéresse pas Duchamp. Il s'est contenté de les noter sur ces papiers aide-mémoire, comme dans un livre de bord. On sait en quel mépris bonhomme il tient certains peintres « intoxiqués de térébenthine », amateurs et plus encore professionnels, tout comme il dédaigne la majorité des littérateurs. Car Duchamp vit une pure aventure de l'esprit. C'est dans ce contact abstrait avec le hasard que constitue le jeu des échecs qu'il trouve depuis cinquante ans les plus physiques jouissances. C'est pour étudier, instant par instant, les fantasques accidents de la roulette qu'il passe à Monte-Carlo toute une saison devant le tapis vert, sans éprouver aucune sensation qu'on puisse assimiler à la triviale passion du jeu. Et qu'il se déconcerte quand sa martingale, élaborée et diffusée à grands frais, s'avère infructueuse...*

Duchamp s'étonne ainsi sans éclat, avec une fraîcheur naïve qui explique l'originalité des créations spontanément écloses sous ses doigts. Des notions aussi neuves que celles qui jonchent la Boîte-en-valise *ne pouvaient naître qu'à un esprit merveilleusement dispos. Au vrai, qu'on veuille bien porter un minimum d'attention sur le détail le plus insignifiant du monde qui nous entoure et voici que, comme au Pays d'Alice, le lieu le plus commun devient fantastique. Pour Duchamp, rien a priori ne s'insère dans un contexte. L'ordre des choses n'est ni établi, ni réglé, ni certain, ni surtout définitif. Les éléments de ce monde ne sont pas liés entre eux, comme les lettres dans l'écriture manuscrite, par quelque schème subjectif et relativement rationnel. Ils se succèdent, juxtaposés indifféremment comme les types d'imprimerie. Il appartient au compositeur de les grouper dans un ordre donné et tant mieux, dit Duchamp, si le prote est ivre ou distrait, si le hasard brouille la fonte, chamboule le composteur, introduit la coquille et donne naissance au jeu* d'émaux.

La main de Duchamp, quoiqu'il en dise, a été formée pour la palette et non pour la plume. Écrire lui est une corvée et la minceur de son œuvre est due, aussi, à cette répugnance. Mais l'esprit de Duchamp est néanmoins tourné vers l'expression intellectuelle dont l'écriture est tout de même la manifestation la plus adéquate. Et nous croyons que la peinture à laquelle, par la force d'exemples impératifs, il s'adonna dès son enfance fut en somme une fausse vocation. On le voit à la manière dont Duchamp conçoit l'art du peintre, à celle aussi, savante et précise, dont il use de la langue comme d'un instrument dont il connaît toutes les ressources.

Servi par un caractère accueillant, Duchamp a su se ménager les sympathies de peintres et d'écrivains de bords très différents et qui ne font pas mystère de leurs aversions réciproques. Il voit les uns, écoute les autres, tranche avec une courtoise autorité. Ce talent de se compromettre sans se commettre lui a sans doute valu la grande estime où le tiennent les milieux artistiques américains. Secret dans sa vie personnelle, il ne se montre ni se cache. La fausse modestie lui est inconnue, la vraie a fait sa réputation. Tout vivant, il se sent peu à peu pétrifier dans le flot de l'histoire. Au musée de Philadelphie, il peut visiter la salle qui lui est consacrée et se voir tel que nos petits enfants le découvriront en l'an 2 000. Il assiste, impassible et bénévole, à la cristallisation en exploits légendaires de ses plus banales actions. Celles-ci prennent un sens dont il est malaisé de savoir si Duchamp l'a ou non voulu. Pour utiliser au maximum le maigre espace de son appartement parisien, imagine-t-il d'utiliser un seul battant de porte qui se rabatte alternativement sur deux chambranles placés à angle droit? La légende dit déjà que son seul propos était de prendre le proverbe « Il faut qu'une porte soit ouverte ou fermée *» en flagrant délit d'inexactitude. Chacun de ses gestes, parce qu'il est effectivement marqué au coin de sa forte et originale personnalité, contribue, existentiellement, à broder comme un contrepoint fabuleux à sa vie d'homme normal. Aussi bien, le fait de savoir si Duchamp a ou non souhaité cette interprétation ne fait rien à l'affaire. Car sur cette existence, sur cette œuvre, s'est édifié ce qu'il faut bien appeler le* mythe Duchamp. *Or l'authenticité des faits qui servent de support à un mythe importe moins que l'état d'esprit collectif qui lui a donné naissance. Si l'on nous démontrait que la* Mariée *n'était qu'une gigantesque fumisterie, le mythe d'un Duchamp énigmatique et infaillible n'en serait que plus vivace, et l'on* *trouverait nécessairement un sens véritable et fécond à cette œuvre désormais insensée. Peut-être est-ce là d'ailleurs l'ultime leçon que Duchamp donne à ce monde avide d'idoles, où la publicité, Narcisse moderne, s'adore elle-même !*

L'œuvre d'art ne vaut point tant par ce que son créateur y a condensé de talent et d'expérience que par les résonances et les harmoniques le plus souvent imprévues qu'elle déclenche chez le lecteur ou le « regardeur » (c'est le regardeur, dit Duchamp, qui fait le tableau). On peut dire que Duchamp a porté à son maximum la valeur de cet « écart », quantitatif et qualitatif, cher à Valéry, entre l'agent excitateur et la stimulation intellectuelle. De là à considérer l'œuvre de Duchamp comme une symbolique incantatoire, ou un « support de méditation » tel qu'en propose le yoga, il n'y a qu'un pas que certains fidèles n'ont pas hésité à franchir[1].

Publiés pour la plupart dans d'inaccessibles revues ou des éditions de luxe à tirage restreint, les écrits de Duchamp sont à l'heure actuelle ensevelis dans le tombeau des collections particulières. Quelque peu négligés par leur auteur, beaucoup sont inconnus de ceux-là mêmes à qui le nom et l'œuvre plastique de Marcel Duchamp sont familiers. Il nous a paru opportun de mettre entre toutes les mains, par un ouvrage d'un prix abordable, ce que nous croyons être l'essentiel de ses écrits.

De propos délibéré et après consultation avec M. Duchamp, nous avons cependant omis quatre secteurs de son œuvre : la correspondance, disséminée entre d'innombrables destinataires dont certains s'opposent catégoriquement à la publication de documents qui touchent de très près à leur vie privée, en rendant ainsi le recueil incomplet et, de ce fait, déjà caduc. Secundo, *les textes de M. Duchamp relatifs à la pratique des échecs qui, trop techniques, eussent rebuté le lecteur et n'eussent point trouvé leur place dans un ouvrage qui ne refuse point le qualificatif de* littéraire *pour briguer celui de* scientifique. Tertio, *les inédits détenus*

1) N'est-il pas significatif, par exemple, que Sidney Janis ait pu écrire en 1945 à propos de *La Mariée...* : « Consciemment ou non, le Grand Verre se rattache à la tradition chrétienne en peinture. C'est essentiellement une composition sur l'Assomption de la Vierge, la partie supérieure étant consacrée au monde séculier et à ses motivations, la partie inférieure au royaume du mécanisme et de l'esprit intérieurs. » In : *Dada Painters and Poets*, bib. B 148, p. 312.

dans les collections publiques et privées. Quarto, *les propos attribués à M.D. dans des interviews ou des écrits collectifs, et dont il est souvent malaisé d'établir l'authenticité.*

On trouvera donc ci-après les textes classés dans l'ordre chronologique de leur composition et, quand celle-ci était inconnue ou faisait difficulté, dans l'ordre de leur première publication.

Ils sont accompagnés de leurs variantes essentielles et des seules notes qui s'avéraient indispensables. La description de tous les ouvrages mentionnés figure dans la bibliographie que nous avons dressée à la fin de ce volume.

La lecture de ces écrits requiert une ouverture d'esprit qui est l'apanage exclusif d'un petit nombre, sur qui n'ont prise ni le snobisme, ni la peur des interdits publics et privés, ni surtout l'écrasante apathie spirituelle qui s'est établie sur notre siècle. A ceux-là dont le jugement, ou le sourire, ne s'ébauchera qu'une fois le livre lu, sont promises d'étonnantes découvertes.

Michel SANOUILLET.

JALONS BIOGRAPHIQUES

1887 28 juillet. Naissance de Marcel Duchamp à Blainville (Seine-Maritime). Son grand-père était peintre. Son père, notaire, a cinq autres enfants vivants. Ce sont, dans l'ordre de leur naissance : Gaston, qui deviendra le peintre Jacques Villon ; Raymond Duchamp-Villon, le sculpteur, qui mourra pendant la Grande Guerre ; Suzanne, qui épousera Jean Crotti ; enfin Yvonne et Madeleine.

1902 Premières peintures.

1904 Fin des études à l'école Bossuet. Départ pour Paris où le jeune Marcel rejoint ses frères Jacques Villon et Raymond Duchamp-Villon. Cours à l'Académie Julian jusqu'en juillet 1905.

1905 Caricatures pour *Le Courrier français* et *Le Rire*, à intervalles irréguliers, jusqu'en 1910.
Travail chez un imprimeur de Rouen. Un an de service militaire.

1906 Retour à Paris. Nouvelles toiles.

1908 M.D. s'installe à Neuilly jusqu'en 1913.

1909 Tableaux inspirés de Cézanne, puis, vers 1910, des Fauves. M.D. expose deux toiles au Salon des Indépendants de Paris. Participe aux réunions des Cubistes dissidents (Gleizes, Metzinger, Picabia, La Fresnaye...) chez Jacques Villon à Puteaux.

1911 Expose avec les Cubistes à Paris et à Rouen. *Les Joueurs d'échecs*, toile cubiste ; *Moulin à café*, tableau mécanomorphe. Première étude pour le *Nu descendant un escalier*.

1912 *Le Nu descendant un escalier* (nº 2) est retiré du Salon des Indépendants, puis exposé à Barcelone et enfin au Salon de la Section d'Or organisé par les frères de Duchamp à Paris.
Voyage à Munich où M.D. peint *La Vierge*, *La Mariée* et *Le Passage de la Vierge à la Mariée*, premières étapes de son « grand verre » *La Mariée mise à nu par ses Célibataires, même*. Début de la rédaction des notes qui sous-tendent l'exécution du grand verre.
Amitié avec Picabia et Apollinaire. Naissance des grandes dorsales de l'anti-art moderne.

1913 M.D. entre comme bibliothécaire à Sainte-Geneviève.
Le Nu descendant un escalier est exposé à l'Armory Show de New York où il suscite de vives controverses.
Premier *Ready-made, la Roue de Bicyclette.*
Début des travaux relatifs au grand verre : *Broyeuse de chocolat nº 1, Trois stoppages étalons, Glissière contenant un moulin à eau.*

1914 Édition en trois exemplaires de la *Boîte de 1914*, ébauche de la *Boîte verte* de 1934.

1915 Premier voyage aux États-Unis (juin). Il y retrouve Francis Picabia autour de qui gravitent de nombreux artistes et écrivains. Rencontre avec Walter et Louise Arensberg, Man Ray et Alfred Stieglitz. M.D. entreprend son grand verre et poursuit la sélection de ses *Ready-mades.*

1916 Participe à la fondation de la Société des Artistes Indépendants de New York.

1917 Sous le pseudonyme de Richard Mutt, M.D. expose aux Indépendants de New York une *Fontaine* qui n'est autre qu'un urinoir renversé. L'objet est refusé par le Comité, dont fait précisément partie Duchamp qui donne immédiatement sa démission.
A cette occasion, publication du *Blind Man* (2 numéros) et de *Rongwrong* (1 numéro).
Suite des *Ready-mades.*

1918 Dernier tableau *peint* par M.D. : *Tu m'* à l'intention de Katherine S. Dreier. Voyage de neuf mois à Buenos-Aires.

1919 Retour à Paris, chez Picabia. Collaboration épisodique aux diverses revues dadaïstes parisiennes. Rencontre avec Ribemont-Dessaignes, Pierre de Massot, Jacques Rigaut.
Œuvres de caractère dadaïste : *L.H.O.O.Q.* (Joconde à moustaches).

1920 Fondation à New York, avec Man Ray et Katherine S. Dreier, de la collection de peinture d'avant-garde *Société Anonyme.*
Naissance de Rrose Sélavy, *alter ego* de M.D.
Premières expériences optiques : *Rotative plaques de verre.*

1921 Publication, avec Man Ray, de *New York Dada* (un numéro).
Installation à Paris pour 6 mois avec Jean et Suzanne (Duchamp) Crotti.
Objet : *Why not sneeze* (*Ready-made* cage d'oiseau).

1922 Retour à New York. Nouvelle étape du grand verre.
Article d'André Breton sur M.D. dans *Littérature*, nº 5, oct. 1922.

1923 Duchamp abandonne son grand verre dans un état d' « inachèvement définitif ».
Retour à Paris (jusqu'en 1926).
La rumeur circule que Duchamp a « abandonné l'art ».

1924 Émission des obligations *Roulette de Monte-Carlo.*
Avec Erik Satie et Man Ray, M.D. joue dans le film *Entr'acte* et dans le spectacle-réveillon *Cinésketch* de Picabia et René Clair.

1925 Tournoi d'échecs à Nice.
Poursuite des expériences optiques : *Rotative demi-sphère ; Anemic Cinema*, film réalisé avec Man Ray et Marc Allégret.

1926 Première exposition au musée de Brooklyn du grand verre qui est fêlé au cours du transport.

1927 Participation à plusieurs expositions surréalistes.
Premier mariage avec Lydie Sarrazin-Levassor.

1929 Voyage en Espagne avec K.S. Dreier.

1932 M.D. s'adonne aux échecs en professionnel. Il fait partie de l'équipe du Championnat de France et publie avec Vitaly Halberstadt un ouvrage traitant des fins de partie, *L'Opposition et les cases conjuguées sont réconciliées.*

1933 Adaptation en français du traité d'Eugène Znosko-Borovski, *Comment il faut commencer une partie d'échecs.*
Bref séjour à New York.

1934 Publication sous emboîtage des notes sur le grand verre *La Mariée mise à nu par ses célibataires, même* (« Boîte verte »).

1935 Présentation au Concours Lépine des *Roto-reliefs,* disques optiques.
Publication du *Phare de la Mariée,* étude d'André Breton sur le grand verre dans *Minotaure,* n° 6, Paris.

1936 Retour à New York pour la restauration du grand verre.

1937 Première exposition personnelle (*Arts Club* de Chicago).
M.D. dessine la porte de la galerie Gradiva d'André Breton à Paris.

1938 M.D. est « générateur-arbitre » de l'exposition Internationale du Surréalisme organisée par André Breton à la Galerie des Beaux-Arts.
Il suspend au plafond 1 200 sacs à charbon.
Début du montage de la *Boîte en Valise,* tirée à 300 exemplaires et qui renferme en reproductions modèle réduit la quasi-totalité de l'œuvre plastique de Duchamp.

1939 Publication, chez G.L.M. à Paris, du recueil de contrepèteries et jeux verbaux *Rrose Sélavy.*

1942 Publication, avec Max Ernst et André Breton qui l'ont rejoint à New York, de la revue *V.V.V.* (4 numéros).
Exposition *First Papers of Surrealism* organisée à New York par Breton et M.D., qui tisse dans la salle un réseau de deux kilomètres de ficelle.

1945 Numéro spécial de la revue *View* consacré à M.D.

1947 M.D. et Breton présentent la Deuxième Exposition Internationale du Surréalisme chez Maeght à Paris. M.D. exécute la couverture du catalogue *(Prière de toucher)* ornée d'un sein en caoutchouc-mousse.
Hans Richter porte à l'écran dans *Dreams that Money can Buy* l'un des « rêves » de Duchamp, *Discs and Nudes descending a Staircase.*

1949 Participation au colloque « The Western Round Table on Modern Art » au Musée d'Art de San Francisco.

1950 Trente-deux études critiques de M.D. (rédigées entre 1943 et 1949) paraissent dans le Catalogue de la *Société Anonyme.*
Objets érotiques : *Feuille de vigne femelle*, puis *Objet Dard* (1951).

1953 « Dada's Daddy », par Winthrop Sargeant, premier article paru dans la grande presse sur M.D. (*Life*, 28 avril).
Organisation de l'Exposition Internationale Dada chez Sidney Janis à New York. M.D. dessine le catalogue en papier de soie froissé.

1954 Second mariage avec Alexina (Teeny) Sattler.
Ouverture au Musée d'art de Philadelphie de la Collection Walter et Louise Arensberg contenant 43 œuvres de M.D.
Participation au nouveau film d'Hans Richter, *88.*
Michel Carrouges : *Les Machines célibataires.*
Premier article sur M.D. dans la grande presse française : *Entretien avec Michel Sanouillet* (*Les Nouvelles Littéraires*, 16 décembre).

1955 Entretiens avec James Johnson Sweeney pour la chaîne de télévision américaine N.B.C.

1957 « L'Acte créateur », déclaration de M.D. au Congrès de la Fédération Américaine des Arts à Houston (Texas).

1958 *Marchand du Sel.* Premier recueil des écrits de Marcel Duchamp. Paris, Le Terrain Vague.

1959 Robert Lebel : *Sur Marcel Duchamp.* Première monographie d'ensemble sur M.D.
M.D. participe à l'Exposition Internationale du Surréalisme organisée à la Galerie Cordier à Paris.
Objets fantastiques : *With my tongue in my cheek*, *Torture morte*, etc. exécutés à Cadaquès (Espagne) où M.D. passe désormais régulièrement ses vacances estivales.

1960 Richard Hamilton : *The Bride Stripped Bare by her Bachelors, even*, version typographique en anglais (trad. de George Heard Hamilton) de la *Boîte verte.*

1961 Entretiens avec Richard Hamilton pour la B.B.C.-Télévision.
Ulf Linde : réplique du grand verre exécutée à Stockholm.

Lawrence D. Steefel, Jr. : thèse pour Princeton University sur *The Position of « La Mariée mise à nu par ses célibataires, même » in the Stylistic and Iconographical Development of Marcel Duchamp.*
Participation de M.D. au film de Hans Richter *Dadascope.*
Conférence de M.D. au Musée d'Art Moderne de New York : « A propos des *Ready-mades* ».

1962 Entretien avec Katherine Kuh : « The Artist's Voice talks with seventeen Artists », New York.

1963 Ulf Linde : *Marcel Duchamp.* Monographie, Stockholm. Exposition personnelle M.D. à la Galerie Burén.
Musée d'art de Pasadena : importante rétrospective « By or of Marcel Duchamp or Rrose Sélavy », organisée par Walter Hopps.
M.D. collabore à la reconstitution de l'Armory Show de 1913 à l'Arsenal du 69ᵉ Régiment à New York.

1964 Galerie Schwarz, Milan : édition de treize *Ready-mades* en « multiples » de huit exemplaires.
Arturo Schwarz : *Marcel Duchamp, Ready-mades, etc. (1913-1964).*
Jean-Marie Drot : *Partie d'échecs avec Marcel Duchamp*, film réalisé pour l'O.R.T.F.

1965 Galerie Cordier & Ekstrom, New York : « Not Seen and/or less Seen of/by Marcel Duchamp/Rrose Sélavy », exposition de la Collection Mary Sisler. Catalogue de Richard Hamilton.

1966 Richard Hamilton : deuxième réplique du grand verre, accompagnée d'études.
Tristram Powell : *Rebel Ready-made*, film réalisé pour la B.B.C.-Télévision.
Tate Gallery, Londres : « The Almost Complete Works of Marcel Duchamp », première importante rétrospective européenne.
Numéro spécial d'*Arts and Artists* (Londres) consacré à M.D. (juillet).
A l'Infinitif. Notes inédites de M.D. relatives au grand verre publiées en fac-similé par la Galerie Cordier & Ekstrom à New York.
Calvin Tomkins : *The World of Marcel Duchamp (1887-   ),* publié dans la collection de grande diffusion « Time-Life Books ».

1967 Exposition *Raymond Duchamp-Villon/Marcel Duchamp*, Musée d'Art Moderne de Paris (7 juin-2 juillet).
Exposition « Marcel Duchamp/The Mary Sisler Collection » en Nouvelle-Zélande et à la Galerie Nationale australienne.
Pierre Cabanne : *Entretiens avec Marcel Duchamp*, Paris, Belfond.
Arturo Schwarz : *The Large Glass and Related Works*, Milan, Galerie Schwarz.
Octavio Paz : *Marcel Duchamp ou le Château de la Pureté*, Paris, Givaudan.
Robert Lebel : *Marcel Duchamp* (nouvelle édition de la monographie), New York, Grossman.

1968 Galerie Cordier & Ekstrom, New York : « Portes », exposition de reproductions de la porte pour *Gradiva* et du *11, rue Larrey.*
Shuzo Takiguchi : *To and from Rrose Sélavy*, Tokyo.
2 octobre : mort de M.D. dans son studio de Neuilly.

1969 Arturo Schwarz : *Notes and Projects for the Large Glass* et *The Complete Works of Marcel Duchamp*, Londres, Thames & Hudson.
Michel Sanouillet : *Marchand du Sel*, trad. italienne d'Alberto Boatto, Salerne, Rumma.
Musée d'Art de Philadelphie : la dernière œuvre importante de M.D. *Étant donnés : 1° La chute d'eau. 2° Le gaz d'éclairage*, diorama, est montée et exposée en permanence. Catalogue d'Anne d'Harnoncourt et de Walter Hopps.

1971 Pierre Cabanne : *Dialogues with Marcel Duchamp*, trad. de Ron Padgett, New York, Viking.

1972 Exposition à la Galerie Knœdler, New York.
Exposition au Musée d'Israël, Jérusalem.

1973 John Golding : *Marcel Duchamp : The Bride Stripped Bare by her Bachelors, Even*, New York, Viking.
Musée d'art de Philadelphie, Musée d'Art Moderne de New York, *Art Institute* de Chicago : Rétrospective Duchamp, organisée par Anne d'Harnoncourt et Kynaston McShine. Catalogue des mêmes.

CHAPITRE I

Le voile de la mariée

Introduction

Marcel Duchamp n'a jamais cessé, durant toute son existence, de consigner, de façon plus ou moins formelle, les réflexions que lui inspirait l'élaboration de ses œuvres avant, pendant et après leur exécution. Ces observations se trouvent le plus souvent portées sur des cahiers ou sur des morceaux de papier hâtivement griffonnés.

On peut, *grosso modo*, les subdiviser en six lots, d'importance très inégale :

I. La « Boîte 1914 ».

II. La « Boîte verte » (*La Mariée mise à nu par ses Célibataires, même*, 1934).

III. Les notes diverses publiées en revues.

IV. La « Boîte blanche » (*A l'Infinitif*, 1966).

V. Les notes pour l'exécution d'*Étant donnés...*, la dernière œuvre de M.D.

VI. Les notes inédites ou détruites.

Seuls les quatre premiers lots figurent dans le présent volume. Ils constituent en quelque sorte la geste du « Grand Verre », *La Mariée mise à nu par ses Célibataires, même*, et représentent l'essentiel des textes rédigés par M.D., publiés de son vivant et avec son accord, sur cette œuvre.

Pour notre auteur en effet, les années 1912-1920 furent une période d'intense activité artistique et conceptuelle marquée notamment par l'invention des *Ready-mades* et l'exécution partielle du « Grand Verre » qu'il mit en chantier à l'automne de 1915, soit quelques semaines seulement après son arrivée (vers le 15 juin) dans la métropole américaine. Mais ce déploiement d'imagination plastique se double d'une fièvre intellectuelle extraordinaire : pendant une dizaine d'années il va confier, au jour le jour, à des fragments de papier, ces notes qui sous-tendent, expliquent ou au contraire occultent son œuvre de cette période en un véritable récitatif contrapunctique.

Les notes du lot V, rassemblées par M.D. lui-même en un fort cahier abondamment illustré actuellement déposé dans les archives du Musée de Philadelphie, sont les instructions de montage et le « mode d'emploi » de la grande « construction » ésotérique *Étant donnés : 1° La Chute d'eau. 2° Le Gaz d'éclairage*. Comme l'indique son titre, extrait d'une note de la « Boîte verte », cette dernière œuvre n'est qu'un des prolongements de la *Mariée*... Duchamp s'est arrangé pour qu'elle soit intransportable, impossible à photographier et visible seulement au Musée de Philadelphie. Quel que soit l'intérêt — considérable — de ce cahier, il nous a paru souhaitable de ne pas divulguer le « secret » de l'entreprise et de ne pas attenter au caractère initiatique que M.D. a voulu conférer à ces notes en en publiant prématurément la teneur, tout en formant le vœu que le voile soit bientôt levé.

Quant au lot VI, il comprend des notes inédites dispersées dans des collections privées : l'auteur n'en ayant pas souhaité expressément la publication, il y a lieu de penser qu'elles ne feraient souvent que doubler des notes existantes, et nous avons respecté cette réserve. Enfin d'autres papiers ont été détruits ou perdus par M.D. et les traces qui nous en restent sont trop peu sûres pour qu'il soit permis d'en faire état ici.

L'ordre adopté est dans tous les cas celui proposé ou approuvé par l'auteur, même si un certain arbitraire a nécessairement présidé à l'organisation de notes disparates. Pour la « Boîte 1914 » et pour la « Boîte verte », les textes ont été établis et ordonnés par Michel Sanouillet, puis revus par M.D. pour l'édition du *Marchand du Sel* en 1958. Pour la « Boîte blanche », nous avons suivi le classement adopté par Cleve Gray sur les instructions de M.D. dans l'édition Cordier et Ekstrom 1966 d'*A l'Infinitif*.

*

« [...] Le verre en fin de compte n'est pas fait pour être regardé (avec des yeux « esthétiques ») ; il devait être accompagné d'un texte de « littérature » aussi amorphe que possible qui ne prit jamais forme ; et les deux éléments verre pour les yeux, texte pour l'oreille et l'entendement devaient se compléter et surtout s'empêcher l'un l'autre de prendre une forme esthético-plastique ou littéraire. »

Lettre à Jean Suquet, 25 déc. 1949 in *Miroir de la Mariée*, bib. B 213, p. 247.

La boîte de 1914

Duchamp n'est pas homme à improviser. Ses inventions les plus spontanées en apparence sont souvent le fruit d'une lente maturation. C'est ainsi que l'idée d'utiliser une boîte comme réceptacle d'une œuvre « littéraire » lui était venue dès 1914 à Paris. Il avait même réuni, pour son usage personnel et sans intention de les publier, une quinzaine de textes que nous avons placés au début de ce chapitre. En effet, bien que ne faisant pas partie, à proprement parler, de la Mariée, *ces notes, au même titre d'ailleurs que tant d'autres aujourd'hui dispersées ou perdues, sont très évidemment du même cru et ne doivent qu'à la sélection opérée par Duchamp d'avoir été omises de la* Boîte verte, *où certaines réapparaîtront, plus ou moins réformées.*

L'existence de cette boîte, qui constitue en quelque sorte un prototype de celle de 1934, est restée longtemps ignorée. Le manuscrit original, dont Duchamp n'avait fait que deux copies photographiques, se trouve aujourd'hui au Musée de Philadelphie. A. Schwarz (CW Bib. 1) en a donné une description bibliographique précise.

L'IDÉE DE LA FABRICATION

— Si un fil droit horizontal d'un mètre de longueur tombe d'un mètre de hauteur sur un plan horizontal en se déformant *à son gré* et donne une figure nouvelle de l'unité de longueur. [1]

— 3 exemplaires obtenus dans des conditions à peu près semblables : dans *leur considération chacun à chacun* sont une reconstitution *approchée* de l'unité de longueur. [2]

Les *3 stoppages étalon* sont le mètre diminué. [3]

Vive ! les vêtements et le presse raquette. [4]

Faire un tableau de *hasard heureux ou malheureux* (veine ou déveine). [5]

ELOIGNEMENT

Contre le service militaire obligatoire : un « *éloignement* » de chaque membre, du cœur et des autres unités anatomiques ; chaque soldat ne pouvant déjà plus revêtir un uniforme, son cœur alimentant *téléphoniquement* un bras éloigné, etc.

Puis, plus d'alimentation ; chaque « éloigné » s'isolant. Enfin une Réglementation des regrets d'*éloigné à éloigné.*

L'ÉLECTRICITÉ EN LARGE

Seule utilisation possible de l'électricité « dans les arts ».

Étant donné que... ; si je suppose que je sois souffrant beaucoup....

---

1) Repris textuellement dans la *Boîte verte* (cf. ci-après p. 50).

2) Ce texte et le précédent occupent le recto et le verso d'une même feuille de papier quadrillé (cf. ci-après p. 50).

3) A la suite figure une ligne ondulée (cf. ci-après p. 50).

4) Écrit sur un fragment de carte-lettre.

5) Cf. ci-après pp. 50-51.

voir
On peut regarder voir ;
On ne peut pas entendre entendre. [1]

— On n'a que : pour *femelle* la pissotière et on en vit. —

UN MONDE EN JAUNE

Le pont des volumes
au-dessus, au-dessous des volumes,
pour voir passer le bateau-mouche.

Le jeu de tonneau est une très belle « *sculpture* » *d'adresse :* [2]

il faut enregistrer (photographiquement) 3 performances successives ; et *ne pas préférer* « toutes les pièces dans la grenouille » à « toutes les pièces dehors » ou (ni) surtout à une bonne moyenne.

— avoir l'apprenti dans le soleil — [3]

Arrhe est à art ce que merdre est à merde.

$$\frac{\text{arrhe}}{\text{art}} = \frac{\text{merdre}}{\text{merde}}$$

grammaticalt :
l'arrhe de la peinture est du genre féminin.

La *perspective linéaire* est un bon moyen pour *représenter diversement* des égalités ; c'est-à-dire que l'équivalent, le semblable (homothétique) et l'égal se confondent, en symétrie perspective.

---

1) Repris sous la forme : « On peut voir regarder. Peut-on entendre écouter, etc... ? (M.D.) » in : DACOSTA, *Le Mémento Universel*, Fascicule I, Paris 1948.

2) Ici figure un petit (1 cm × 1 cm) dessin de la main de Duchamp représentant un de ces jeux de tonneau, « coffre percé de trous dans lesquels il s'agit de lancer des palets de métal » (Larousse).

3) Cette phrase est manuscrite sur une feuille de papier à musique, tout comme le dessin qui l'accompagne. V. hors-texte n° 6.

Faire une armoire à glace.
Faire cette armoire à glace pour le tain.

Faire un tableau *de fréquence* :

*

La mariée mise à nu par ses célibataires, même[1] (la « boîte verte »)

Les notes ci-après composent la Boîte verte *confectionnée par Marcel Duchamp en 1934 et tirée à trois cents exemplaires. Cette boîte contient, outre les reproductions des différentes études pour le grand verre et de ses états successifs, une cinquantaine de papiers divers, fac-similés minutieux — papier, couleur et jusqu'à la forme découpée à l'aide de matrices de zinc — des notes que Duchamp avait prises à Munich, à New York et surtout à Paris entre 1912 et 1915 pendant la période de gestation de ce qui devait devenir son œuvre capitale. Tout ce qui touche à Duchamp devant être unique, il ne pouvait réunir ces documents en un banal ouvrage. L'objet qui sortit de ses mains en 1934 fut donc cette boîte à l'intérieur de laquelle les papiers multiformes et multicolores se déplacent sans ordre possible, au gré de leur possesseur et surtout d'un hasard que nous avons osé, ici, diriger. Avec l'aide de Marcel Duchamp, nous avons tenté de restituer l'ordre, sinon la chronologie, de leur rédaction. Cet ordre, on le verra, n'est pas sans analogie avec celui que propose Breton dans sa légende du Grand Verre.*

Les notes sont fréquemment accompagnées de dessins et croquis à la plume. Certains sont de simples figures sans importance. Nous les avons omis. D'autres, indispensables à la compréhension d'un texte déjà ardu, ont été inscrits, aussi bien que nous le permettait la composition typogra-

1) Plusieurs interprétations de cet intitulé ont été imaginées. Soulignons seulement ici le caractère autobiographique de l'œuvre attesté par l'insertion dans la masse du titre du prénom de l'auteur (La *MAR*iée mise à nu par ses *CEL*ibataires).

phique, à la place approximative qu'ils occupaient sur le manuscrit. Les hors-texte, d'ailleurs, aideront à la lecture.

L'orthographe de ces notes hâtives est souvent aberrante ou volontairement incorrecte. Nous l'avons respectée.

Rappelons simplement que notre propos n'est pas ici d'interpréter, mais seulement de présenter sous une forme lisible les documents qui constituent le catalogue explicatif du grand verre. On notera immédiatement que l'œuvre est restée inachevée, Duchamp y ayant mis la dernière main en 1923. Nous pouvons nous faire une idée, grâce, précisément, à la Boîte verte, *de l'envergure qu'aurait pris le verre une fois toutes les idées contenues dans ces notes — et dont certaines n'ont même pas reçu un commencement de réalisation — reportées sur le chevalet.*

Nous conseillons au lecteur de prendre de ce philtre intellectuel avec modération. Une phrase par jour, matin et soir, nous paraît constituer la dose convenable. Sinon, l'ivresse ou le dégoût se manifesteront dès la première heure.

ATTENTION POISON [1]

1) Le commentaire bien connu d'André Breton dans *Le Phare de la Mariée* (*Le Surréalisme et la peinture*, Bib. B 29, pp. 108-120) reste, à ce jour, la meilleure tentative d'explication du Grand Verre. On ne saurait se dispenser de s'y reporter. V. aussi la note bibliographique d'A. Schwarz (CW. Bib. 30).

Cette boîte nº 237/300 doit contenir 93 documents (photos, dessins et notes manuscrites des années 1911-15) ainsi qu'une planche en couleurs.
Édition Rrose Sélavy 18, rue de la Paix - Paris.

1. NOTES MARGINALES

LA MARIÉE MISE A NU PAR SES CÉLIBATAIRES, MÊME : pour écarter le *tout fait*, *en série* du *tout trouvé*. — L'écart est une opération.

Sorte de sous-titre
RETARD EN VERRE

Employer « retard » au lieu de tableau ou peinture ; tableau sur verre devient retard en verre — mais retard en verre ne veut pas dire tableau sur verre. —

C'est simplement un moyen d'arriver à ne plus considérer que la chose en question est un tableau — en faire un retard dans tout le général possible, pas tant dans les différents sens dans lesquels retard peut être pris, mais plutôt dans leur réunion indécise. « Retard » — un retard en [1] verre, comme on dirait un poème en prose ou un crachoir en argent [2].

1912

La machine à 5 cœurs, l'enfant pur, de nickel et de platine, doivent dominer la route Jura-Paris [3].

D'un côté, le chef des 5 nus sera en avant des 4 autres nus *vers* cette route Jura-Paris. De l'autre côté, l'enfant-phare sera l'instrument vainqueur de cette route Jura-Paris.

---

1) Ce mot suscrit ; *sur*, biffé.

2) La première et la dernière phrases de ce texte ont été reprises dans le *Dictionnaire abrégé du Surréalisme*, Galerie des Beaux Arts, Paris, 1938, à l'article « Retard », signé (M.D.).

3) Retour d'un voyage entrepris par Duchamp, Apollinaire, Picabia et sa femme Gabrielle Buffet dans la propriété familiale de cette dernière à Étival (Jura). C'est au cours de ce même voyage que fut décidée la publication des *Peintres cubistes* et que Guillaume Apollinaire aurait trouvé le titre de son poème d'*Alcools* : « Zone ».

Cet enfant-phare pourra, graphiquement, être une comète, qui aurait sa queue en avant, cette queue étant appendice de l'enfant-phare [1], appendice qui absorbe en l'émiettant (poussière d'or, graphiquement) cette route Jura-Paris.

La route Jura-Paris, devant être infinie seulement humainement, ne perdra rien de son caractère d'infinité en trouvant un terme d'un côté dans le chef des 5 nus, de l'autre dans l'enfant-phare.

Le terme « indéfini » me semble plus juste qu'infini. Elle aura un commencement dans le chef des 5 nus, et n'aura pas de fin dans l'enfant-phare.

Graphiquement, cette route [2] tendra vers la ligne pure géométrique sans épaisseur (rencontre de 2 plans me semble le seul moyen pictural d'arriver à une pureté).

Mais à son commencement (en le chef des 5 nus) elle sera très finie en largeur, épaisseur, etc., pour petit à petit, devenir sans forme topographique, en se rapprochant de cette droite idéale qui trouve son trou vers l'infini dans l'enfant-phare.

La matière picturale de cette route Jura-Paris sera le *bois* qui m'apparaît comme la traduction affective du silex effrité.

Peut-être, chercher s'il est nécessaire de choisir une essence de bois. (Le sapin, ou alors l'acajou vernis).

Détails d'exécution.

Dimensions = Plans.

Grandeur de la toile.

Peut-être faire un *tableau de charnière*. (Mètre pliant, livre...). Faire valoir le *principe de charnière* dans les déplacements : 1° dans le plan ; 2° dans l'espace.

Trouver une *description de la charnière.*

Peut-être à introduire dans le Pendu femelle.

---

1) *qui*, biffé.
2) *sera peu à peu*, biffé.

PRÉFACE [1]

Étant donnés : 1° la chute d'eau,
2° le gaz d'éclairage,

nous déterminerons [2] les conditions du Repos instantané (ou apparence allégorique) d'une succession [3] [d'un ensemble] de faits divers [4] semblant se nécessiter l'un l'autre par des lois, *pour isoler le signe* [5] *de la concordance entre*, d'une part, ce *Repos* (capable de toutes les excentricités innombrables) [6] et, d'autre part, un *choix de Possibilités* légitimées par ces lois et aussi [7] les occasionnant [8].

Pour repos instantané = faire entrer l'expression extra-rapide.

On déterminera les conditions de [la] meilleure exposition du Repos extra-rapide [de la pose extra-rapide] (= apparence allégorique) d'un ensemble. . . . etc.

rien Peut-être [9].

AVERTISSEMENT [10]

Étant donnés *(dans l'obscurité)* 1° la chute d'eau
Soit, donnés 2° le gaz d'éclairage,

dans l'obscurité ,[11] on déterminera [12] (les conditions de) [13] l'exposition extra-rapide (= apparence allégorique) [14] de plusieurs collisions [15] semblant se succéder rigoureusement chacune à chacune suivant

1) Ce mot entouré sur le manuscrit d'un trait rouge.
2) Ce mot entouré d'un trait rouge ; *on déterminera* suscrit.
3) Ce mot entouré d'un trait rouge.
4) Ces 2 mots entourés d'un trait rouge.
5) Ce mot entouré d'un trait rouge.
6) Ce mot entouré d'un trait rouge ; *(?)* suscrit.
7) Ce mot souligné d'un trait rouge.
8) Ce mot entouré d'un trait rouge.
9) Ces 2 mots en rouge.
10) Ce mot entouré d'un trait rouge.
11) Ces deux mots entourés d'un trait rouge et reliés par une flèche rouge à [*dans l'obscurité*] ligne précédente.
12) *on considérera* suscrit.
13) *considérations* suscrit ; le tout surmonté d'une flèche et de 2 points d'interrogation en rouge, et entouré d'un trait rouge.
14) *Reproduction allégorique* suscrit.
15) [*attentats*] suscrit.

des lois [1], *pour* isoler le *signe de* [2] *la concordance* entre cette exposition extra-rapide (capable de toutes les excentricités) *d'une part* et le choix des possibilités légitimées par ces lois d'*autre part.*

COMPARAISON ALGÉBRIQUE

$\frac{a}{b}$ a étant l'exposition
b » les possibilités

le rapport a/b est tout entier non pas dans un nombre [3] c a/b = c mais dans le signe (a/b) qui sépare a et b ; dès que a et b sont [4] « *connus* » ils deviennent des unités nouvelles et perdent leur valeur numérique relative, (ou de durée) ; reste le signe a/b [5] qui les séparait *(signe de la concordance* ou plutôt *de....? .... chercher).*

La droite et la gauche sont obtenues en laissant traîner derrière soi une teinture de *persistance dans la situation.* Ce façonnement symétrique de la *situation départie* de chaque côté de l'axe vertical n'est valable [6] pratiquement (comme droite différente de gauche) que comme résidu d'expériences sur des points fixes extérieurs.

Et *au contraire :* l'axe [7] vertical considéré isolément roulant sur lui-même, une génératrice à angle droit pax. [8], déterminera toujours un cercle dans les 2 cas : 1° tournant dans la direction A ; 2° direction B.

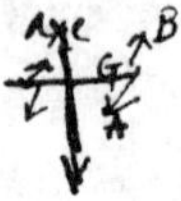

1) Ces 3 mots entourés d'un trait rouge ; *inutile* suscrit en rouge.
2) Ce mot entouré d'un trait rouge.
3) Ce mot suscrit ; *chiffre*, biffé.
4) Ce mot suscrit ; *étant*, biffé.
5) *de rapport* suscrit au crayon.
6) *pratiquement droite (en tant que droite différente de gauche)*, biffé.
7) *sur*, biffé.
8) i. e. « par exemple ».

Donc, *s'il* était encore possible, dans le cas d'axe vertical au repos, de considérer *2 directions contraires* pour la génératrice G, la figure engendrée *(quelle qu'elle soit)* [1], ne peut plus être appelée gauche ou droite de l'axe.

A mesure qu'il y a moins différenciation de l'axe et de l'axe, c'est-à-dire à mesure que tous les axes disparaissent en gris de verticalité la face et le dos, le revers et l'avers prennent une signification [2] circulaire : la droite et la gauche qui sont les 4 bras de la face et du dos se résorbent *le long des* verticales.

L'intérieur et l'extérieur [3] (pour étendue 4) [4] peuvent recevoir une semblable identification, mais l'axe n'est plus vertical et n'a plus d'apparence *uni*dimensionnelle.

2. LOIS ET NOTES GÉNÉRALES

NOTES GÉNÉRALES POUR UN TABLEAU HILARANT

Professeur de bière (litanie du chariot).
Principe des symétries commanditées (son application dans les mts. [5] du manieur et du pendu ; voy. le pendu femelle).
En général, le tableau est l'apparition d'une apparence. (Voir explication).

Mettre toute la mariée sous globe, ou dans une cage transparente.
Contrairement aux anciennes notes, la mariée ne fournit plus l'essence aux cylindres-seins. Chercher meilleure appellation que « cylindres-seins ».

---

1) *perd cette propriété de*, biffé.
2) Ce mot suscrit ; *sens*, biffé.
3) Ces 3 mots soulignés d'un trait rouge.
4) Ces 3 mots suscrits en rouge.
5) i. e. « mouvements ».

De l'hygiène dans la mariée ; ou du Régime dans la mariée.

Ne mettre que 3 pieds au jongleur parce que 3 points d'appui sont nécessaires à l'équilibre stable, 2 ne donneraient qu'un équilibre instable.

Peinture de précision, et beauté d'indifférence.

Solidité de construction :

Égalité de superposition : les dimensions principales d'assise générale de la mariée et de la machine célibataire sont égales.

Directions :

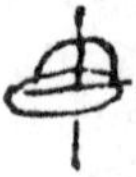

la forme = espace ;
le nombre 3 pris comme refrain en durée — (le nombre est la durée mathématique.

Donner toujours ou presque le pourquoi du choix entre 2 ou plusieurs solutions (par causalité ironique).

L'ironisme d'affirmation : différences avec l'ironisme négateur dépendant du Rire seulement.

LOIS, PRINCIPES, PHÉNOMÈNES [1]

— *Phénomène d'étirement dans l'unité de longueur* [2].

— *Adage de spontanéité* [3] = *Le célibataire broie son chocolat lui-même* [4].

— *Phénomène* [5] *ou principe* [6] *de densité oscillante*, propriété du corps des bouteilles de marques.

— Métal émancipé des tiges du traîneau.

— Frottement réintégré en retour [7] (métal émancipé).

1) Ces 3 mots soulignés d'un trait rouge.
2) Ces 5 mots soulignés d'un trait bleu.
3) Ce mot entouré d'un trait rouge.
4) Voir note 6, page 97.
5) Ce mot entouré d'un trait noir.
6) Ce mot entouré d'un trait noir.
7) Ces 2 mots entourés d'un trait et biffés d'une croix rouge.

Établir une société dont l'individu ait à payer l'air qu'il respire (compteurs d'air) ; emprisonnement et air raréfié [1], en cas de non paiement, simple asphyxie au besoin (couper l'air).

à condition que (?)

La brique ordinaire rassasie le nœud.

to be tired of.

Les lames de rasoir qui coupent bien et les lames de rasoir qui ne coupent plus.

Les premières ont du « coupage » en réserve.

— Se servir de ce « coupage » [2] ou « coupaison ».

La Pendule *de profil*, et l'*Inspecteur* d'espace.

SCULPTURE MUSICALE

Sons durant et partant de différents points et formant une sculpture sonore qui dure.

Perdre la possibilité de reconnaître [3] 2 choses semblables [4] — 2 couleurs, 2 dentelles, 2 chapeaux, 2 formes quelconques. Arriver à l'impossibilité de [5] mémoire visuelle suffisante pour transporter d'un [6] semblable à l'autre l'empreinte en mémoire.

— Même possibilité [7] avec des sons ; des cervellités.

---

1) *peine*, biffé.
2) *coupant*, suscrit.
3) *d'identifier*, suscrit.
4) *domaine de la coul*, biffé.
5) *transfusion*, biffé.
6) *point à l'autre*, biffé.
7) *dans le domaine des sons*, biffé.

3. LANGAGE

CONDITIONS D'UN LANGAGE :

Recherche des « *Mots premiers* » (« divisibles » seulement par eux-mêmes et par l'unité).

1

Prendre un dictionnaire Larousse et copier tous les mots dits « abstraits », c'est-à-dire qui n'aient pas de référence concrète.

Composer un signe schématique désignant chacun de ces mots (ce signe peut être composé avec les stoppages étalon).

Ces signes doivent être considérés comme les [2] lettres du nouvel alphabet.

Un groupement de [3] plusieurs signes déterminera

(Utiliser les couleurs — pour différencier ce qui correspondrait dans cette [littérature] à substantif, verbe, adverbe, déclinaisons, conjugaisons, etc.)

Nécessité de la *continuité idéale* c'est-à-dire : chaque groupement sera relié aux autres groupements par une *signification rigoureuse* (sorte de grammaire, n'exigeant plus une construction pédagogique de la phrase, mais, laissant de côté les différences des langages, et les « tournures » propres à chaque langage, pèse et mesure des *abstractions de substantifs*, *de négations*, des rapports de sujet à verbe etc., au moyen des signes-étalons, (représentant ces nouvelles relations : conjugaisons, déclinaisons, pluriel et singulier, adjectivation, inexprimables par les formes [4] *alphabétiques concrètes* des langues vivantes présentes et à venir).

Cet alphabet ne convient qu'à l'écriture de ce tableau très probablement.

---

1) *Broyeuse de Chocolat*, biffé.
2) *alphabet*, biffé.
3) *ces*, biffé.
4) *habituelles de*, biffé.

4. READYMADES

PRÉCISER LES « READYMADES »

En projetant pour un moment [1] à venir (tel jour, telle date, telle minute), « d'*inscrire un readymade* ». — Le readymade pourra ensuite être cherché (avec tous délais).

L'important alors est donc [2] cet horlogisme, cet instantané, comme un discours prononcé à l'occasion de n'importe quoi mais *à telle heure*. C'est une sorte de rendez-vous.

— Inscrire naturellement cette date, heure, minute, sur le readymade comme *renseignements*.

Aussi le côté exemplaire du readymade.

READYMADE RÉCIPROQUE

Se servir d'un Rembrandt comme planche à repasser [3].

TIRELIRE (OU CONSERVES)

Faire un readymade avec une boîte enfermant quelque chose irreconnaissable au son et souder la boîte.

Fait déjà dans le semi Readymade en plaques de cuivre et pelote de corde.

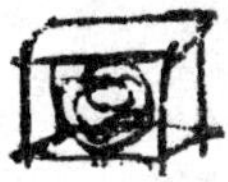

Faire un tableau malade ou un Readymade malade.

Acheter une pince à glace comme Readymade [4].

---

1) *proche*, biffé.

2) *cette*, biffé.

3) Repris dans le *Dictionnaire abrégé du surréalisme* à l'article « Ready Made » et précédé de la définition suivante : « Objet usuel promu à la dignité d'objet d'art par le simple choix de l'artiste ». Signé (M.D.).

4) Selon les auteurs, les œuvres et l'époque, ce terme d'origine anglaise adopté par M. Duchamp a assumé à peu près toutes les formes possibles. Son inventeur nous écrit cependant : « Je préfère *Ready-made*, en italiques et cela s'accorde. » M. S.

Limiter le nombre de readymades par année (?)

OMBRES PORTÉES DE READYMADES

Ombre portée de 2, 3, 4, Readymades « *rapprochés* ».

Peut-être se servir d'un agrandissement de cela pour en extraire [1] une figure formée par une [longueur] (par exemple) égale prise dans chaque Readymade et devenue par la projection une partie de l'ombre portée.

Pax. [2] 10 cm dans le premier Readymade
10 cm » » 2e »
etc.

Chacun de ces 10 cm devenu une partie de l'ombre portée.

Prendre ces « devenus » et en faire un relevé sur calque sans changer naturellement leur position l'un par rapport à l'autre dans la projection originale.

5. HASARD

3 STOPPAGES ÉTALONS

Du hasard en conserve [3].
1914.

L'IDÉE DE LA FABRICATION

— Si un fil droit horizontal d'un mètre de longueur tombe d'un mètre de hauteur sur un plan horizontal en se déformant *à son gré* et donne une figure nouvelle de l'unité de longueur.

---

1) Ce mot suscrit ; *choisir dans chaque Re*, biffé.
2) i. e. « par exemple ».
3) Repris dans le *Dictionnaire abrégé du surréalisme* à l'article « Hasard ». Signé (M. D.)

RÉGIME DE LA PESANTEUR

Ministère des coïncidences.

Département
(ou mieux) :
Régime de la coïncidence
Ministère de la pesanteur.

TABLEAU OU SCULPTURE

Récipient plat en verre — [recevant] toutes sortes de liquides colorés, morceaux de bois, de fer, réactions chimiques. Agiter le récipient, et regarder par transparence.

Se servir du radiateur et d'un papier (ou autre chose) remué par la chaleur au-dessus.

Photo. 3 performances — avec probablement un cadre de fond donnant [1] une indication [2] meilleure des déplacements et déformations.

Peut-être se servir de cela pour l'éclaboussement [3].

1) *les déformations*, biffé.
2) Ce mot suscrit ; *impression*, biffé.
3) Cette phrase entourée d'un trait rouge.

Erratum musical

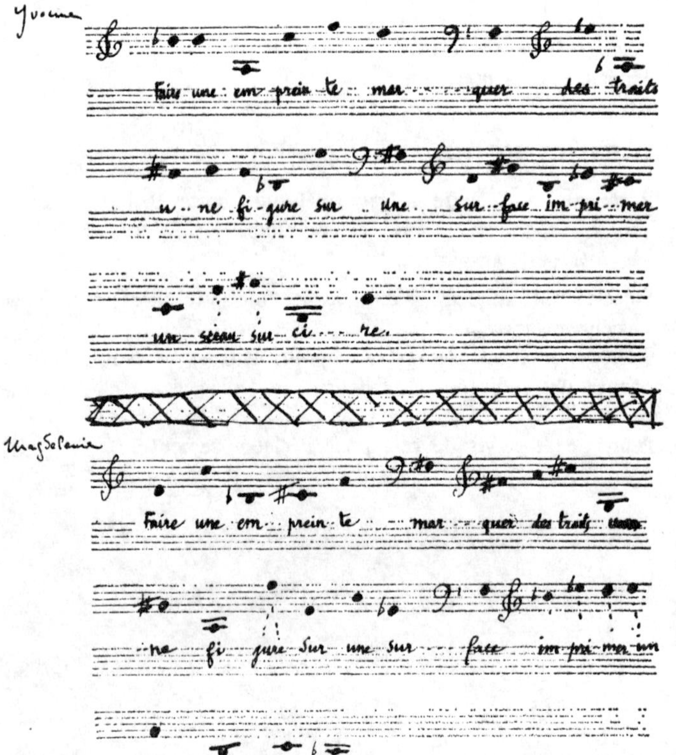

ERRATUM MUSICAL [1]

Yvonne	Faire une empreinte marquer des traits une figure sur une surface imprimer un sceau sur cire.
Magdeleine	Faire une empreinte marquer des traits une figure sur une surface imprimer un sceau sur cire.
Marcel	Faire une empreinte marquer des traits une figure sur une surface imprimer un sceau sur cire [2].

---

1) Texte à répéter 3 fois par 3 personnes sur 3 partitions différentes composées de notes tirées au sort dans un chapeau. Pour Duchamp, le chiffre 3 est un chiffre magique. Voir illustration p. 52 ci-conte.

2) On rapprochera de ce texte une autre « composition musicale » qui obéit aux mêmes lois du hasard. Nous donnons ci-après le « mode d'emploi » qui l'accompagne, publié dans le Catalogue de l'Exp. M.D. 1973-1974 (bib. B 139), n° 86, p. 264 :

" **La mariée mise à nu par ses Célibataires, même.**

Erratum musical

Chaque numéro indique une note ; un piano ordinaire contient environ 89 notes ; chaque numéro est le numéro d'ordre en partant de la gauche.

Inachevable ; pour instrument de musique précis (piano mécanique, orgues mécaniques, ou autres instruments nouveaux pour lesquels l'intermédiaire virtuose est supprimé) ; l'ordre de succession est (au gré) interchangeable ; le temps qui sépare chaque chiffre romain sera probablement constant (?) mais il pourra varier d'une exécution à l'autre ; exécution bien inutile d'ailleurs ;

appareil enregistrant automatiquement les périodes musicales fragmentées.

Vase contenant les 89 notes (ou plus : 1/4 de ton), figures parmi les numéros sur chaque boule.

Ouverture A laissant tomber les boules dans une suite de wagonnets B, C, D, E, F, etc.

Wagonnets B, C, D, E, F, allant à une vitesse variable recevant chacun 1 ou plusieurs boules.

Quand le vase est vide : la *période* en 89 notes (tant de) wag(nnets est inscrite et peut être exécutée par un instrument précis.

Un autre vase = une autre période = il résulte de l'équivalence des périodes et de leur comparaison une sorte d'alphabet musical nouveau, permettant des *descriptions modèles* (à développer)."

6. ADRESSE

TIRÉS

De plus ou moins loin ; sur un *but*. Ce but est en somme une *correspondance* du point de fuite (en perspective.)

La figure obtenue sera la projection *(d'adresse)* des principaux points d'un corps 3 dimsl [1]. Par le maximum d'adresse, cette projection se réduirait à un point (le but).

Par une adresse ordinaire cette projection sera une démultiplication du but. (Chacun des points nouveaux [images du but] aura une cote de distance. Cette cote de distance n'est qu'un souvenir et peut être notée conventionnellement (les différents tirés teintés du noir au blanc [2] suivant leur distance) —

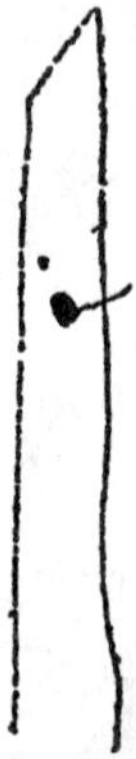

but

En général, la figure obtenue est l'aplatissement *voyable* (arrêt en cours de route) du corps démultiplié.

canon 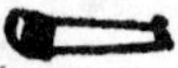 allumette avec une pointe de couleur fraîche

Répéter cette opération 9 fois — 3 fois par 3 fois du même point.

A 3 tirés B 3 tirés

C 3 tirés

A. B. C. ne sont pas dans un plan de n'importe quel objet.

et représentent le schéma du corps démultiplié.

but

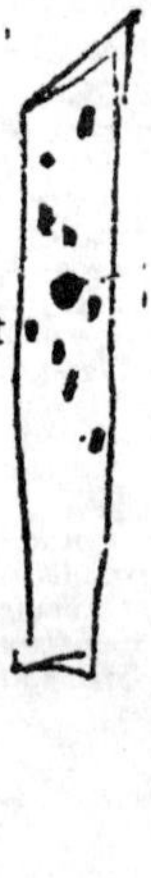

---

1) i. e. « dimensionnel ».
2) *selon*, biffé.

Le vent — pour les pistons de ct.[1] d'air.
L'adresse — pour les trous.
Le poids — pour les stoppages étalon.
A développer —

Par la perspective (ou tout autre moyen conventionnel, canons . . .) les lignes, le dessin sont « *forcés* » et perdent l'à peu près du « toujours possible » avec en plus l'ironie d'avoir *choisi* le corps ou objet primitif qui *devient inévitablement* selon cette perspective (ou autre convention).

7. INSCRIPTION DU HAUT

INSCRIPTION DU HAUT

Obtenue avec les pistons de courant d'air. (Indiquer la manière de[2] « préparer » ces pistons).

Ensuite les « placer » pendant un certain temps, (2 à 3 mois) et les laisser donner leur empreinte en tant que 3 *filets* à travers lesquels passent les commandements du pendu femelle (commandements dont l'alphabet et les termes sont régis par l'orientation des 3 filets [une sorte de triple « *grille* » à travers[3] laquelle la voie lactée supporte les et est conductrice des dits commandements].

Les enlever ensuite afin qu'il n'en reste que leur empreinte rigide c'est-à-dire la[4] *forme*[5] permettant toutes combinaisons de lettres envoyées à travers cette dite forme triple, commandements, ordres, autorisations, etc., devant aller rejoindre les tirés et l'éclaboussure.

---

1) i. e. « courant ».
2) *faire*, biffé.
3) *lesquelles*, biffé.
4) *vraie*, biffé.
5) *de l'inscription*, biffé.

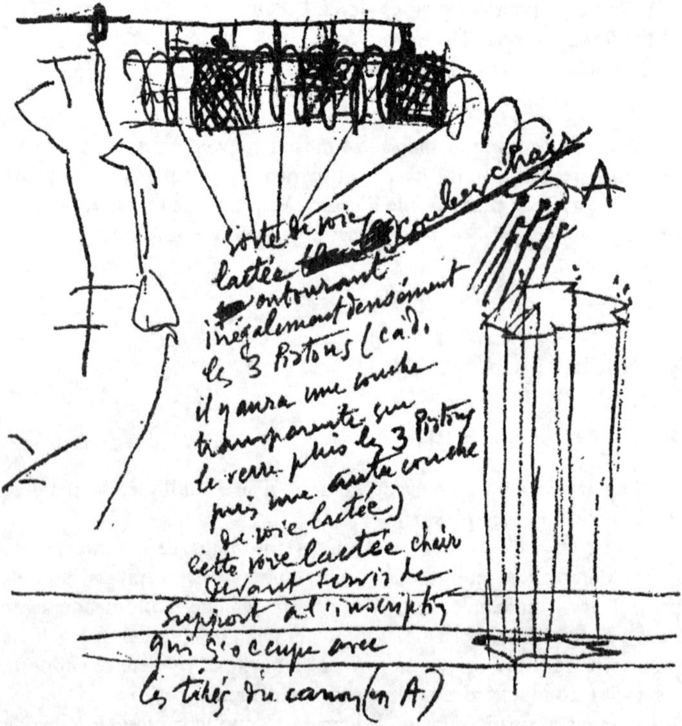

Sorte de voie lactée *couleur chair* entourant inégalement densément les 3 Pistons (c'est-à-dire il y aura une couche transparente sur le verre puis les 3 Pistons puis une autre couche de voie lactée). Cette voie lactée chair devant servir de support à l'inscription qui s'occupe avec les tirés du canon (en A).

3 Photos d'un morceau d'étoffe blanche — *piston du courant d'air ;* c'est-à-dire étoffe acceptée et refusée [1] par le courant d'air.

(Pour éviter tout chatoiement, repérer symétriquement, l'étoffe à plat avant la photo, par des points ou des petits carrés égaux et à égale distance les uns des autres [découper peut-être] ; après la photo l'ensemble des carrés-repères dissymétriquement disposés, donnera en plat une figuration conventionnelle des *3 pistons de courant d'air.* mai 1915.

[*EPANOUISSEMENT*] *ABC*

En faire une *Inscription*
(titre).

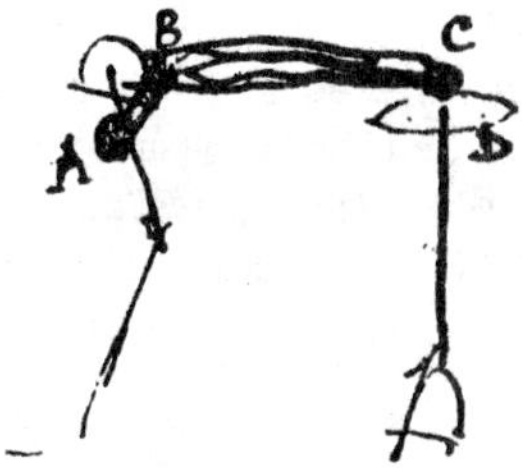

Inscription mouvante, c'est-à-dire dont l'ensemble des unités alphabétiques n'aient plus un ordre rigoureux de gauche à droite.

— Chaque *unité alphabétique* sera *une seule fois* présente dans l'ensemble ABC et se déplacera de A en C et retour.

— Car, de A vers C, l'inscription doit, selon les besoins d'équilibre du plateau D, déplacer un [stabilisateur] (boule ou autre), sur le plateau D. En A [2] il y aura [une sorte de *boîte à Lettres*] (alphabet) qui partiront vers B et C (à développer étudier).

Représentation de cette Inscription : Moyen photographique. Déterminer [3] les unités alphabétiques (par nombre, forme, signification. . .).

Figurer sculpturalement cette inscription *en mouvement*, et photographier instantané. Faire agrandir aux dimensions définitives.

1) *au-dessus et au-dessous*, biffé.
2) *sera*, biffé.
3) Ce mot suscrit; *établir*, biffé.

— Avec le cliché d'agrandissement : faire préparer au bromure d'argent — la [1] grande glace et tirer une épreuve, directe à l'envers (demander renseignements à photographe).

Peut-être chercher un moyen d'obtenir des épreuves superposées — (c'est-à-dire une première épreuve — de la première unité alphabétique (par exemple).

Hyposulfiter — faire une seconde épreuve de la seconde unité alphabétique, se superposant à la première, mais n'imprimant que l'essentiel sans fond (le fond transparent du verre).

3e, 4e, 5e etc. unités.

Tout cela à étudier pour l'exécution.

(Peut-être faire exécuter un *cliché en simili* — pour imprimer simplement). ???

Peut-être se servir d'un moindre transparent (verre dépoli ou papier huilé ou verni sur le verre) permettant une opacité provisoire faite des éclaboussures de l'amont et de l'aval.

[Pour l' « Inscription du haut »]

épanouissement. 1914

8. MARIÉE

LA MARIEE MISE A NU PAR LES CELIBATAIRES

2 éléments principaux : 1. Mariée
2. Célibataires

Disposition graphique [2].
Toile longue, en hauteur.
Mariée en haut, célibataires en bas.

Les célibataires devant servir de base architectonique à la mariée, celle-ci devient une sorte d'apothéose de la virginité.

1) *verre*, biffé.
2) *Mariée en haut*, biffé.

— Machine à vapeur avec soubassements en maçonnerie sur cette base en briques.

Assise solide, la machine-célibataire, grasse, lubrique — (développer).

A l'endroit (en montant toujours) où se traduit cet érotisme (qui doit être un des grands rouages de la machine-célibataire.

Ce rouage tourmenté donne naissance [1] la partie-désir de la machine. Cette partie-désir — change alors l'état [2] de mécanique — qui de à vapeur passe à l'état de moteur à explosions.

(Développer [3] le moteur-désir, conséquence du rouage lubrique).

Ce moteur-désir est la dernière partie de la machine-célibataire. Loin d'être en contact [4] direct avec la Mariée, le moteur-désir est séparé par un refroidisseur à ailettes (ou à eau).

Ce refroidisseur (graphiquement) pour exprimer que [5] la Mariée, au lieu d'être seulement un glaçon asensuel, refuse chaudement (pas chastement) l'offre brusquée des célibataires. Ce refroidisseur sera en verre transparent. Plusieurs plaques de verre les unes au-dessus des autres.

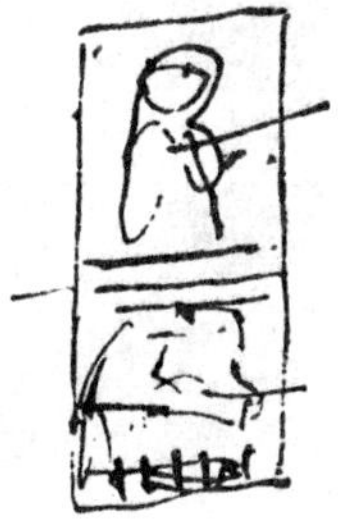

Malgré ce refroidisseur, il n'y a pas de solution de continuité entre la machine-célibataire et la Mariée. Mais les liens seront *électriques* et exprimeront ainsi la mise à nu : opération alternative. Court-circuit au besoin.

Soigner l'attache : nécessité [6] d'*affirmer* l'apparition du nouveau moteur : la mariée.

1) *au d*, biffé.
2) *la qualité*, biffé.
3) *cette*, biffé.
4) *avec*, biffé.
5) *cette*, biffé.
6) *de faire*, biffé.

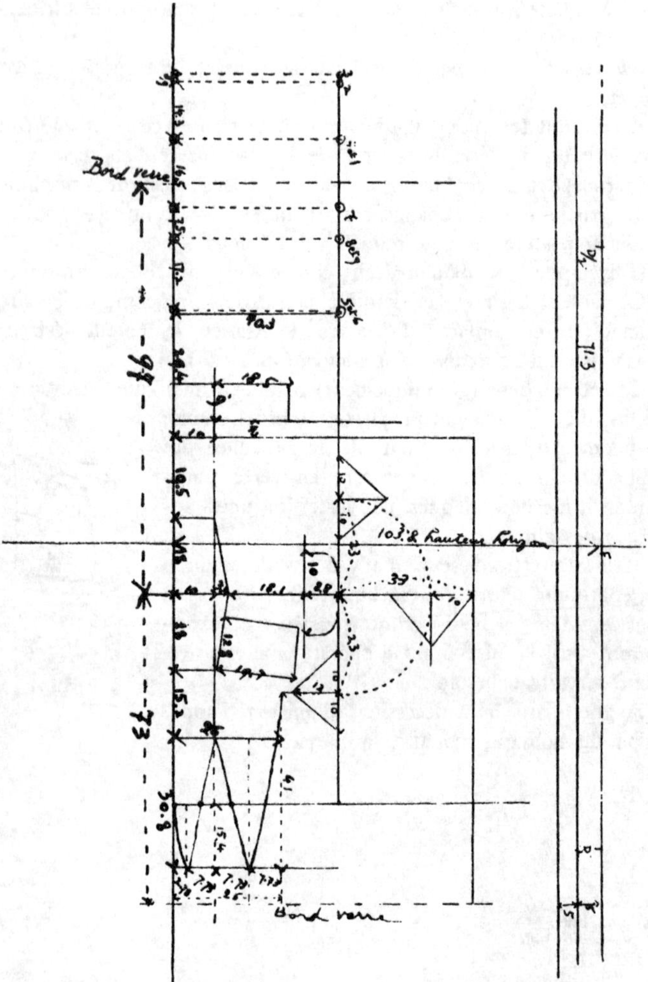
98
73
71.3
19.5
15.2
30.8
15.4
103.8 hauteur horizon

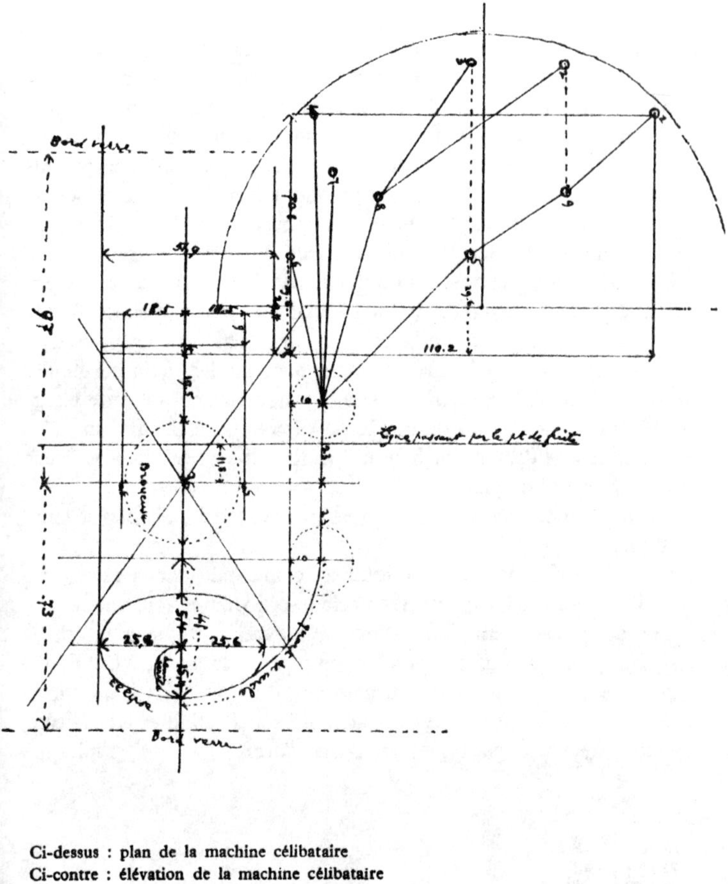

Ci-dessus : plan de la machine célibataire
Ci-contre : élévation de la machine célibataire

MARIEE

En général, si ce moteur mariée doit apparaître comme une apothéose de virginité c'est-à-dire le désir ignorant, le désir blanc (avec une pointe de malice) et s'il (graphiquement) n'a pas besoin de satisfaire aux lois de l'équilibre pesant, néanmoins, une potence de métal brillant pourra simuler l'attache de la pucelle à ses amies et parents (ceux-ci et celles-là correspondant graphiquement à une [1] base solide, sur terre ferme, comme [2] la base de maçonnerie de la machine-célibataire repose elle-même sur terre ferme.

La Mariée à sa base est [3] un moteur. Mais avant d'être un moteur qui transmet sa puissance timide — elle est cette puissance timide même. Cette puissance timide est une sorte d'automobiline, essence d'amour, qui, distribuée aux cylindres bien faibles, à la portée des *étincelles de sa vie* [4] *constante* [5], sert à l'épanouissement de cette vierge arrivée au terme de son désir. (Ici le désir-rouage tiendra une plus petite place que dans la machine-célibataire. Il est seulement la ficelle qui entoure le bouquet).

Toute l'importance graphique [6] est pour cet épanouissement cinématique.

Cet épanouissement cinématique est commandé par la mise à nu électrique (voir passage de la machine-célibataire à la mariée) [7].

Cet épanouissement cinématique qui exprime le moment de la mise à nu, doit se greffer sur un [8] arbre-type de la mariée. Cet arbre-type a ses racines dans le rouage-désir, *mais les effets cinématiques de la mise à nu électrique, transmis* [9] au moteur aux cylindres bien faibles, laissent (nécessité plastique) en repos l'arbre-type — (graphique-

1) *autre,* biffé.
2) *celle de,* biffé.
3) *d'abord,* biffé.
4) *commune,* biffé.
5) *et égale,* biffé.
6) *va à cet,* biffé.
7) *Cette mise à nu électrique est dans le tableau l'expression la plus importante (dans ce tableau-moment de la vie de la mariée) des étincelles de sa vie constante,* biffé.
8) *une sorte,* biffé.
9) *à cet arbre-type,* biffé.

ment, à Münich, j'ai déjà figuré cet arbre-type dans 2 études)[2] et ne touchent pas au désir-rouage qui donnant naissance à l'arbre-type, trouve[3] dans cet arbre-type la transmission du désir à l'épanouissement en mise à nu volontairement imaginée de la mariée désirante.

Cette mise à nu électrique actionne le moteur aux cylindres bien faibles qui découvre l'épanouissement en mise à nu par les célibataires dans son action sur les rouages d'horlogerie.

Se greffant sur l'arbre-type — l'épanouissement cinématique (commandé par la mise à nu électrique). Cet épanouissement cinématique est la partie la p.[4] importante du tableau (graphiquement comme surface). Il est, en général, l'auréole de la mariée[5], l'ensemble de ses vibrations splendides : graphiquement, il n'est pas question de symboliser par une peinture exaltée ce terme bienheureux — désir de la mariée ; seulement plus claire, dans tout cet épanouissement, la peinture sera un inventaire des éléments de cet épanouissement, éléments de la vie sexuelle imaginée par elle mariée-désirante. Dans cet épanouissement[6], la mariée se présente nue sous 2 apparences : la première, celle de la mise à nu par les célibataires, la seconde apparence, celle imaginative-volontaire de la mariée. De l'accouplement de ces 2 apparences de la virginité pure — de leur collision[7] dépend tout[8] l'épanouissement, ensemble supérieur et couronne du tableau.

Donc, développer graphiquement :

1° l'épanouissement en mise à nu par les célibataires

2° l'épanouissement en mise à nu imaginative de la mariée désirante.

3° Des 2 développements graphiques obtenus, trouver leur conciliation, qui soit « l'épanouissement » sans distinction de cause.

---

1) *obtenu*, biffé.
2) *Donc, se greffant sur l'arbre-type Mariée*, biffé.
3) *son épanouissement effet*, biffé.
4) i. e. « plus ».
5) *ses vibrations splendides*, biffé.
6) *il ne sera plus question des célibataires ni de mise à nu*, biffé.
7) *doit*, biffé.
8) *cet*, biffé.

Mixture, composé physique des 2 causes (célibataire et désir imaginatif)[1] inanalysable par la logique[2].

Le dernier état de cette mariée[3] à nu avant la jouissance qui la ferait[4] déchoir (fera déchoir).

Graphiquement, nécessité d'exprimer d'une façon complètement différente du reste du tableau, cet épanouissement.

1° Épanouissement en mise à nu par célibataires commandé électriquement.

Cet épanouissement — effet de la mise à nu électrique doit, graphiquement, aboutir au mouvement d'horlogerie (horloges électriques des gares). Rouages, roues dentées, etc. (développer donnant bien la saccade lancinante de la grande aiguille.

Le tout en métal mat (cuivre fin, acier, argent).

2° Épanouissement en mise à nu volontairement imaginée de la mariée désirante.

Cet épanouissement doit être le développement affiné de l'arbre-type.

Il prend naissance en rameaux sur cet arbre-type.

Rameaux givrés en nickel et platine. A mesure qu'il s'éloigne de l'arbre, cet épanouissement est l'image d'une voiture auto, qui monte une côte[5] en 1re vitesse. (La voiture désire de plus en plus le haut de la montée, et tout en accélérant lentement, comme fatiguée d'espoir, elle répète ses coups de moteur réguliers à une vitesse de p. en p.[6] grande, jusqu'au ronflement triomphal.

3° Épanouissement-couronne
(composé des 2 précédents).

Le 1er épanouissement s'attache au moteur aux cylindres bien faibles.

---

1) *obtenant*, biffé.
2) *Une nouvelle*, biffé.
3) *nue*, biffé.
4) *fait déchoir*, biffé.
5) *à*, biffé.
6) i. e. « de plus en plus ».

Le 2e à l'arbre-type dont il est le développement cinématique.

L'arbre-type a ses racines dans le désir-rouage, partie constitutive [1], squelettique de la mariée.

Le moteur aux cylindres bien faibles est un organe superficiel de la mariée ; il est actionné par l'essence d'amour, sécrétion des glandes sexuelles de la mariée et par les étincelles électriques de la mise à nu. (Pour exprimer que la mariée ne refuse pas cette mise à nu par les célibataires, l'accepte même, puisqu'elle fournit l'essence d'amour et va jusqu'à aider à une complète nudité en développant [2] d'une façon étincelante son désir aigu de jouissance.

Donc, le moteur aux cylindres bien faibles, organe constitutif mais superficiel de la mariée, est [3] les 2 foyers de l'ellipse épanouissement. (Le 1er foyer, centre de l'épanouissement en mise à nu par célibataire, 2e foyer, centre de l'épanouissement en mise à nu [4] imaginée volontairement de la mariée. 2e foyer, actionnant le désir-rouage (partie squelettique de la mariée) donnant naissance à l'arbre-type, etc.

LA MARIÉE SQUELETTE

La mariée, à sa base, est un réservoir à essence d'amour, (ou puissance timide). Cette puissance timide, distribuée au moteur à cylindres faibles, au contact des étincelles de sa vie constante (magnéto-désir) explose et épanouit cette vierge arrivée au terme de son désir.

Outre les étincelles de la magnéto-désir, les étincelles artificielles que produit la mise à nu électrique doivent fournir des explosions dans le moteur à cylindres faibles.

Donc, ce moteur à cylindres faibles est à 2 temps. Le 1er temps (étincelles de la magnéto-désir) commande l'arbre-type immobile. Cet arbre-type est une sorte de colonne vertébrale et doit être l'appui de l'épanouissement en mise à nu volontaire de la mariée. Le 2e temps (étincelles artificielles de la mise à nu électrique) commande l'appareil

1) *de*, biffé.
2) *son désir ai*, biffé.
3) *le centre de cet épanouissement*, biffé.
4) *acceptée volontairement*, biffé.

d'horlogerie, traduction graphique de l'épanouissement en mise à nu par les célibataires, (exprimant la saccade lancinante de la grande aiguille des horloges électriques).

La mariée accepte cette mise à nu par les célibataires, puisqu'elle fournit l'essence d'amour aux étincelles de la mise à nu électrique ; bien plus, elle aide à une complète nudité en ajoutant au 1er foyer d'étincelles (mise à nu électrique) le 2e foyer des étincelles de sa magnéto-désir.

Épanouissement

LA MARIÉE MISE A NU PAR SES CÉLIBATAIRES, MÊME

— machine agricole [1]
— (un monde en jaune) —
plutôt d. ? [2] le texte [3]
En réponse à votre honorée du . . . court. J'ai l'honneur [4] . . . [cette affaire] présente un gros intérêt . . .
pas sur le titre [5]

Appareil

instrument aratoire

Les *formes principales* de la machine-célibataire sont imparfaites : rectangle, cercle, parallélépipède, anse symétrique, demi-sphère = c'est-à-dire elles sont mensurées (rapport de leurs dimensions entre elles et rapport de ces formes principales à leur destination dans la machine-célibataire). Dans la mariée, les *formes principales* [6] sont *plus ou moins grandes ou petites*, n'ont plus, par rapport à leur destination, une mensuration : une sphère, dans la mariée, sera de rayon

---

1) Ces 2 mots entourés d'un trait rouge et biffés au crayon.
2) Le point d'interrogation en rouge.
3) Ces 8 mots entourés d'un trait rouge et biffés au crayon.
4) *M. Duchamp 1913*, biffé.
5) Ces 4 mots en rouge, et les 19 mots commençant avec « *en réponse à* » entourés d'un trait rouge et biffés au crayon.
6) *perdent ces rappor*, biffé.

quelconque (le rayon donné pour la représentation est fictif et pointillé).

De même et mieux dans le Pendu femelle et la [Guêpe], des paraboles des hyperboles (ou des volumes en dérivant) perdront tout caractère de situation mensurée [1]. La représentation matérielle ne sera qu'un *exemple* de chacune de ces *formes principales libres* [2]. (Un exemple sans valeur représentative, mais *permettant le plus ou le moins*).

L'aiguille-pouls, en plus du mt. [3] vibratoire est montée sur une laisse de vagabondage. Elle a la liberté des animaux en cage — à condition qu'elle soufflera (par son mouvement vibratoire actionnant le cylindre-sexe) la ventilation sur la hampe [au tympan]. Cette aiguille-pouls promènera donc en équilibre le cylindre-sexe qui crache au tympan la rosée qui doit alimenter les vaisseaux de la pâte à filaments et en même temps imprime au Pendu son balancement selon les 4 points cardinaux.

Guêpe = Propriétés :

1° *Sécrétion* de l'essence d'amour par osmose.

2° *Flair* ou sens recevant les ondes de déséquilibre de la boule noire [4]. En relation avec la *partie supérieure* du Pendu (qui, *elle*, distribue les ordres de nouvel équilibre à chacun des pôles).

3° Propriété vibratoire déterminant les pulsations de l'aiguille.

4° Ventilation déterminant le balancement d'avant en arrière [5] du Pendu avec ses accessoires [6].

Réservoir [7] de la nappe d'alimentation de la guêpe :

Le réservoir se terminera en bas par une nappe liquide où la guêpe-sexe viendra puiser la dose nécessaire pour arroser le tympan et nour-

1) *dans la Mariée,* biffé.
2) *érées* suscrit.
3) i. e. « mouvement ».
4) Ces 8 mots soulignés d'un trait rouge.
5) Ces 3 mots entourés d'un trait noir.
6) Ces 5 mots soulignés d'un trait rouge.
7) Ce mot souligné d'un trait bleu.

rir la matière à filaments. Cette nappe liquide sera contenue [1] dans la baignoire oscillante (hygiène de la mariée).

Cylindre-sexe — (Guêpe).

Ventilation [2] :

Partir d'un *courant d'air* intérieur.

L'aiguille-pouls doit avoir sa source dans le centre vie de la mariée. (La mariée a un centre vie — les célibataires n'en ont pas. Ils vivent par le charbon ou autre matière première tirée non d'eux mais de leur non eux [3].

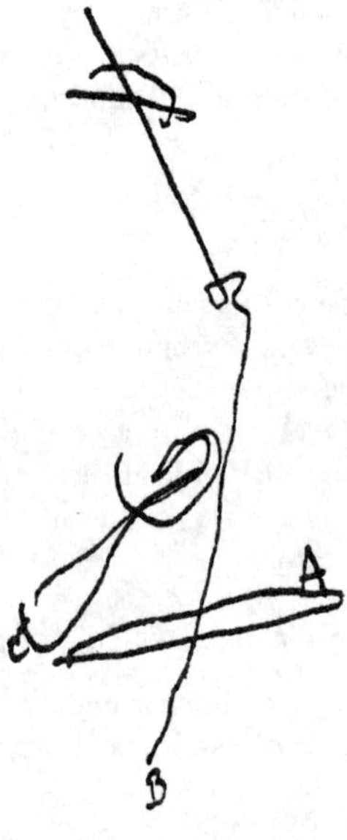

B et C (dans le balancement) viennent frapper le cercle A. B dessous,

1) *par*, biffé.
2) *déterminer*, biffé.
3) Cette phrase biffée d'une croix.

C dessus — Le dessus et le dessous doivent servir dans les décisions ou inscriptions transmises à travers les pistons de ct. [1] d'air.

9. PENDU FEMELLE

Le Pendu femelle est la forme en *perspective ordinaire* d'un [2] Pendu femelle dont on pourrait peut-être essayer de retrouver la *vraie forme* —

Cela venant de ce que n'importe quelle forme est la perspective d'une autre forme selon certain *point de fuite* et certaine *distance*.

1913

DANS LE PENDU FEMELLE — ET L'ÉPANOUISSEMENT BAROMÈTRE

La matière à filaments [3] pourrait s'allonger ou se rétrécir selon une *pression atmosphérique* organisée par la guêpe. (Matière à filaments *extrêmement sensible* aux différences de pression atmosphérique artificielle commandée par la guêpe).

Cage isolée contenant la matière à filaments où se passeraient les tempêtes et les beaux temps de la guêpe — [4]

La matière à filaments dans [5] son allongement météorologique (partie reliant le pendu au manieur) ressemble à une flamme consistante, c'est-à-dire ayant une force de solide. Elle lèche la boule du manieur en la déplaçant selon son gré.

A = La partie supérieure reste fixe, et n'est agitée que dans un plan parllll. [6] à son plan. (En perspective, plan vertical faisant 45° avec un plan vertical vu de face (35° ou 40° peut-être[7]). En A, terminant

---

1) i. e. « courant ».
2) *corps*, biffé.
3) Ces 2 mots suscrits ; *pourrait s'a*, biffé.
4) Ici se trouve dans le manuscrit un petit dessin à l'encre non reproduit.
5) Ce mot suscrit ; *par*, biffé.
6) *au plan de la*, biffé.
7) Note manuscrite de l'auteur : « cet angle exprimera le coin de l'œil nécessaire et suffisant. »

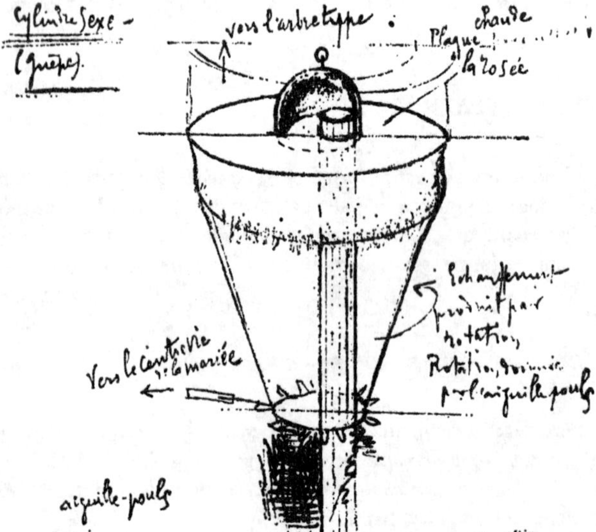

Cylindre sexe (guêpe)

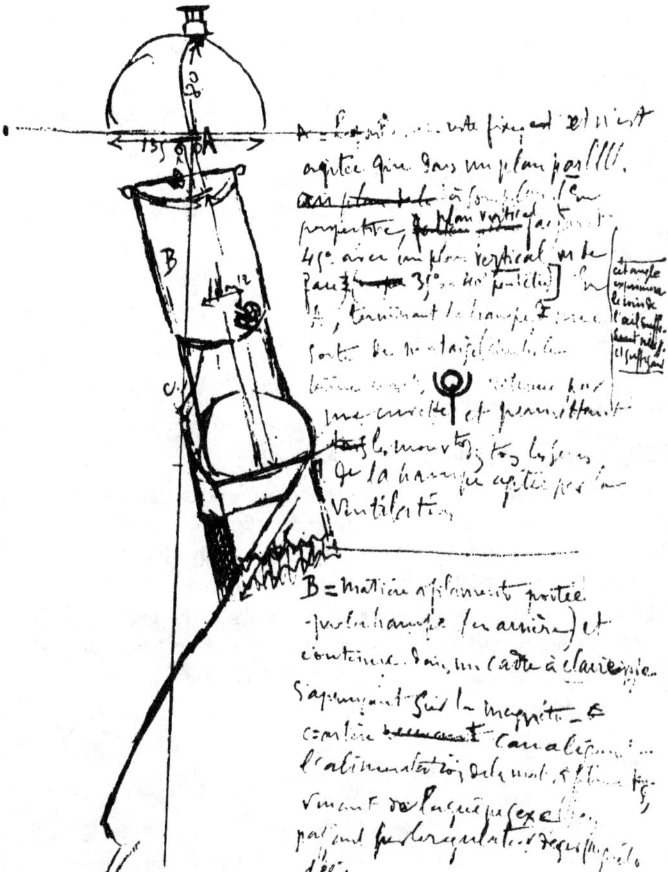

Cage contenant la matière à filaments

la hampe, une sorte de mortaise (chercher le terme exact [1]) retenue par une cuvette et permettant les [2] mouvements dans tous les sens de la hampe agitée par la ventilation.

B = Matière à filaments portée par la hampe (en arrière) et contenue dans un cadre à claire-voie (?) s'appuyant sur la magnéto —

C = Artère [3] canalisant l'alimentation de la matière à filaments, venant de la guêpe-sexe (?) en passant par le régulateur désir (magnéto désir).

10. GAZ D'ÉCLAIRAGE

LE GAZ D'ÉCLAIRAGE (I)

Après les moules mâliques : (formes mâlic)

Du sommet de chaque moule mâlique le gaz parcourt [4] l'unité de longueur dans un *tube de section élémentaire*, et, par *phénomène d'étirement dans l'unité de longueur*, le gaz se trouve [congelé] solidifié en forme de baguettes élémentaires.

Chacune de ces baguettes, sous la poussée du gaz des moules mâliques, sort de son tube et se casse, par fragilité, *en paillettes* inégales, *plus légères que l'air* (brouillard au détail).

(Graphiquement : 8 tubes horizontaux — section élémentaire à déterminer, etc.)

1) Voir dessin.
2) *tous*, biffé.
3) *remuant*, biffé.
4) Note manuscrite de l'auteur : « Développer ce rapport d'une *longueur* au *changement d'état* du corps (gaz d'éclge) soumis à cette unité de longueur. Dans le cas d'*étirement*, l'unité de longueur est variable en raison de la *section* du tube. Étant donnée l'unité de longueur à section élémentaire les tubes de section double auront une longueur double de (physique amusante) l'étalon à section élémentaire. (Ceci pour donner l'importance non pas à l'unité de longueur mais au phénomène d'*étirement* du gaz). »

Sortie des paillettes :

Le gaz coupé ainsi en morceaux, chaque paillette [1] gardant [2] dans ses plus petites parties la *teinte mâlique*, libéré à la sortie des tubes, tend à monter.

Les paillettes sont [3] arrêtées (Piège des ombrelles) [4] dans leur ascension par la 1re ombrelle (tamis).

Les tamis (6 probablement) sont des ombrelles demi-sphériques, trouées [5]. [Les trous des tamis ombrelles devront donner *en mappemonde la figure* des 8 moules mâliques, *donnée* schématiquement par leurs 8 sommets (polygone concave plan) par symétrie commanditée].

Orientation des ombrelles :

La 1re est horizontale, et reçoit les paillettes à leur sortie des tubes. Si l'on joint par une ligne [6] les centres des ombrelles on obtient une demi-circonférence de A à B.

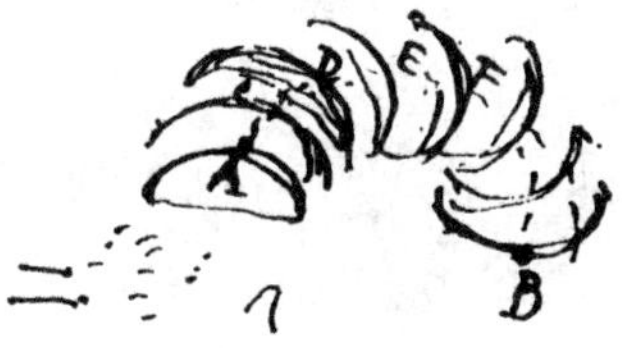

Par derby, les paillettes traversent les ombrelles A, C, D, E, F . . . B et à mesure qu'elles arrivent dans D, E, F . . . etc., elles sont *redressées* c'est-à-dire perdent le sens de haut et de bas ([terme plus précis]).

---

1) *n'a pas subi de transformation*, biffé.
2) *des moules mâliques une*, biffé.
3) *recueillies*, biffé.
4) Note manuscrite de l'auteur : « voir note sur *le Piège* ».
5) *de petits trous*, biffé.
6) *tous*, biffé.

— L'ensemble de ces ombrelles forme une sorte de *labyrinthe des 3 directions*. —

Les paillettes étourdies par ce retournement progressif insensible, perdent [*provisoirement* elles la retrouveront plus tard] leur désignation de gauche, droite, haut, bas, etc. perdent la connaissance de situation.

Les ombrelles donc *redressent* les paillettes qui, à leur sortie des tubes étaient libres et voulaient monter.

Elles les redressent comme une feuille de papier trop roulée qu'on déroule plusieurs fois en sens contraire.

Au point que : nécessairement il y a changement d'état des paillettes. Elles ne peuvent plus *garder d'individualité* et se joignent [1] toutes après B.

LE GAZ D'ÉCLAIRAGE (II)

Après B.

— *Changement d'état des paillettes.* —

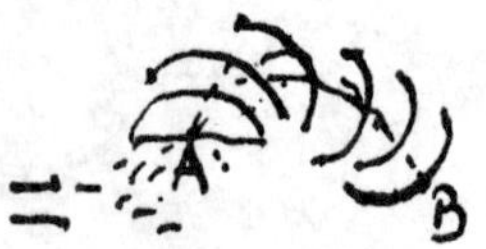

De leur [2] *étourdissement* [provisoire], de leur *perte* de la connaissance de situation [3], *obtenus* par passage successif à travers les tamis et changement de direction insensible de ces tamis (changement de direction dont les termes sont A et B), les paillettes se [dissolvent] ; les paillettes [4] s'éclaboussent chacune à soi, c'est-à-dire changent

1) Ce mot entouré d'un trait noir.
2) *cet*, biffé.
3) *résultat*, biffé.
4) *perdent*, biffé.

(petit à petit à travers les derniers tamis) leur état *de : paillettes plus légères que l'air, d'une certaine longueur, de largeur élémentaire* à idée fixe ascensionnelle, *en :* éparpillement liquide [1] élémentaire, ne sollicitant aucune direction, *suspension éparpillée* à la sortie de B, vapeur d'inertie [2], mais gardant le caractère [3] liquide par instinct de cohésion (seule manifestation de l'individualité [4] (si réduite ! !) du gaz d'éclairage dans ses jeux habituels avec les milieux conventionnels.

Une chiffe, quoi !

Baratte-*Ventilateur* (peut-être lui donner une forme de papillon [5].

Dépôt du gaz d'éclairage inerte en un liquide dense conservant les qualités extérieures des paillettes dissoutes — et trouvant une contenance (devant ce ventilateur) en exagérant la cohésion. —

En tournant, le ventilateur force le gaz à s'accrocher en ab, cd, ef, etc. [6] en état [7] rappelant la glycérine étendue d'eau.

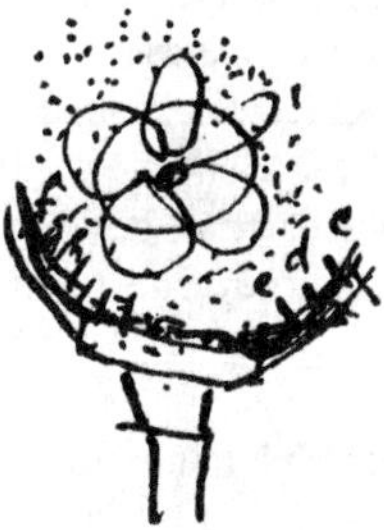

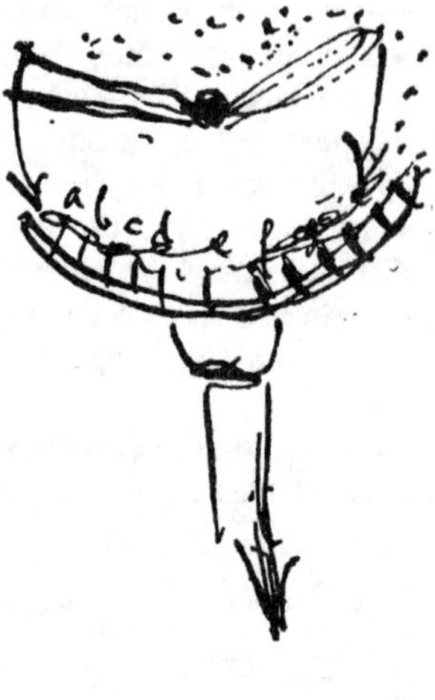

1) *sans*, pitié.
2) Note manuscrite de l'auteur : « neige ».
3) Ce mot entouré d'un trait noir.
4) Ce mot entouré d'un trait noir.
5) Tout le passage suivant biffé d'une croix.
6) *sous f*, biffé.
7) *de liquide*, biffé.

AMÉLIORATION DU GAZ [D'ÉCLAIRAGE] JUSQU'AUX PENTES

— comme « *commentaire* » à l'article Pentes = faire photographier [1] : *avoir l'apprenti dans le soleil.*

II. MOULES MALIC

Étant donné le gaz d'éclairage : Progrès (amélioration) [2] *du gaz d'éclairage jusqu'aux plans d'écoulement*

Moules mâliques. [*Mâlic (?)*]

Par matrice d'éros, on entend l'ensemble des 8 uniformes ou livrées [3] creux et destinés à donner [4] au gaz d'éclairage [5] 8 formes mâliques (gendarme, cuirassier, etc.).

Les *moulages* du gaz ainsi obtenus, entendraient les litanies que récite le chariot, refrain de toute la machine-célibataire, sans qu'*ils* pourront jamais dépasser [6] le Masque [7] = Ils auraient été comme enveloppés, le long de leurs regrets, d'un miroir qui leur aurait renvoyé leur propre complexité au point de les halluciner assez onaniquement. (Cimetière des 8 uniformes ou livrées).

Chacune [8] des 8 formes mâliques est bâtie [9] au-dessus et au-dessous d'un plan horizontal commun, le plan de sexe qui les coupe au point de sexe. (renvoyer à figure)

ou

Chacune des 8 formes mâliques est coupée par un [10] plan horizontal imaginaire en un point appelé point de sexe [11].

---

1) *l'a*, biffé.
2) Ces deux mots suscrits ; *voyage*, biffé.
3) *fixés en creux — figurés*, biffé.
4) *recevoir le*, suscrit.
5) *qui prend*, suscrit.
6) Ce mot entouré d'un trait rouge.
7) Ce mot entouré d'un trait rouge.
8) *Chaque forme*, biffé.
9) Ce mot entouré d'un trait noir.
10) *le*, biffé.
11) Cette phrase reliée par une flèche rouge à la phrase précédente.

Progrès (amélioration) [1] *du gaz d'éclairage jusqu'aux plans d'écoulement* (suite)

LES 24 TUBES CAPILLAIRES

A. *Chaque* forme mâlique se termine à la tête par 3 tubes capillaires, les 24 donc [2] furent chargés de *couper le gaz en morceaux* et l'amèneraient à se déguiser en 24 aiguilles fines solides pour qu'elles deviendront, en se réunissant de nouveau dans les 2 demi-siphons, un brouillard fait de mille paillettes de gaz givré.

B. A la tête, [au sommet], de chaque moule mâlique 3 tubes capillaires, 24 en tout [3] : pour couper le gaz en morceaux, pour couper *le gaz* en longues aiguilles déjà [4] consistantes, car avant de devenir liquide explosif, *il* prend l'état de brouillard de paillettes solides de gaz givré, tout cela par phénomène *d'étirement dans l'unité de longueur* (renvoyer à figure) [5].

Quand les 2 demi-siphons (lettre à figure) seraient remplis du brouillard de paillettes qui sont plus légères que l'air, l'opération de liquéfaction du gaz commençait à travers le tamis et le filtre horizontal : chaque paillette de gaz solide s'ingénie (une sorte de derby des paillettes) à traverser [6] avec élan les trous du tamis, elle subit déjà l'aspiration de la pompe.

12. POUSSIÈRE

Élever de la poussière sur des verres. Poussière de 4 mois,

1) Ces 2 mots suscrits ; *voyage*, biffé.
2) Ces 3 mots entourés d'un trait noir.
3) Ces 3 mots entourés d'un trait rouge.
4) Ce mot entouré d'un trait rouge.
5) *Ce brouillard de paillettes avait rempli les 2 demi-siphons (lettre à figure)*, biffé.
6) Ce mot entouré d'un trait rouge.

6 mois qu'on enferme ensuite[1] hermétiquement = Transparence

Différences — chercher[2].

Pour les tamis[3] dans le verre — laisser tomber la poussière sur cette partie, une poussière de 3 ou 4 mois et essuyer bien autour de façon à ce que cette poussière soit[4] une sorte de couleur (pastel transparent). Emploi du mica[5].

Chercher aussi plusieurs couches de couleurs transparentes (avec du vernis probablement) l'une au-dessus de l'autre, le tout sur verre. —

Mentionner la qualité de *poussière à l'envers* soit comme nom du métal ou autre[6].

13. TAMIS

Après les formes mâlics :

LES TAMIS

Les *tamis* de l'appareil célibataire sont une *image renversée* de la *porosité*.

---

1) *dans un*, biffé.
2) Emplacement d'un petit dessin non reproduit ici.
3) id.
4) *for*, biffé.
5) Ces 3 mots entourés d'un trait noir.
6) Cette phrase entourée d'un trait noir.

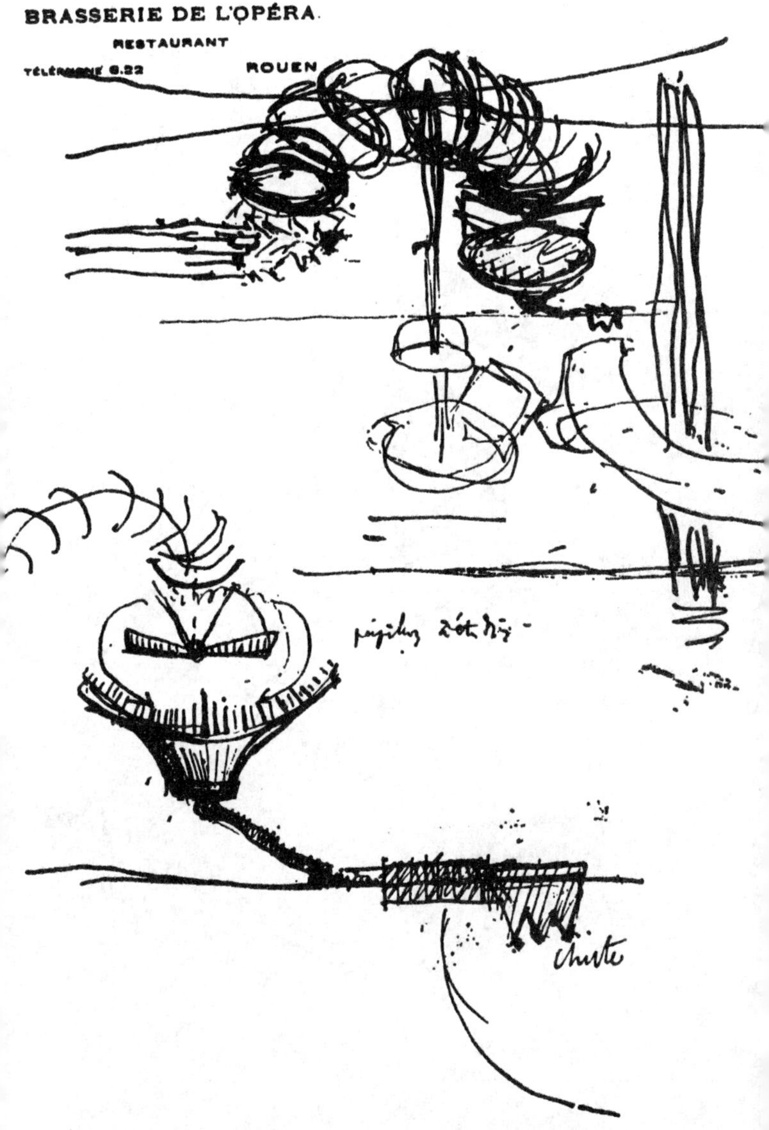
BRASSERIE DE L'OPÉRA
RESTAURANT
6.22
ROUEN
chute

PROJET — ÉCHELLE 1/5

Les chiffres entre parenthèses indiquent les mesures non transposées par la perspective — D/2 = 14 cm. 2.6

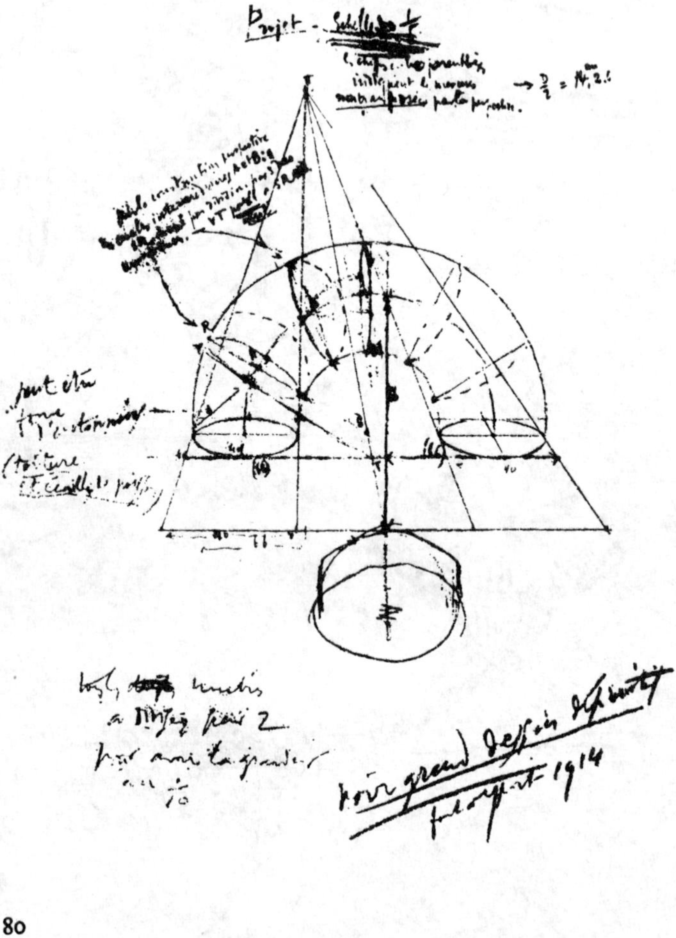

Pour la construction perspective des cercles intermédiaires A et B : SR donné par division par 3 des circonférences. — VT *parallèle* à SR *absolument*.

Peut-être forme d'entonnoir. *(Toiture et écailles de poisson)*.

Tous les nombres à diviser par 2 pour avoir la grandeur au 1/10.

Voir grand dessin définitif fait à Yport 1914 [1].

14. GLISSIÈRE

CHARIOT [2] TRAINEAU GLISSIÈRE

Les litanies du chariot [3] :

Vie lente.
Cercle vicieux.
Onanisme.
Horizontal.
Aller et Retour pour le butoir.
Camelote de vie.
Construction à bon marché.
Fer blanc, cordes, fil de fer.
Poulies de bois à excentriques.
Volant monotone.
Professeur de bière. (à réf. entièrement).
Dessiner le schéma du chariot.

Le chariot serait formé [4] de tiges de métal émancipé ; le chariot aurait la propriété de se donner sans résistance de pesanteur à une force agissant *horizontalement* sur lui. (Voir chute du poids, en forme de bouteille de Bénédictine) [5].

1) Cette phrase en rouge. Reproduit ci-contre à la page 80.
2) Ce mot biffé d'une croix rouge et entouré de rouge.
3) Ces 4 mots entourés de traits rouges, et la liste suivante biffée d'une croix.
4) *est composé*, biffé.
5) Tout le paragraphe précédent biffé d'une croix.

Le traîneau monté sur des patins enclavés dans un rail souterrain, après avoir été tiré de A en B, revient à sa 1re position par phénomène d'*inversion de frottement*[1]. Le[2] frottement du patin sur le rail [au lieu de se changer en chaleur] est transformé en force de retour égale à la force d'aller. (Ce phénomène en relation avec l'émancipation du métal[3] qui forment le corps des tiges du traîneau[4].

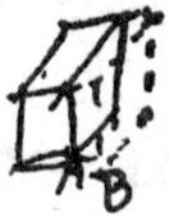

CHARIOT[5] *TRAINEAU*[6] *GLISSIÈRE*

Exposé du chariot (dans le texte : litanies du chariot)[7]

— Vie lente —
— Cercle vicieux —
— Onanisme —
— Horizontal —
— Butoir de vie
— Vie célibataire considérée comme rebondissement alternatif sur ce butoir.
— Rebondissement = camelote de vie
— Construction à bon marché
— Fer blanc
— Cordes
— Fil de fer
— Poulies grossières en bois
— Excentriques
— Volant monotone[8]

Butoir de vie : arrêtant l'élan non par opposition brutale mais par des ressorts tirés reprenant lentement leur première position[9].

1) Note manuscrite de l'auteur : *Principe : frottement réintégré.*
2) *tout*, biffé.
3) *dont*, biffé.
4) *chariot*, biffé.
5) Ce mot entouré d'un trait et biffé d'une croix rouge.
6) Ce mot entouré d'un trait noir.
7) Ces 6 mots en rouge.
8) Toute la liste précédente biffée d'une croix au crayon.
9) Cette phrase biffée d'une croix rouge.

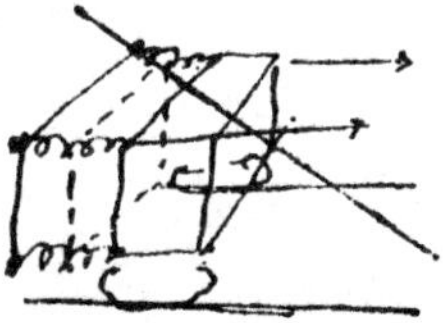

Le métal ou (matière) du chariot est *émancipé*, c'est-à-dire qu'il a un poids mais qu'une force agissant horizontalement sur le chariot n'a pas à supporter ce poids (le *poids* du métal ne s'oppose pas à une traction horizontale (développer). Le chariot est *émancipé horizontalement*, il est libre de toute pesanteur dans le plan horizontal (propriété du métal des tiges qui composent le chariot).

Ces tiges sont de forme :

section carrée	1 cm, de [1] section prise au centre
type courant.	(grandeur apparente sur le définitif [2]

Couleur : jaune vert (comme la reine du Roi et la Reine . . .) (cadmium clair et blanc) Voir aussi pour cette couleur les notes de Münich sur la composition des couleurs des premières études.

Le chariot est supporté par des patins qui glissent (huile etc.) dans une gouttière.

La corde devant tirer le chariot sous le coup du poids-bouteille, s'attache en A au patin par un nœud provisoire.

Multiplication intérieure du mouvement de la roue de moulin — pour obtenir vitesse [3].

Projection du Chariot.

longueur = à l'enfoncement de la bouteille-poids en o.

En arrière (à gauche du tableau) le chariot est ramené en position par le Sandow.

1) *carré,* biffé.
2) Cette phrase au crayon.
3) Tout ce qui suit biffé d'une croix au crayon jusqu'à *presque détendus*.

horizontal (propriété du métal des tiges qui composent le chariot)

Ces tiges sont de forme : 

Section carrée 

type courant

couleur : jaune vert. (comme la reine du Roi et la Reine ....)
(Cadmium clair et blanc)

Voir aussi pour cette couleur les protocoles [illegible] sur la composition des couleurs en [illegible] études.

Le chariot est supporté par des patins qui glissent (huile etc.) dans une gouttière

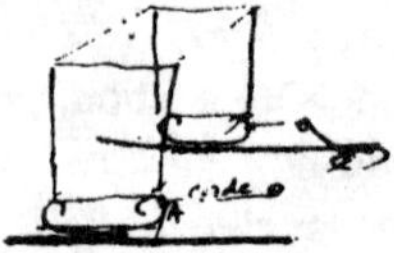

La corde devant tirer le chariot sous le coup du poids bouteille, s'attache en A au patin par un nœud provisoire

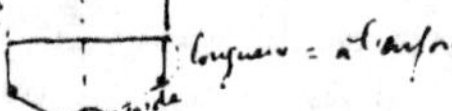

Projection du chariot.

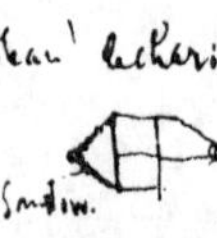

longueur = à l'enfoncement de la bouteille poids en C

En arrière à gauche du tableau le chariot est ramené en position par le Sandow

Dans le tableau les sandows seront au repos. (presque détendus)

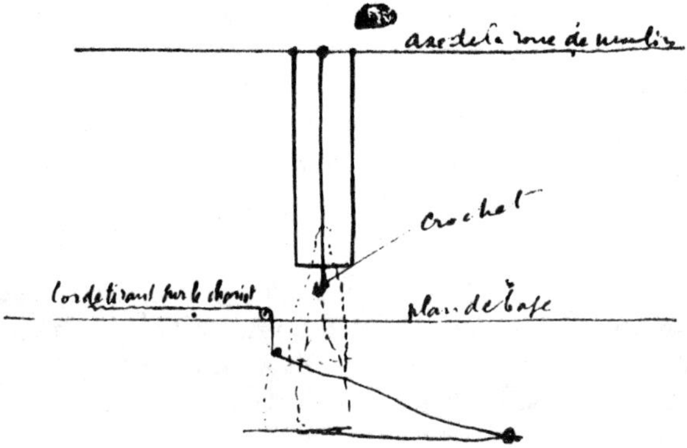

crochet :

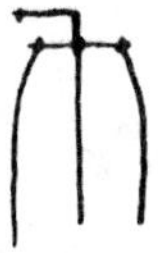

au lieu d'un seul poids, plusieurs (4 ou 5) en forme de ~~plusieurs~~ bouteilles de marques, s'égrenant ~~très~~ vite, et tombant du haut de la mach. célibataire (poulie attachée à la 2me plaque isolatrice)

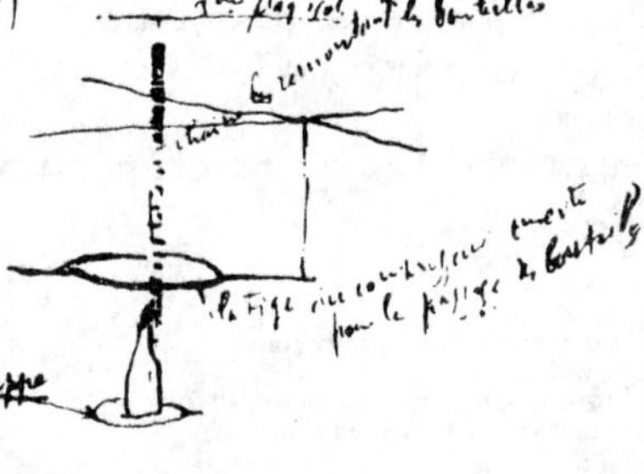

Dans le tableau les Sandows seront au repos *(presque détendus)*.
Axe de la roue de moulin
Crochet
Corde tirant sur le chariot

plan de base

Crochet :

à étudier

Au lieu d'un seul poids, plusieurs (4 ou 5) en forme de bouteilles de marques, s'égrénant [1] vite, et tombant du haut de la machine-célibataire (poulie attachée à la 3e plaque isolatrice).
(bombes que laissent tomber les aviateurs)
Chaîne remontant les bouteilles
La tige du compresseur ouverte
pour le passage des bouteilles
Trappe

15. POIDS

[*PLUS SIMPLEMENT*]

La glissière va et vient.

Elle va : un poids [2] tombe [3] et la fait aller.

Elle vient : Par frottement [4] des patins le métal de la glissière répond élastiquement c'est-à-dire la glissière reprend un peu plus lentement sa première position, en renvoyant en l'air le poids [5], und so weiter.

Par condescendance, ce poids est plus dense à la descente qu'à la montée.

[Trouver un objet concret qui puisse répondre à ce changement de densité].

---

1) *très*, biffé.
2) Ce mot entouré d'un trait noir.
3) *sur*, biffé.
4) *glissement (frottement récupéré)*, biffé.
5) Ce mot entouré d'un trait noir.

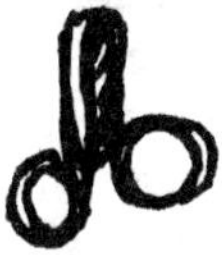

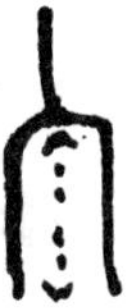

AGRAFE

Tombant du haut de l'appareil célibataire prendre une agrafe — considérablement agrandie — et opérant dans le sous-sol — dans lequel elle entre par 2 trous situés entre la glissière et la broyeuse.

AGRAFE

En haut du verre (d'en bas) — une sorte de fourchette [plus lourde à la descente qu'à la montée *(pour économiser la force de chute d'eau)*] [1] doit tomber à califourchon sur l'axe allant de la glissière à la broyeuse. Cette fourchette sera une agrafe ordinaire considérablement agrandie.

Cette fourchette est assez haute pour ne pas toucher cet axe et les deux pointes de la fourchette [2] pénètrent dans le sous-sol par deux trous. Dans ce sous-sol elle actionne par sa chute la glissière. Elle la fait venir vers la broyeuse, et en même temps ouvre les ciseaux [3].

Elle remonte jusqu'en haut au moyen de la chaîne engrenée sur l'axe du moulin à eau, qui fait tourner un pignon avec.

A multiplication pour que ça aille [4] plus vite.

B fourchette.

L'Agrafe qui tombe entre Broyeuse et Glissière et qui [5] fait glisser la glissière, est faite d'une matière *à densité oscillante.* Cette agrafe a donc un poids indéterminé, variable, et incontrôlable. — C'est par cette densité oscillante qu'est fixé le choix entre les 3 fracas selon la force de la chute de l'agrafe les ralentissements ou accélérations

1) *que*, biffé.
2) *viennent*, biffé.
3) *pour*, biffé.
4) *un*, biffé.
5) *sert à*, biffé.

(dus aux changements continuels de densité) que la droite est choisie plutôt que la gauche ou réciproquement ou le centre.

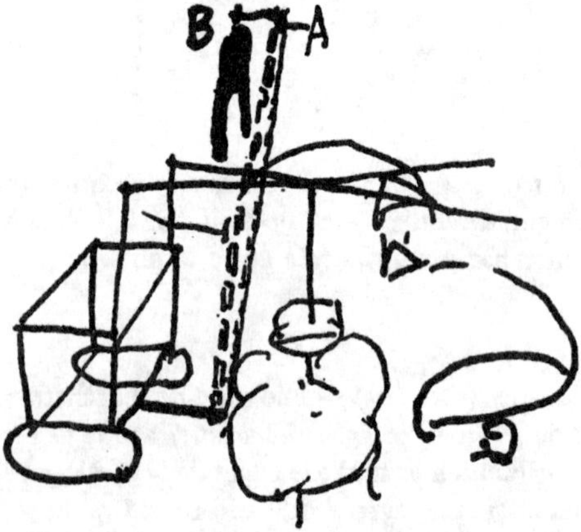

BOUTEILLE DE BÉNÉDICTINE COMME FORME DU POIDS[1]

4 Poids en forme de Bouteilles de marques.

Le chariot devrait, en récitant[2] ses litanies, aller de A en B et revenir de B en A, à une allure de soubresaut[3]; il se présente en *costume d'Émancipation, cachant dans son sein le paysage du moulin à eau;*

Il suit nécessairement qu'un poids de plomb[4] en forme de bouteille de Bénédictine agissant normalement sur un système de cordons attachés au chariot, le forcerait à venir de A en B.   beaucoup trop alambiqué.

1) Cette phrase entourée d'un trait et biffée d'une croix rouge.
2) *chantant*, biffé.
3) Ce mot entouré de rouge.
4) Ces 4 mots entourés de rouge et biffés.

Les ressorts x et x^1 . . . le remettent aussitôt après dans sa position initiale (A) [1].

[2] Chanson [3] de la révolution de la bouteille de Bénédictine :

Après avoir tiré [4] le chariot par sa chute [5], la bouteille de Bénédictine se laisse enlever par le crochet C ; elle s'endort en remontant ; le point mort la réveille en sursaut et la tête en bas. Elle pirouette et [6] s'abat verticalement aux ordres de la pesanteur [7].

Composition ou (Corps) *moléculaire* des bouteilles à cul de plomb [8], *telle* qu'il est impossible d'en calculer le poids. Densité très forte et en perpétuel mouvement non pas fixe comme celle des métaux (Densité oscillante). C'est par cette densité oscillante qu'est fixé le choix entre les 3 fracas. C'est vraiment cette densité oscillante qui exprime la liberté [9] d'indifférence.

16. MOULIN A EAU

CHUTE D'EAU

Une sorte de jet d'eau arrivant de loin en demi-cercle — par-dessus les moules mâlic.

(vue de côté)

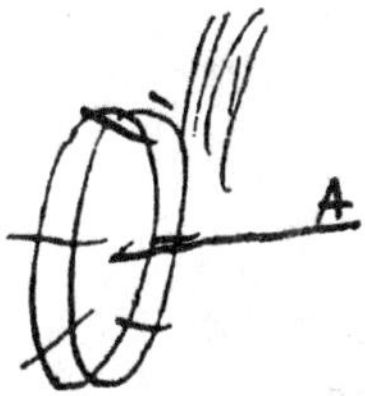

Étant donnée la chute d'eau

Moulin à Eau (paysage).

Dessiner en page —

---

1) Tout le paragraphe précédent commençant avec « *le chariot* » entouré d'un trait rouge continu.
2) *petite,* biffé.
3) Ce mot entouré d'un trait rouge.
4) Ce mot entouré d'un trait rouge.
5) *simplement,* biffé.
6) *aux ordres de la pesanteur,* biffé.
7) Tout le paragraphe précédent, commençant avec « *Chanson* » entouré d'un pointillé rouge.
8) Ces 4 mots entourés d'un trait noir.
9) Ce mot suscrit ; *volonté,* biffé.

A = *axe* de la roue *qui* entraînerait la Bouteille de Bénédictine.
les Bouteilles
Vitesse de la roue de moulin.

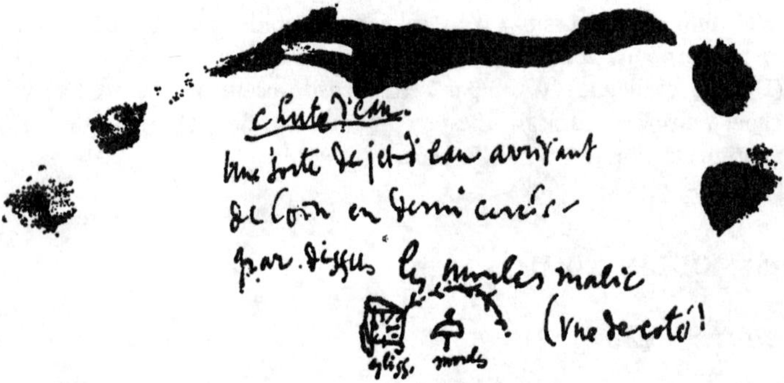

17. ÉCLABOUSSURE

Après les 3 fracas :

Éclaboussure et non pas canalisation verticale de la rencontre au bas des pentes.

Plans d'écoulement [1] Pentes d'*écoulement?*

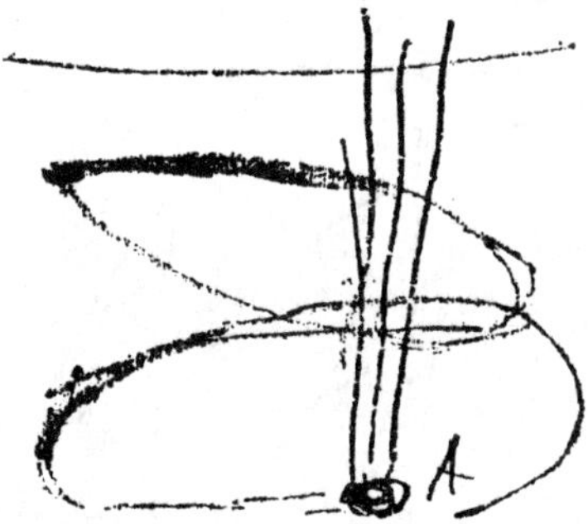

en forme de toboggan mais plutôt un tire-bouchon et l'éclaboussement en A est un débouchement. L'ensemble doit être décrit dans le sens de débouchage-modèle.

La chute en A du trois-fracas aide au débouchage —

L'éclaboussement (rien de commun avec le champagne) termine la série des opérations célibataires et transforme la combinaison du gaz d'éclairage et des ciseaux en un seul soutien continu, soutien qui sera régularisé par les 9 trous.

---

1) Ces 2 mots entourés d'un trait noir.

18. TÉMOINS OCULISTES

Poids à trous

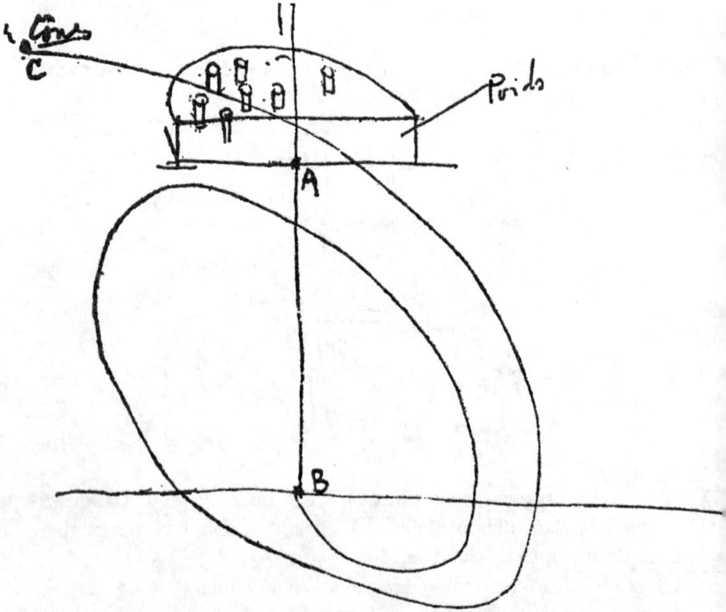

Le poids à trous doit parcourir la *même* hauteur AB que le jus descendant en ovale. — D'où conséquences dans l'éclaboussement (Points C et A à même hauteur au-dessus du plan horizontal dans lequel est B).

Tableaux d'oculiste —

Éblouissement de l'éclaboussure par les tableaux d'oculiste.

Sculpture de gouttes (points) que forme l'éclaboussure après avoir été éblouie [1] à travers les tableaux oculistes, chaque goutte servant de point et renvoyée miroiriquement dans la partie haute du verre en rencontre avec les 9 tirés.

Renvoi miroirique — Chaque goutte passera [2] les 3 plans à l'horizon entre le perspectif et le géométral de 2 figures qui seront indiquées à ces 3 plans par le système Wilson-Lincoln (c'est-à-dire semblable aux portraits qui regardés de gauche donnent Wilson, regardés de droite donnent Lincoln).

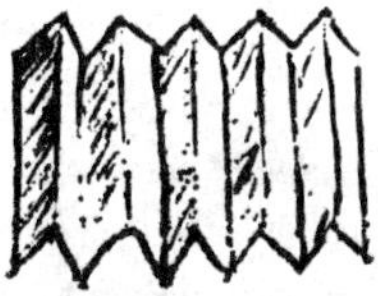

Vue de droite la figure pourra donner un carré par exemple de face et vue de droite [3] elle pourra donner le même carré vu en perspective —

Les gouttes miroiriques pas les gouttes mêmes, mais leur image passent [4] entre ces 2 états de la même figure (carré dans cet exemple).

(Peut-être employer des prismes collés derrière le verre pour obtenir l'effet cherché).

Parties à [5] regarder en louchant, comme une partie argentée dans un verre, dans laquelle se reflètent les choses de la pièce.

1) *par*, biffé.
2) *l'horizon*, biffé.
3) Un lapsus sans nul doute ; c'est évidemment « gauche » qu'il faut lire.
4) *passeront*, biffé.
5) *choses à*, suscrit et biffé.

19. MANIEUR DE GRAVITÉ

MANIEUR DE GRAVITÉ[1]

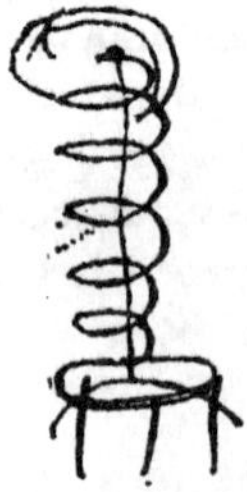

[Supprimer centre]
Faire la tige en ressort (à étudier).
Peut-être??
  Manieur
  [*Soigneur*] de gravité.
Les 2 termes se complétant.

Étudier les 3 chutes :

Après celle du centre, le *mobile* éclaboussera le gaz devenu liquide et arrivé aux bas des pentes.

Diriger ces éclaboussures qui doivent servir à la manœuvre du manieur de gravité.

(Combat de boxe).

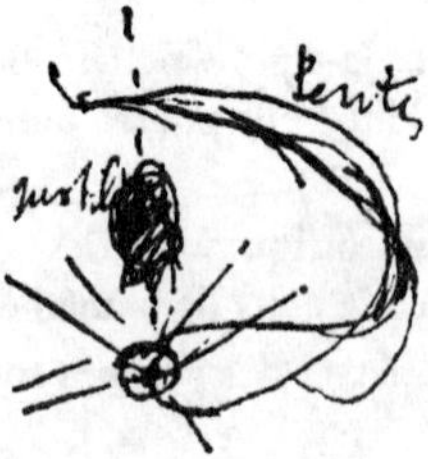

20. COMBAT DE BOXE

(Les 3 points A, B, C, sont dans un même plan vertical).

Combat de boxe = Trajectoire de la bille de combat :
A Départ — Choc de la bille au 1er Sommet — Dégrafement du système d'horlogerie et chute en B.

1) Ces 3 mots soulignés d'un trait rouge et d'un trait bleu.

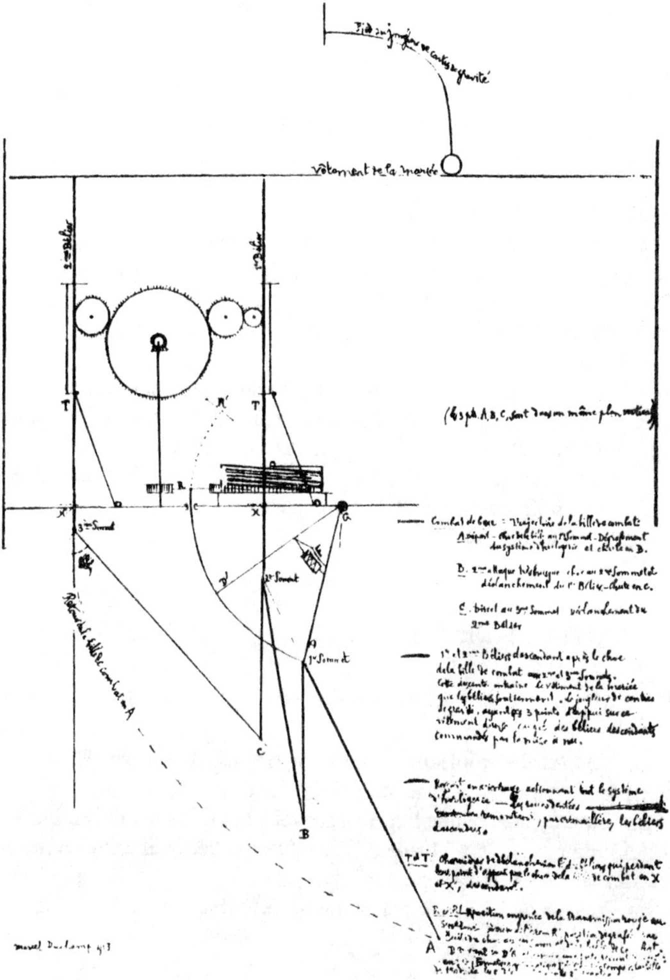

Combat de boxe

B 2e attaque très brusque — choc au 2e sommet et déclenchement du 1er Bélier — Chute en C.

C Direct au 3e Sommet — Déclenchement du 2e Bélier.

1er et 2e Béliers descendant après le choc de la bille de combat avec 2e et 3e Sommets. Cette descente entraîne le vêtement de la mariée que les béliers soutiennent. Le jongleur de centres de gravité, ayant ses 3 points d'appui sur ce vêtement danse au gré des béliers descendants commandés par la mise à nu.

Ressort en acier rouge actionnant tout le système d'horlogerie — Les roues dentées remontent, par crémaillère, les béliers descendus.

T et T^1 — Charnières de déclenchement des béliers qui, perdant leurs points d'appui par le choc de la bille de combat en X et X^1, descendent.

R et R^1 — R position engrenée de la transmission rouge au système à crémaillère — R^1, position dégrafée par suite du choc au 1er Sommet de la bille de combat ; DG vient en D^1G et, comme une porte revient doucement en DG (Fermeture automatique F) laissant le temps à la bille de produire les 2 déclenchements suivants.

Marcel Duchamp, 1913

21. BROYEUSE DE CHOCOLAT

LA BROYEUSE DE CHOCOLAT SE COMPOSE ESSENTIELLEMENT... [1]

Le *chocolat* des rouleaux, *venant* on ne sait d'où [2], se déposerait après broyage, en chocolat au lait...

La *Cravate* (mettre une lettre de renvoi à la figure) eût été en papier d'aluminium, à reflets [3] brillants, étendu et collé, *mais les 3 rouleaux tournent toujours en dessous.*

La Baïonnette [4] *(x) sert* à soutenir la barre de compression et

1) Cette phrase soulignée d'un trait bleu.
2) Ces 5 mots entourés d'un trait rouge.
3) *très*, biffé.
4) Ce mot entouré d'un trait rouge.

les grands ciseaux et les plaques isolatrices. *Article soigné.*
La broyeuse[1] *est montée sur un châssis Louis XV nickelé*[2].

A revoir[3].

Principe[4] de spontanéité[5] (qui explique le mouvement giratoire de la broyeuse sans autre secours).

Le célibataire broie son chocolat lui-même[6].

Formule commerciale, marque de fabrique, devise commerciale inscrite comme une réclame sur un petit papier glacé et colorié (faire exécuter dans une imprimerie) — Ce papier collé à l'article « *Broyeuse de Chocolat* »[7].

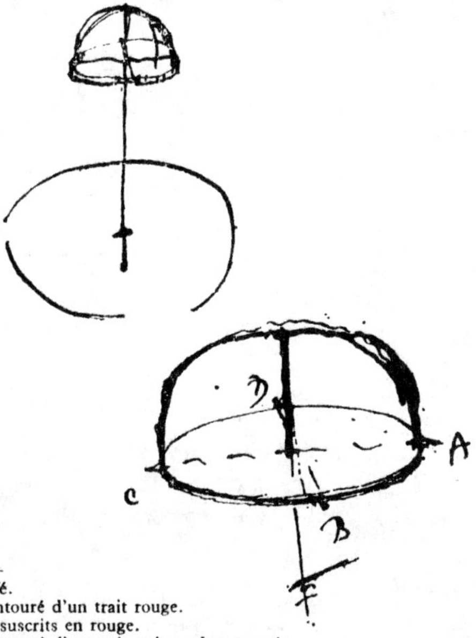

1) *serait*, biffé.
2) Ce mot entouré d'un trait rouge.
3) Ces mots suscrits en rouge.
4) Ce mot entouré d'un trait noir ; *adage* suscrit.
5) Ce mot entouré d'un trait rouge.
6) Cette phrase est reprise dans le *Dictionnaire abrégé du surréalisme* à l'article « Spontanéité (Adage de) ». Signé (M.D.).
7) Les mots en italiques sont soulignés dans le manuscrit de traits bleus ou de traits bleus et rouges.

La cravate devra son élégance à son épaisseur — 1/2 cm ou 1 cm au plus.

Elle sera brillante [1] *au-dessus.*

Peut-être 4 pointes sur les côtés ABCD *très pointues (comme toutes les cravates)*
[A mettre dans le texte].

Description de la cravate :

1° de couleur resplendissante

2° munie aux 4 coins de pointes [2] très piquantes (comme toutes les cravates).

22. COULEUR

Soit *un objet en chocolat.*

1° son apparence = impression rétinienne (et autres conséquences sensorielles)

2° son apparition.

Le *moule* d'un objet en chocolat est l'*apparition négative* [3] du *plan* [4] (à une ou plusieurs courbures) générateur [5] 1° (par parallélisme élémentaire) de la forme colorée [6] de l'objet. 2° de la masse d'*éléments de la lumière* [7], [8] (éléments *type chocolat*) : [9] dans le passage de l'*apparition* (moule) à l'*apparence, le plan,* composé d'éléments de lumière

1) *resplendissante,* suscrit.
2) *effilées,* biffé.
3) Ce mot entouré d'un trait rouge ; *en négatif* suscrit.
4) Ce mot souligné d'un trait bleu ; *de la surface* suscrit.
5) *rice* suscrit.
6) Ce mot entouré d'un trait noir.
7) Ces 4 mots entourés d'un trait rouge.
8) *couleurs natives,* suscrit.
9) Note manuscrite de l'auteur : au conditionnel : si on...

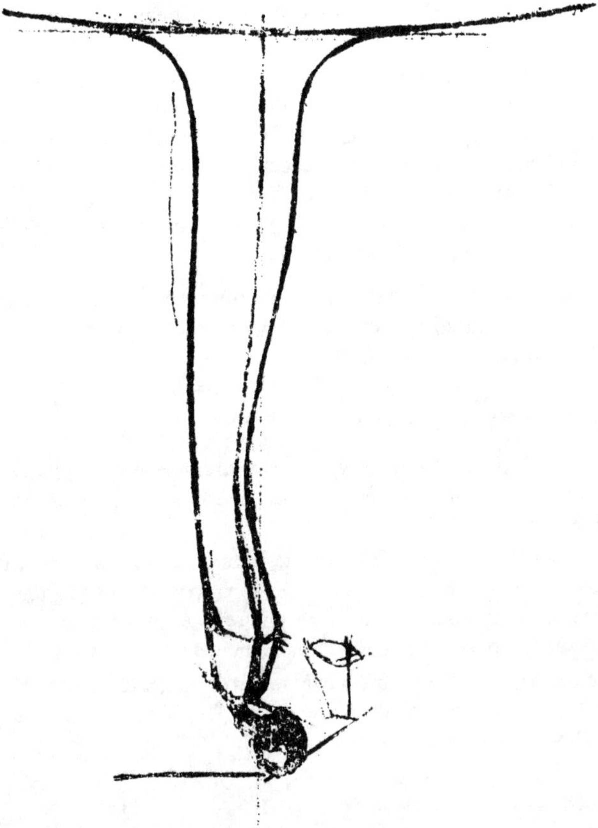

Étude pied Louis XV (1913)

type chocolat [1] détermine la masse chocolat apparent par *teinture physique.*

L'apparition *négative* [2] (déterminée *pour la forme colorée conventionnellement* par la perspective linéaire, *pax.* mais toujours dans un milieu à n-1 dimens. pour un objet à n dimens.) ; de même cette *apparition* négative [3], pour le phénomène *de teinture physique,* est déterminée par source de lumière devenant dans l'objet *apparent* masse éclairée (*couleurs natives* = apparition en négatif des couleurs *apparentes* de la matière [4] des objets).

Couleur provisoire : Les formes mâlic. Elles sont passées au minium *en attendant* qu'elles reçoivent chacune sa couleur, comme des maillets de croquet.

ÉLEVAGE DES COULEURS

En serre — [sur plaque de verre, couleurs vues par transparence].

Mélange des fleurs de couleur c'est-à-dire toute couleur encore à son état optique :

Parfums (?) de rouges, de bleus, de verts ou de gris accentués vers le jaune, le bleu, le rouge ou de marrons appauvris (le tout en gammes). Ces parfums à rebondissement physiologique peuvent être abandonnés et dégorgés dans un emprisonnement pour le fruit.

Seulement, le fruit a encore à éviter d'être mangé. C'est cette sécheresse de « *mendiants* » qu'on obtient dans les couleurs mûres imputrescibles. (Couleurs raréfiées).

ÉCLAIRAGE INTÉRIEUR

Au lieu d'une lumière extra-solaire arrivant à 45°.

Déterminer les effets [5] lumineux (ombres et lumières) d'une source

1) *teinture physique,* biffé.
2) Ce mot entouré d'un trait rouge ; *en négatif* suscrit.
3) Ce mot entouré d'un trait rouge ; *en négatif* suscrit.
4) *masse,* biffé.
5) *conséquences,* biffé.

intérieure, c'est-à-dire que chaque matière dans sa composition chimique est douée d'une « *phosphorescence* » (?) et s'illumine comme les réclames lumineuses pas tout à fait sa *lumière* n'est pas indépendante de sa couleur. — En somme l'apparence [1] colorée de tout l'ensemble sera [2] l'apparence de matière [3] ayant moléculairement un foyer lumineux.

La matière de chaque partie est [4] à la fois *source lumineuse* et *couleur*, autrement dit *la couleur apparente de chaque partie est la source de* [5] *visibilité colorée de cette* partie (sans reflets sur les autres parties).

A chercher. Le moyen de distribuer les « écarts de molécules » ? selon *la forme* de chaque partie (la rondeur, la planité).

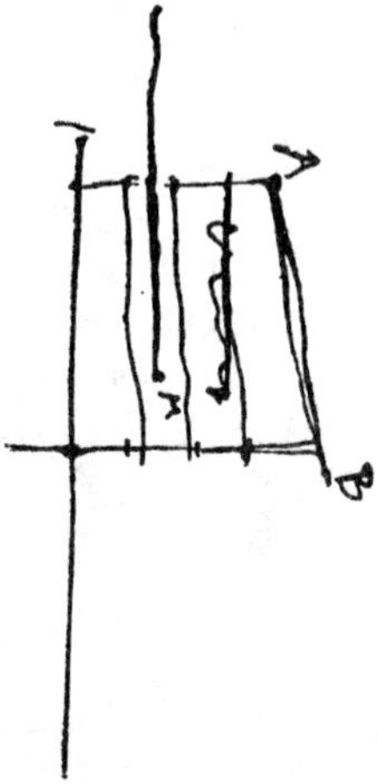

[8]

Partir de l'obscur (fond noir) ou plutôt jaune picrique)
Rigidité genre huguenot.

L'ensemble [6] du tableau paraît [7] en carton-pâte parce que toute cette représentation est le dessin *(en moule)* d'une *réalité possible en distendant un peu* les lois physiques et chimiques.

23. PEIGNE

Classer les peignes par le nombre de leurs dents.

CRÉCELLE

Avec une sorte de peigne, en se servant de l'espace entre 2 dents comme élément, déterminer des rapports entre les 2 points extrêmes du peigne et des points intermédiaires (par les dents cassées).

---

1) *l'aspect*, biffé.
2) *à la fois l'apparence*, biffé.
3) *couleur*, biffé.
4) *composée de*, biffé.
5) *lumière de cette*, biffé.
6) *le tableau*, biffé.
7) *est*, biffé.
8) Le cliché zinc utilisé pour reproduire ce dessin dans MDS a servi à M.D. pour la confection d'un *Ready-made* (Coll. M.S.).

Faire agir, comme une conduite proportionnelle, ce peigne à dents cassées, sur une autre matière composée, elle aussi d'éléments plus petits (plus petits pour qu'elle puisse recevoir cette conduite. Par exemple : des fils de plomb plus ou moins gros placés l'un contre l'autre dans un plan (analogues à des cheveux). Ensuite, développer le peigne c'est-à-dire qu'il agisse autrement que normalement sur un plan de fils de plomb [ou bien tournant sur un point, ou bien un peigne à courbures c'est-à-dire pas plat ou à dents de longueurs inégales ; ou bien l'action de ces différents modèles de peigne sur une matière (fils de plomb) épaisse et non plus plane seulement] etc.

Sept. 1915

Ombres portées

A rapprocher probablement des notes de perspective 4 dmslle.
Après la mariée....
faire un tableau par *ombres portées*
d'objet 1° sur un plan.
2° sur une surface à telle ou telle courbure
3° sur plusieurs surfaces transparentes ainsi on peut obtenir une analyse hypophysique des transformations successives des objets (dans leur forme-contour —)
Pour cela 1° déterminer les sources de lumière (gaz, électricité, acétylène, etc. pour la différenciation des couleurs). 2° déterminer leur nombre 3° leur situation par rapport aux plans récepteurs.
Naturellement, l'objet ne sera pas quelconque. Il devra être établi sculpturalement à 3 dimensions.
— *l'exécution* du tableau au moyen de sources lumineuses et dessin des ombres sur ces plans en suivant simplement les contours *réels* projetés.
Tout cela à compléter et à lier surtout avec le sujet
Perspectives cavalières : voir bouquin
Ceci pour la partie du verre supérieur comprise entre l'horizon et les 9 trous
ombres portées formées par les éclaboussures
venant d'en bas comme certains jets d'eau
accrochent des formes dans leur transparence [1].

---

1) Note écrite autour de 1913, de toute évidence parallèlement à celles des diverses *Boîtes*. I. in *Instead* [Dir. : Matta], n° 1, New York, févr. 1948 [publ. partielle] ; II. MDS, 1958 [publ. partielle] ; III. *NP* 85.

Possible

La figuration d'un possible.
(pas comme contraire d'impossible
ni comme relatif à probable
ni comme subordonné à vraisemblable)
Le *possible* est seulement
un « *mordant* » *physique* [genre vitriol]
brûlant toute esthétique ou callistique [1]

1) Note écrite en 1913. I. Alès, P.A. Benoît, 1958, Bib. A 96; II. MDS, 1958 ; III. *NP* 37.

A l'infinitif
« Boîte blanche »

De l'aveu de M.D. lui-même, les considérations géométriques contenues dans ce chapitre lui ont été inspirées par le roman d'anticipation de Gaston Pawlovski : Voyage dans la quatrième dimension, paru en 1912.

Les chiffres 1, 2, 3, 4, (italiques) figurant en exposant après certains mots d'A l'infinitif (“ espace ”, angle ”, “ perspective ”, etc.) ne sont pas des appels de notes, mais des symboles “ dimensionnels ” : “ espace^{3} ” = “ espace dans la troisième dimension ”.

Les exposants-appels de notes sont en caractères romains.

Spéculations

Peut-on faire des œuvres qui ne soient pas « d'art »?

La question des devantures.·.
Subir l'interrogatoire des devantures.·.
L'exigence de la devanture.·.
La devanture preuve de l'existence du monde extérieur.·.
Quand on subit l'interrogatoire des devantures, on prononce aussi sa propre Condamnation. En effet le choix est allé et retour. De la demande des devantures, de l'inévitable réponse aux devantures, se conclut l'arrêt du choix. Pas d'entêtement, par l'absurde, à cacher le coït à travers une glace avec un ou plusieurs objets de la devanture.

La peine consiste à couper la glace et à s'en mordre les pouces dès que la possession est consommée. C.Q.F.D.

Neuilly, 1913

A recopier et corriger

I. Vitrine avec verres roulants. Placer des objets *fragiles* dedans. — Incommodité-étroitesse — réduction d'un espace c'est-à-dire moyen de pouvoir expérimenter sur un 3 dm comme on opère sur des plans en géométrie plane.

— Placement sur une table du plus grand nombre d'objets *fragiles* et de formes différentes mais sans angles et tenant debout sur une base plane plus ou moins large c'est-à-dire donnant plus ou moins de stabilité. *Faire tenir le plus d'objets possible s'élevant au-dessus de la table* et par conséquent éviter le danger de les faire tomber, de les casser, — mais cependant *les serrer le plus possible,* de façon à ce qu'ils s'emboîtent (en hauteur I mean) les uns dans les autres.

Peut-être : faire une photo bonne d'une table ainsi préparée tirer *une* bonne épreuve et casser le cliché. —

— Même *exercice* dans une boîte. 1° Faire une sorte de fond avec les mêmes objets couchés cette fois sur leur rondeur, dans une demi-stabilité, les *caler* les uns avec les autres. 2° Mettre un papier au-dessus et refaire une seconde *couche* au-dessus utilisant les *trous*[1] laissés par le plan du dessous, et ainsi de suite.

— Cire à chaussure, rouge et jaune

II. Avec une vitrine-buffet : fermée par des verres roulants sur des billes, etc. — on obtient la figure d'un espace, figure analogue à la figure d'un plan 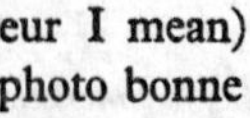 en géométrie, c'est-à-dire on peut se servir de cette figure d'un espace et démontrer de la même façon qu'on démontre des théorèmes en construisant sur le papier des lignes correspondant à l'hypothèse.

(Ne pas tomber dans la ridicule objection/comparaison qu'une table

1) *Irrégularités,* biffé.

ou qu'un verre pax. sont au dessin  ce qu'est cette vitrine par rapport à . . .

trouver inscription pour Woolworth Bldg.
comme readymade —

Jan. 1916

2 objets « semblables » c'est-à-dire de dimensions différentes mais l'un étant la reproduction [1] de l'autre (comme 2 chaises « transatlantiques » une grande et une de poupée) pourraient servir à établir une perspective *4 dimslle* = non pas en les plaçant dans des situations l'une par rapport à l'autre dans l'espace [3] mais en simplement considérant les illusions d'optique produites par leur différence de dimensions.

Faire un tableau ou sculpture comme on enroule une bobine de film-cinéma. — à chaque tour, sur une grande bobine, (plusieurs mètres de diamètre si nécessaire), une nouvelle « vue » continuant le précédent tour et le reliant au suivant
— cette continuité pourra n'avoir rien de commun avec celle du film cinématographique ou y ressembler.

Construire un et plusieurs instruments de musique de précision qui donnent *mécaniquement* le passage *continu* d'un ton à un autre pour pouvoir noter sans les entendre des formes sonores modelées (contre le virtuosisme, et la division physique du son rappelant l'inutilité des théories physiques de la couleur)

[Au dos] 1913

Chose à regarder d'un œil
— — — de l'œil gauche
— — — — — droit

Ce qu'il faut entendre d'une oreille
— — — — de l'oreille droite
— — — — — — gauche

1) *Image*, biffé.

à mettre dans le Fracas — éclaboussure
— on pourrait baser toute une série de *choses à voir d'un seul œil* (gauche ou droit)
On pourrait trouver une série de choses à entendre (ou écouter) d'une seule oreille

Se servir du verre dépoli derrière lequel on applique du papier noir mat (effet argent)
(dans les opticeries)

Acheter un livre sur les « *nœuds* » (nœud marin et autres).
Avoir une pièce toute en glaces qu'on peut déplacer — et photographier des effets de glace . . .

Photo : Mur (matin)
: mon portrait dans la glace de la salle bain
: 3 rouleaux de fil de plomb sur un plan incliné (sorte de course)
: des tas/amas de choses semblables (clés de châssis à tableaux) (éponges 10th St.)

Du Plomb estampé martelé ou capitonné est moins dense

Se servir de pâte dentifrice
faire un essai sur le verre
aussi Brillantine, Cold cream, etc. ?
Pas solide

Eau de savon + eau de thé fort = à doser jaune-marron, verdâtre clair

Voie lactée
ou Images Louis XV comme les pieds de la Broyeuse
Les nuages sont plutôt du savon *(à barbe)*

Ne pas oublier le tableau de Dumouchel : Pharmacie = effet de neige, ciel foncé nuit tombante, et 2 lumières à l'horizon (rose et verte).[1]

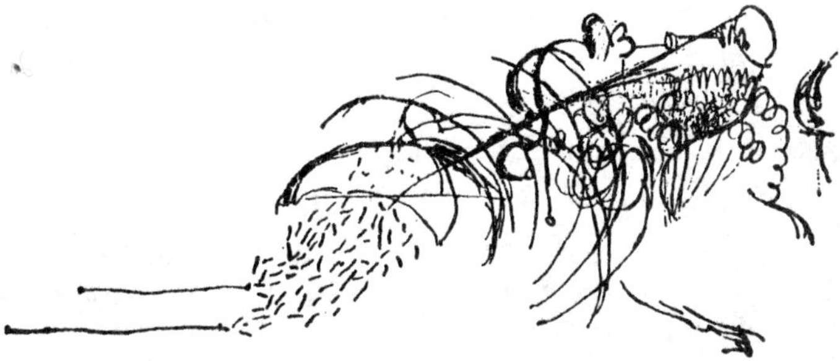

Aspiration de la pompe[2]

Chercher à discuter sur la durée *plastique*[3]

Dictionnaires et atlas

Dictionnaire

— d'une langue dont chaque mot ait sa traduction en français (ou autre) par plusieurs mots, au besoin une phrase entière —

— d'une langue qu'on puisse *dans ses éléments* traduire dans des langues connues mais qui ne puissent pas réciproquement exprimer la traduction de mots français (ou autres), ou de phrases françaises ou *autres*.

— Faire ce dictionnaire par fiches

— trouver comment classer ces fiches (ordre alphabétique, mais quel alphabet)

Alphabet — ou plutôt quelques signes élémentaires, comme le point, la ligne, le rond, etc. (à voir) qui varient selon la position, etc.

— Son de cette langue, est-elle parlable? Non.

1) Référence au ready-made *Pharmacie*, 1914 [CG].
2) Inscription jouxtant un dessin pour le *Verre* montrant du « gaz avec cones » [CG].
3) « Je veux dire temps en espace » [M.D., 1965].

Rapports avec la sténo.

« Grammaire » = c'est-à-dire comment rattacher les signes élémentaires (comme les mots), puis les *groupes* de signes *entre eux ;* que *deviennent les idées* d'action ou d'être (verbes), la modulation (adverbes) — etc. ? [1]

Acheter un dictionnaire et barrer les mots à barrer. Signer : revu et corrigé

Parcourir un dictionnaire et raturer tous les mots « indésirables ». Peut-être en rajouter quelques-uns. — Quelquefois remplacer les mots raturés par un autre.

Se servir de ce dictionnaire pour la partie écrite du verre.

Pour le dictionnaire chercher des équivalents de *couleurs* lesquelles ne se voient pas.

« Théorie »

10 mots trouvés en ouvrant au hasard le dictionnaire par A

— — — — — — — — — par B

Ces deux « sets » de 10 mots ont la même différence de « personnalité » que si les 10 mots avaient été écrits par A et par B avec une intention. Ou bien, peu importe, il y aurait des cas où cette « personnalité » peut disparaître dans A et dans B. Cela est le meilleur cas et le plus difficile.

Dictionnaire :

avec des films, pris de très près, de parties d'objets de grande dimension, obtenir des enregistrements photographiques n'ayant plus l'air de la photographie de quelque chose. Avec ces demi-microscopies, former un dictionnaire dont chaque film serait la représentation d'un groupe de mots en phrase ou séparés tels que ce film prenne une nouvelle signification ou plutôt que la concentration sur ce film

1) Sur une facture du photographe George F. Clifton, 501 Fifth Ave., room 203, à M. Marcel Duchamp, 1947 Broadway, s.d., tête-bêche [M.S.]. V. même référence au dictionnaire dans la *Boite verte* [C G].

des phrases ou mots choisis donne une forme de signification à ce film et qu'une fois apprise, cette relation entre film et signification traduite en mots, soit « *frappante* » et serve de base à une sorte d'écriture qui n'ait plus un alphabet ou mots mais des signes (films) déjà émancipés du « baby talk » de toutes les langues ordinaires.
— Trouver un moyen de classer tous ces films en ordre tel que l'on puisse les retrouver comme dans un dictionnaire.

Faire une liste de noms propres français, ou anglais (ou autre langue) ou mélangés — avec prénom (ordre alphabétique ou non) — etc.

Du Scribisme illuminatoresque dans la peinture (Plastique pour plastique talionisme)

Une sorte de *Nominalisme pictural* (Contrôler)

[Au dos] 1914

Un « paysagisme » géographique
« à la façon » des cartes géographiques — mais
Le paysagiste du haut d'un aéro —
Puis le voyage sur les lieux (400 km) notes prises c'est-à-dire par exemple nombre de maisons dans chaque village, ou bien encore nombre de chaises Louis XV dans chaque maison
Le paysage géographique (à perspective, ou sans perspective, vue de plan comme les cartes) pourrait enregistrer toutes sortes de choses, avoir une légende, prendre un air statistique. —
Il y a aussi le « paysagisme géologique » : Différents terrains différentes couleurs — Quelle mine !
Paysagisme météorologique (Barométrie, thermométrie, etc.)

Couleur

Sur le dessin à peu près définitif, peindre, en *noir et blanc très léger*, l'éclairement perspectif (convention d'une source lumineuse plus éloignée que le soleil ayant une valeur indifférente de « noir et blanc »). Ce dessous [?] doit disparaître sous la *valeur* (colorée) de *matière* de chaque partie. Déterminer donc chaque matière par sa composition de couleurs (Blanc 1, noir ½, vermillon ¼, etc.). Sauf pour certaines matières (comme le chocolat, la [chute d'] eau et qui ont un *équivalent* physique (dont on se rapprochera le plus possible sans atmosphérisation). Sauf ces matières, les autres auront toutes I. un *nom* (en ite, en in, ou autre désinence?) II. une *composition chimique* (mélange) qui sera celle du mélange des couleurs. III. une apparence visuelle (1° colorée et 2° *formation* moléculaire — dureté, porosité, etc. différente pour chaque matière *qui* sera désignée par des procédés schématiques et conventionnels (sans rappeler cependant les traits parallèles différents des architectes)). IV. *des propriétés.*

Sur cette seconde couche ombrer de nouveau en noir et blanc (cracher).

Classification des couleurs à employer pour arriver au « *timbre pur* »

Jaune

citron
indien
Naples clair
Naples
orange

Rouge Minium (pour préserver certaines parties métalliques de l'oxydation)

Vermillon

Éviter les laques

Noir

ivoire
bougie (le mélanger généralement avec une terre foncée pour empêcher craquements)

Bleu

Prusse (avec noir généralement avec jaune pour verts spéciaux)

Éviter le bleu dans les mélanges à cause de sa tendance atmosphérique imbécile.

Ocre

jaune } chercher d'autres ocres ou terres
rouge }

Vert

clair (pour métaux clairs)

Émeraude

Bistre

(essayer)

Pour obtenir une « *exactitude* » — passer à la teinture noire (ou autre moyen noir) la toile avant de peindre, de sorte qu'un trait tiré à la règle avec une pointe dans la peinture en épaisseur à demi fraîche apparaisse en noir et souligné.

Comme dans les cartes de géographie, comme dans les plans d'architectes ou lavis de dessins graphiques, nécessité d'une *légende des couleurs : signification matérielle* de chaque couleur employée — (pax. pour certains métaux, pour le bois, etc., déterminer la *couleur conventionnelle* employée).
Acide picrique et teinture d'iode, etc. pour teinter des surfaces ne faisant pas partie de la machine — *Emploi du grillage* — Voir triturants et liquéfacteurs.

— Prusse et vermillon

Beau noir = Bleu de Prusse et bistre
Le fond, ou atmosphère factice pourra être traité à la mine de plomb (pour obtenir la mise en valeur, par opposition de peinture à l'huile et mine de plomb, de l'ensemble)
Pour obtenir une « exactitude », coller sur la toile *finie* des fils de différentes *grosseurs*
Couleur pour accentuer les lignes (ou intersections) — plans
(ce fil sera maintenu par le vernis)

Pour l'exécution de la toile définitive : découper des *pochoirs* dans de l'opaline ou de la gélatine épaisse. — Auparavant, préparer aussi exactement que possible un dessous, délimitant les ombres et permettant à la dernière couche (celle au pochoir) d'être peu épaisse.

Aciers
Brut
Travaillé
Nickel
Nickelé } différence de brillant
Nickel pur }
Platine
Brillant assez mat
Cuivre
Mat
Rouge
Jaune
Astiqué
Aluminium
mat — Sombre
Fer
Bleu-violet du fer
Fers pour servir aux [—?] architectures
Outremer, noir, laque, Bleu de Prusse, Blanc, (sur fond clair)
Aciers Blanc, jaune, noir, ocre (fond sombre)

Nickel
Blanc, cobalt, gris, vert (sur fond sombre)
Platine
Blanc, cobalt, vert, noir (fond sombre)
Aluminium
Blanc, bleu de Prusse, jaune, ocre
Bois
Verre

Jus transparent incolore
Mica Jus transparent jaune
Cuivre
Jaune, rouge, noir, blanc, terre de S.
Essais :
Nickel Blanc, jaune-vert citron (dégradé vers le gris jaune-bleu pour les ombres)
Platine
Blanc, jaune brillant, noir
Aluminium
Blanc, noir, jaune brillant, bleu de Prusse
Acier Blanc, noir, bleu de Prusse, jaune brillant
Fer

Père
Bergmann
Gress
Votrel
M. Blocman
Gosselin
Bois Diverses essences
Sapin
Chêne
Acajou verni
Mica Transparent jaune
Verre Dépoli
Transparent
de couleurs (Emplois spéciaux)

Voir ensuite mélange de la couleur pure et de sa complémentaire aussi : Prusse et vermillon

Beau noir = Prusse et bistre
Mélange de couleur pure et de sa complémentaire
Verre dépoli et rouille de différents métaux

Comme *couleurs* à employer dans « *l'éclabousseur* »
Plombagine + huile de lin siccative = nuance acier

B. Prusse et vermillon
B. Prusse et bistre

Emploi du grillage

Employer un bleu dans l' « éclaboussure » : mais seulement le bleu du papier photographique ferroprussiate [?] qu'emploient les architectes
Assortir en huile le bleu du papier.

Couleurs lavables (pour les couleurs du verre)

La Mariée. 2e Étude (Münich)
Rose : Lichtocker Gebr. et Weiss
Fonds brun : Terre de Sienne pure avec un peu de Lichtocker Gebr. et de blanc
Jaune clair : Lichtocker et Weiss
Machinerie : Goldocker
Pont : T. d'ombre brûlée de Chypre
Verts : Lichtocker et noir
Peu de vert terre verte [1]

Notes pour « La Mariée mise à nu par les Célibataires »
(Étude : le Passage de la vierge à la mariée)
Mariée : Le rose leitmotiv obtenu par Blanc d'argent et Lichtocker Gebr.
Un peu de Goldocker.
Les rouges ont plus de Lichtocker Gebr.
Les perspectives foncées obtenues par noir et Terre de

1) Ces références aux couleurs sont souvent en allemand ici. M.D. dit qu'à cette époque il utilisait des couleurs à l'huile *Behrendt* [C G].

Sienne brûlée et Goldocker, et aussi terre d'ombre brûlée de Chypre (un peu de Lichtocker Gebr. pour rougir). A gauche : le verdâtre est obtenu par terre verte de Vérone avec Lichtocker hell. et noir.
Dans le centre le foncé contient beaucoup de terre d'ombre de Chypre.

à faire :

Célibataires : Employer pour obtenir le foncé, le bleu de Prusse qui chauffera et différenciera suffisamment avec la Mariée.

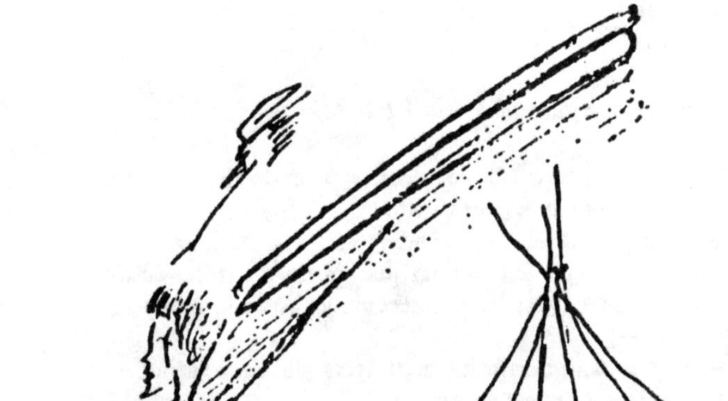

Retrouver les papiers sur les couleurs prises dans le sens sources

lumineuses colorantes et non pas différenciations dans une lumière uniforme (lumière du soleil, artificielle, etc.)
— Tourner autour de :
Supposant plusieurs couleurs — sources lumineuses (de cet ordre) exposées en même temps le rapport optique de ces différentes sources colorantes n'est plus du même ordre que la comparaison d'une tache rouge et d'une tache bleue dans une lumière solaire. *Il y a une certaine inopticité, une certaine considération froide, ce colorant n'affectant que des yeux imaginaires* dans cette exposition. (Les couleurs dont on parle.) [1] Un peu comme le passage d'un participe présent à un passé.

Nouvelles références au VERRE

Recettes — obtenir (forme générale pour décrire certaines parties) :
pax. : on obtient les tirés en . . .
pour obtenir . . . prendre . . .
Argenter (comme un miroir) une partie du fracas-éclaboussement. S'informer au point de vue technique. Avec la partie dépolie et la Rouille —
— Rouille transparaissant au travers du verre dépoli
— et aussi Rouille toute seule.
— Coller une loupe. Lentille de Kodak [2].

Paquet de cartes blanches
Pile de cartes — pour servir dans les plans inclinés. (Pentes d'écoulement ou fracas-éclaboussement). Faire en grandeur naturelle et photo [3].

Déc. 1915

1) « Je veux dire la différence qui existe entre le fait de parler d'un rouge et celui de regarder un rouge », M.D., 1965.
2) Cet objet est au Musée d'Art Moderne de New York [G H]
3) Allusion à une partie du *Verre* intitulée *Toboggan* et qui ne fut jamais exécutée (M.D.)

trajectoire analogue à celle d'une balle. Mais étant trajectoire des surveillances du coin de l'œil

Tirés du canon

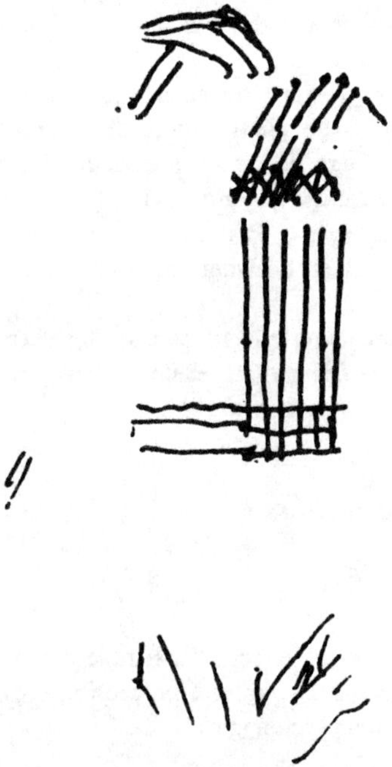

Lignes de vernis venant du plan le plus bas

9 trous

forcer l'éclaboussement à passer par 9 trous ayant la figure des 9 moules [1]

éclaboussement

1) Il s'agit des « neuf moules mâliques », partie du *Verre* [M.S.].

Perspective

Formes principales, imparfaites et libérées

Les formes principales de l'appareil ou ustensile célibataire sont *imparfaites :* rectangle, cercle, carré, parallélépipède, anse symétrique, demi-sphère.

c'est-à-dire : ces formes sont *mensurées* (rapport de leurs dimensions actuelles et rapport de ces dimensions à la destination des formes dans l'ustensile célibataire).

Dans la Mariée. Les formes principales seront plus ou moins grandes ou petites, n'ont plus de mensuration, selon leur destination : une sphère de la mariée sera de rayon quelconque (le rayon donné pour la représenter est « fictif et pointillé »).

De même et mieux, *dans le Pendu femelle,* des paraboles, des hyperboles (ou des volumes en dérivant) perdront tout caractère de situation mensurée.

Leur représentation matérielle ne sera qu'un *exemple de chacune de ces formes principales libérées* (un exemple sans valeur représentative, *mais permettant le plus ou le moins*) [1]

Apparence et apparition

Apparence } d'un objet en chocolat pax.
Apparition }

1° L'apparence de cet objet sera l'ensemble des données sensorielles usuelles permettant d'avoir une perception ordinaire de cet objet (voir Manuels de psychologie)

2° Son apparition en est le moule
c'est-à-dire :
a) Il y a *l'apparition en surface* (pour un objet d'*espace* comme un objet en chocolat) qui est comme une sorte d'image-miroir *ayant l'air* de servir à la fabrication de cet objet, comme un moule, mais ce moule de la forme n'est pas lui-même un objet, il est l'image

1) Cette note se ret uve presque exactement dans la *Boîte verte* [C G].

à n-1 dimensions des points essentiels de cet objet à n dimensions.
L'apparence à 3 dim. sort de l'apparition à 2 dim. qui en est le moule (formel).
b) Comme autre partie du moule [—?] il y a l'apparition en couleurs *natives* [1].
Les couleurs natives ne sont pas des couleurs (au sens reflets en bleu, rouge, etc. d'un éclairage X venant de l'extérieur). Ce sont des foyers lumineux produisant des couleurs actives — c'est-à-dire une surface chocolat-natif sera composée d'une sorte de phosphorescence chocolat complétant l'apparition moule de cet objet en chocolat —
Donc d'un côté la forme à 2 dim. de couleur native chocolat semble devoir être le moule, donner naissance de l', à l'objet à 3 dim. en chocolat.
Ces *couleurs natives dans l'apparition* déterminent les couleurs réelles à changements dus à l'éclairage extérieur *dans l'apparence* par *teinture physique*. Elles se rapportent généralement à des matières. Il y a *une* seule couleur native chocolat qui sert à déterminer tous les chocolats [2].

expliquer
apparit.
négat.

Soit *l'objet*, considéré dans son apparence physique (couleur, masse, forme). Définir (graphiquement c'est-à-dire au moyen des conventions picturales) le *moule de l'objet*.
Par moule, on entend : au point de vue forme et couleur, le *négatif* (photographique) : au point de vue masse un plan (générateur de la forme de l'objet par parallélisme élémentaire) composé d'éléments de lumière, (cette lumière égale d'intensité s'exprimant par des différences de couleurs-sources (et non pas couleurs soumises à une source de lumière extérieure à l'objet).
Pax. Le moule d'un objet en chocolat est l'*apparition négative* du plan à plusieurs couleurs (déterminées conventionnellement (perspec-

1) Les couleurs qui se trouvent dans les molécules (M.D., 1965).
2) Cette section est plus détaillée qu'une section analogue de la *Boîte verte* [C G].

tivement pax. par un espace 3 dim.) par sa position dans un *espace* contenant cet objet et sujet type) générateur

1° de la forme colorée de cet objet

2° de la masse d'éléments de lumière dit éléments chocolat sorte de *teinture physique* [1] déterminant : dans le passage de *l'apparition* (moule) à *l'apparence* (objet en chocolat), la couleur chocolat, la masse chocolat, subissant toutes les transformations optiques dans des éclairages différents.

1. L'objet est éclairant. Source lumineuse. Le *corps* de l'objet se compose de molécules lumineuses et devient la *matière*-source de la matière des objets *éclairés* (pax. le chocolat émanant est le moule atomique de la matière opaque chocolat ayant une existence physique contrôlée par les 5 sens. —
L'objet émanant est une *apparition.*

Perspective

Perspective.

Voir Catalogue de Bibliothèque Ste Geneviève toute la rubrique Perspective :
Niceron (le Père J., Fr.) Thaumaturgus opticus
[sur specimen papier *Imperial* - *90lbs* - *Lisse*]

Perspective linéaire [3]

Vue plane
D indique la distance
de (point de vue)

1) « La teinture physique, par opposition à la teinture chimique, est l'essence moléculaire » (M.D., 1965).

Reporté en perspective :
AD, FD, GD, CD sont des *verticales*

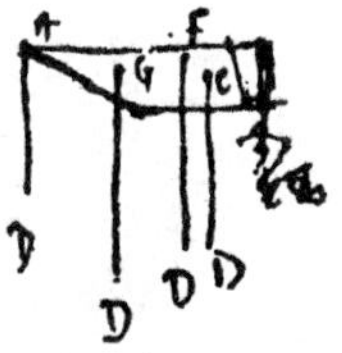

? voir photos faites pour la perspective des stoppages-étalon et des bonshommes rouges [1].

Droite et gauche ——→ plan [2]
Haut et bas ——→ espace [3]

Droite et gauche = plan [2]
Haut et bas = espace [3]

Gravité et centre de gravité font horizontal et vertical dans espace [3]
Dans plan [2] — le point de fuite correspond à centre de gravité, toutes ces parallèles se rassemblant au point de fuite analogiquement aux verticales dirigées toutes vers le centre de gravité.
Physiquement — l'œil est le sens de la perspective. En cela *la perspective ressemble à une couleur* qui, comme elle, n'est pas contrôlable par le toucher. La gravité n'est pas commandée physiquement en nous par un des 5 sens ordinaires. Nous ramenons toujours une expérience de gravité à une autoconstatation imaginée ou réelle perçue intérieurement vers l'estomac.

Pseudosphère (Projections du centre)

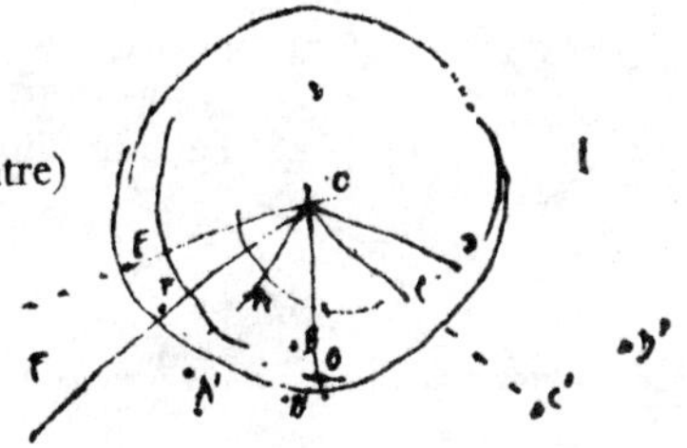

1) *Les moules mâliques* [CG].

Ressemblance :

entre une vue perspective et un cercle — Le point de fuite et le centre —

A quoi correspondrait la circonférence elle-même dans la vue perspective?

Horizon

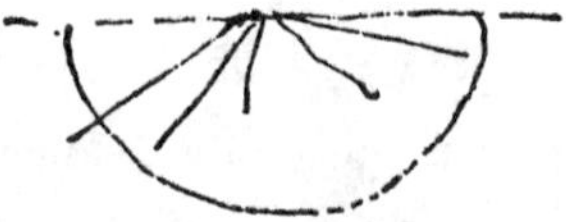

etc. —

Dans le plan vu du haut de la 3e dimension

L'angle rectiligne — aigu ou obtu — est à l'*angle droit* et à l'angle limite 180° comme la courbe plane continue régulière à la droite : (Par courbe plane continue régulière, entendre courbe *définie* par rapport à la droite, circonférence, ellipse, etc.)

Comment représenter ou se représenter *l'angle* qui *soit à* l'angle droit et limite 180° comme la ligne *courbe continue irrégulière est à la droite (Pour servir à préciser les notions : angle, droite, courbe, etc.)*

Le miroir = ombre portée à 3 dim. Comparaison avec un miroir à 3 faces d'une ombre portée d'un corps sur un cube.

Cette image réelle du miroir a 3 dim. virtuelles [1] parce que le miroir est plan.

(incomplet?)

[Au dos.
L'écriture n'est pas de M.D.] :

Paris le vingt-sept mai mil neuf cent treize
Ray Dumouchel,
44, rue de la Clef Paris.

1) « Miroir à trois faces : un miroir en pied à trois faces montées sur charnières » (M.D., 1965).

Employer le verre transparent et la glace pour la *perspective* ^{4}
Analogisme : la perspective ^{4} : la figuration perspective *3 dimslle* d'un *objet* ^{4} sera perceptible à l'œil ^{3} comme la perspective plane d'une cathédrale est perceptible à l'œil plat ^{2} et (non pas à l'œil ^{3}) = cette perception pour l'œil ^{2} est une perception-promenade (s'adressant au sens distance) = un œil ^{2} n'aura d'une perspective ^{3} qu'une perception tactile. Il devra se promener d'un point à un autre et mesurer les distances — *Il n'aura pas vue d'ensemble* comme l'œil ^{3}. Par analogisme, perception-promenade par l'œil ^{3} par perspective ^{4}.

Différence entre la « *reconnaissance tactile* » ou promenade dans un plan d'un œil *2 dimsl* autour d'une circonférence, et la vision de cette même circonférence par le même œil *2 dimsl* se fixant d'un point de vue.
Aussi : différence *entre* la « *reconnaissance tactile* », *promenade 3 dimslle* d'un œil ordinaire autour d'une sphère *et* la vision de cette même sphère par le même œil se fixant d'un point de vue (perspective linéaire).
Aussi : une même différence existe dans le domaine *4 dimsl :* il y a une « *reconnaissance tactile* » dans les 4 dimensions et une perception *visuelle* perspective à 3 dimensions du corps *4 dimsl.*
Cette perception visuelle perspective à 3 *dim.* est *saisissable* par l'œil *4 dimsl* seulement.
L'œil *3 dimsl* la saisira mal (comme un œil *2 dimsl* ne voit que la projection-ligne [?] d'une circonférence). Une reconnaissance tactile *3 dimsl* promenade autour permettra peut-être une reconstruction imaginative des nombreux corps *4 dimsl* pouvant porter cette perspective dans le milieu *3 dimsl.*

[Au dos d'une facture de gaz datée 14 9bre. 1914]

Construction d'un œil 4 dimensionnel

De — : Une circonférence passe (pour l'œil 3 dimsl se déplaçant au-dessus et au-dessous jusqu'à ce que le rayon visuel soit dans le plan contenant la circonférence) par beaucoup de formes déterminées conventionnellement par les lois de perspective linéaire.

A — : (Une sphère pour l'œil 3 dimsl est toujours égale à elle-même quel que soit le point de vue).
Mais une sphère (pour la perception 4 dimsl se déplaçant 4 dimensionnellement jusqu'à ce que les *rayons*^{4} deviennent les rayons visuels de l'œil 3 dimsl ordinaire) passe par beaucoup de formes depuis sphère 3 *dimsl* diminuant peu à peu de volume sans diminuer de rayon jusqu'à simple circonférence plane.

[Au dos d'une facture de gaz datée du 11 Nov. 1914]

Lumière et ombre existent pour 4 dimsl comme pour 3,2,1.

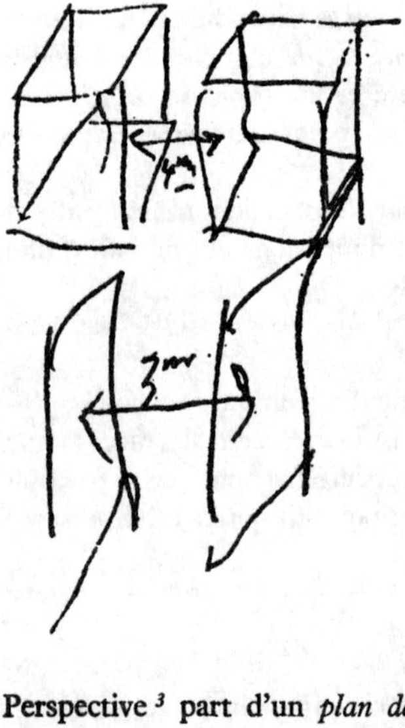

Cube
Section d'un
élément
dans un
milieu 4 dimsl

Perspective^{3} part d'un *plan de face* initial [?] qui ne *déforme pas*. Perspective^{4} aura un cube ou médium à 3 dim. comme point de départ qui ne déformera pas c'est-à-dire dans lequel l'objet^{3} est *à l'embrasse circhyperhypovu*. (comme *pris avec la main* et non pas vu avec les *yeux*.)

— De même qu'un point coupe une ligne et ne coupe pas un plan, de même ligne infinie ou *élément de la surface* coupe un volume et ne coupe pas un « solide » à 4 dim. mais le plan ou surface coupe ce solide à 4 dim.
— Ce solide à 4 dim. sera limité par des volumes à 3 dim.

L'ombre portée d'une figure à 4 dimensions sur notre espace est une *ombre à 3 dimensions* (voy. Jouffret Géom. à 4 dim. page 186, 3 dernières lignes)
Sections tridimensionnelles des figures quadridimensionnelles par un espace : analogiquement avec le procédé des architectes qui décrivent le plan de chacun des *étages* d'une maison, une figure 4dridimsl. pourra être décrite (pour chacun de ses étages) par des sections tridimensionnelles. Ces différents étages seront reliés chacun à chacun par la 4ᵉ dim. Construire tous les états 3 dimsl de la figure 4dridimsl., comme on détermine tous les plans ou faces d'une figure à 3 dim. — Autrement dit : Une forme 4 dimsl est perçue (?) sous un ∞ d'aspects 3 dimsl qui sont les sections de cette figure 4 dimsl avec le nombre infini d'espaces (à 3 dim.) qui enveloppent cette figure. — Autrement dit : on peut *tourner* autour de la figure 4 dimsl selon les 4 directions de l'étendue. Le nombre de positions du percepteur est ∞ mais on peut réduire à un nombre fini ces différentes positions (comme pour les figures *régulières* à 3 dim.) et alors chaque perception, dans ces différentes positions, est une figure 3 dimsl. L'ensemble de ces perceptions 3 dimsl de la figure 4 dimsl serait la base d'une reconstitution de la figure 4 dimsl.

Par analogie l'être plat [2] a *une longueur*. Cette longueur est symétriquement disposée de chaque côté d'un axe qui, prolongé imaginairement dans le plan va rejoindre *un pôle* commun à tous les axes individuels [2] et déterminant *l'équilibre plat* correspondant à l'équilibre de gravité [3]. (Cet axe [2] est-il une boussole ou un *niveau d'eau à 2 dimensions????*) Dans l'étendue [4], le vertical et l'horizontal perdent leur sens *fondamental* (de base) — (de même que l'être plat [2] ignore si le plan qui le supporte est horizontal ou vertical).

Étendue et continu

De la *vision* 4 dimsl.
Dans le continu 4 dimsl, *le plan* est toujours *vu* comme une ligne.
Il n'a plus de développement perspectif.
La ligne est *vue* comme point.
Développer comment est *vu* le volume. (Définir cette *perception d'ensemble*)
L'objet 3 dimsl *vu* dans le continu 4 dimsl est *perçu d'ensemble*
(A-t-il un envers et un endroit comme le plan *vu* dans l'espace?)

Définition d'un espace pour une perception 4 dimsl.
Quelle *représentation* peut-on donner d'un espace 3 dimsl dans un continu 4 dimsl?
On représente un plan fini dans un espace 3 dimsl ainsi :

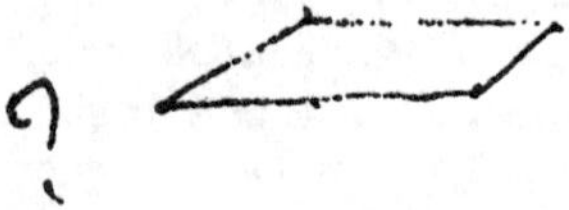

Sph. A, sph. B, sph. C, sph. D sont des points sphériques de la ligne 4 dimsl.

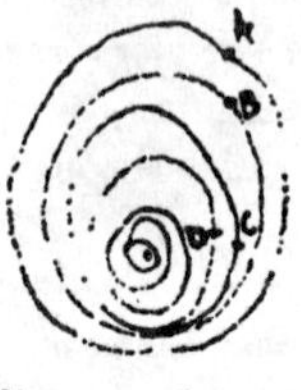

Cette ligne continue de différents points sphériques n'a pas d'*épaisseur* dans l'étendue. Sa longueur dans l'étendue est déterminée par les différentes grandeurs de rayon des sphères successives de o à l'infini.

Analogies entre Perspectives ^{3} et ^{4}
Point de fuite des lignes correspond à une *ligne de fuite* des plans ^{2} dans Perspective ^{4}

Sur la ligne d'horizon en perspective [3], il y a plusieurs points de fuite (rencontre de différents groupes de parallèles horizontales) et par analogie, il y aura plusieurs *lignes de fuite* appartenant toutes au même plan d'horizon ; et servant de lignes de rencontre aux différents groupes de plans parallèles horizontaux.

Analogie entre :

Réflexion dans un miroir-plan et *la section 3 dimsl* d'un objet 4 dimsl sur un espace à 3 dims —

Un point dans un espace [3] pour un œil ordinaire, cache masque la 4e direction de l'étendue — c'est-à-dire que cet œil peut essayer de percevoir physiquement cette 4e direction en tournant autour du point considéré. De quelque point de vue qu'il regarde ce point, celui-ci sera toujours l'aboutissant de la 4e direction — comme un œil ordinaire tournant autour d'un miroir ne parviendra jamais à percevoir autre chose que l'image réfléchie à 3 dim. virtuelles mais rien par derrière.

Le plan de la glace est une façon commode de donner l'idée de l'infini à 3 dim. C'est à ce plan que *s'arrête* l'infini à 3 dim. (il n'y a aucune contradiction à parler de la sorte puisque c'est seulement pour familiariser l'esprit avec la figuration/représentation idéale du continu à 4 dim.)

Pour parler incorrectement la ligne semblant s'arrêter au plan de la glace devrait simplement la traverser et continuer à l'infini dans son continu à 3 dim. Elle n'entrerait pas dans le continu à 4 dim., il la contiendrait sans qu'elle le *coupe* (comme le point est contenu dans le plan sans le couper)

— *Comparaison. De :* Un point ne coupe pas un continu à 3 dim. Une ligne le coupe.

Analogiquement : Étant donné un cube. — Sa réflexion dans une glace. On peut dire qu'une ligne perpendiculaire au plan du miroir ne coupera pas l'image du cube (ne cachera pas l'image du cube). Car l'œil tourne autour de la ligne sans épaisseur. Cette ligne sera arrêtée au plan de la glace. Au contraire un plan ou surface opaque touchant la glace coupera ou cachera aux yeux du spectateur une partie de ou toute l'*image* du cube dans la glace. Le continu à 4 dim. est *essentiellement* le miroir du continu à 3 dim.

Parallélisme élémentaire = répétition d'une ligne équivalente (dans le sens de semblable en tous points) à une ligne élémentaire pour former la surface. Même parallélisme dans le passage du plan au volume = sorte de multiplication parallèle du continu à n dim. pour constituer le continu à n + 1 dim.
L'opération du parallélisme est a posteriori. En effet : connaissant un monde à 3 dim. on a en partant du point construit la ligne parallélisme élémentaire. Delà de la ligne par/parallélisme élémentaire on a construit le plan et ainsi du plan au volume. Mais cette opération suppose déjà la connaissance intuitive du monde à 3 dim.
Delà :
Le passage du volume à la figure à 4 dim. se fera-t-elle par parallélisme ? Oui. Mais ce parallélisme élémentaire exige en tant qu'opération géométrique une connaissance intuitive du continu à 4 dim. On peut donner cette définition du continu à 4 dim. (par raisonnement analogique = c'est plutôt une énumération de quelques caractères communs à tous les continus à n dim. qu'une définition) : une fonction de continu à 4 dim. sera déterminée par une multiplication de volumes fermés, se développant par parallélisme élémentaire selon la 4e dim. Reste évidemment à définir par connaissance intuitive la « *direction* » de cette 4e dim. D'où le *miroir ?*

Chercher un temps à 2 dim., 3 dim., etc.

Analogisme

A propos de la figuration sur le papier de l'angle ^{4} (2 espaces se coupant suivant un plan comme charnière).
— Difficulté de s'échapper de l'espace ^{3}. Pour dessiner ou représenter un espace ^{3}, comme on dessine un plan ^{2} 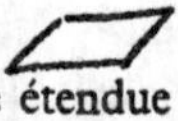 vu de l'espace ^{3}, il faudrait dessiner un espace ^{3} [vu] d'une étendue ^{4}.

Lorsque je représente un espace ^{3} par une sphère tridmslle (ou un cube ^{3}) je suis analogue à un individu plan A voyant *en section* un plan dessiné P.

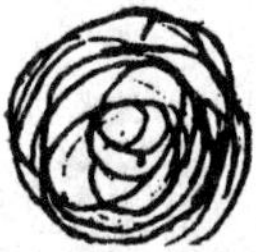

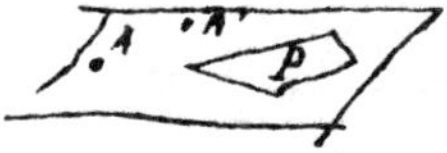

L'individu A peut venir en A'. Il mesure en promenade les 4 côtés du quadrilatère mais à chaque arrêt ne voit qu'une *projection* du quadrilatère sur un axe imaginaire perpendiculaire à son rayon visuel.

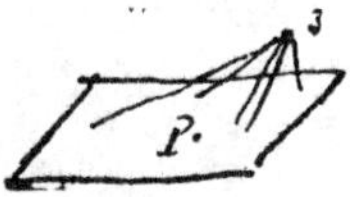

La vision ^{3} d'un plan P correspond dans l'étendue à une *emprise* ^{4} dont on peut se faire une idée en tenant à pleine main un canif, par exemple.
Pour la représentation de l'angle ^{4}, 2 glaces se coupant [à angle obtus] représentent 2 espaces se coupant sur une charnière-plan. Pour l'œil ^{3}, dans l'espace ^{3}, ce plan-charnière n'est visible qu'à la coupure avec l'espace ^{3}, c'est-à-dire l'intersection ligne des deux glaces. Le *plan-charnière des 2 espaces ^{3} se cache derrière cette ligne* et l'impression est nette pour l'œil ^{3} qui se déplace de droite à gauche sans pouvoir jamais saisir un peu [?] de ce plan.

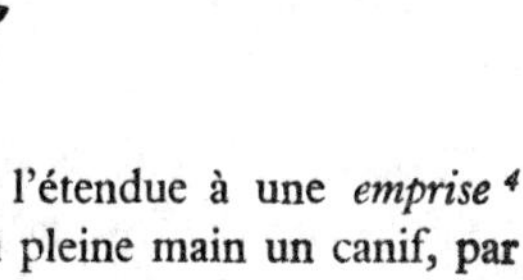

Perspective 4 dmslle

Analogismes

I. Dans un continu 3 dll

A.B.C. : 3 objets-plans sur un plan P.
X.X'.X'' : trois points de vue différents
Pour un individu 3 dl, l'image 2 dmlle rétinienne diffère à chaque point de vue (X X' X'' etc) = [D'où la perspective linéaire]

II. Dans un continu 4 dml

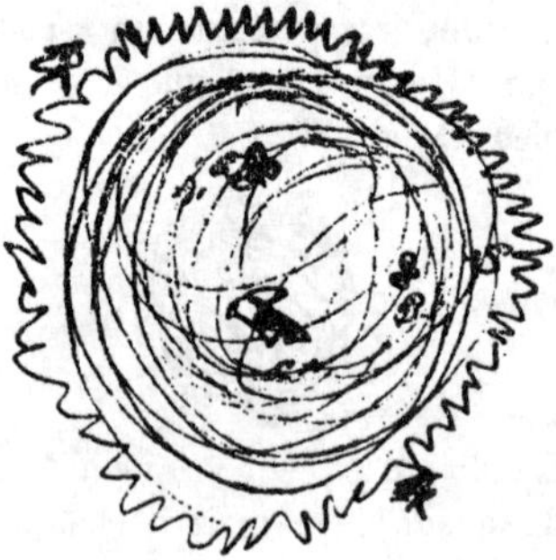

A'B'C', 3 *objets volume*
dans un espace 3 dmsl S.
Définir l'emprise
un point de départ
de cette emprise,
etc.

Pour un individu 4 dmsl *l'image tactile-emprise* 3 dmslle (comme un canif à pleine main) diffère quand le [point [2] (?) d'où part (?) l'emprise (?)] se déplace 4 dimslt.

Dans une étendue, 2 lignes qui se coupent ne déterminent pas un plan — elles *se confondent* (parallèles se confondent aussi)
Dans une étendue : Le plan est réduit à sa section, la ligne.
Dans une étendue : 2 plans qui se coupent ne déterminent pas un espace : ils se confondent en un plan *perpendiculaire* à leur droite commune.
Donc : dans l'étendue, tout espace est perçu par un toucher 4 dmsl comme une sorte de projection plane enregistrant les différentes cotes tridimensionnelles. L'élément de perception n'est plus le point comme dans le toucher ordinaire, mais plutôt une sorte de *sphère* tactile extensible épousant toutes formes tridimensionnelles.

Vérités de la Palisse

Dans un espace, 2 lignes droites qui se coupent déterminent le plan ou continu à 2 dim.

Dans un espace, 3 lignes qui se coupent au même point déterminent un espace à 3 dim.

Dans un plan, 3 lignes qui se coupent ne déterminent pas un espace donc dans un espace 4 lignes qui se coupent ne déterminent pas une étendue.

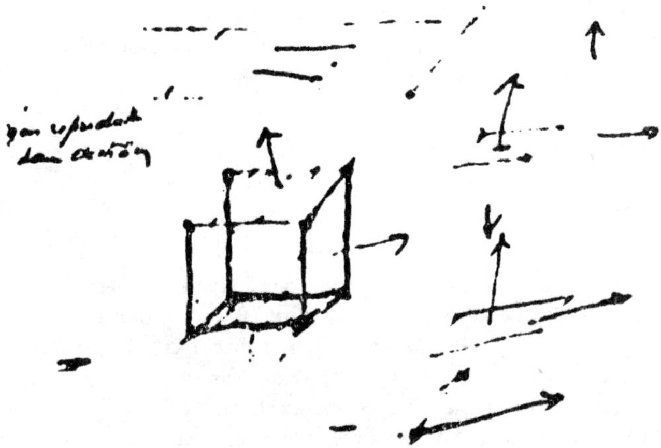

Dans l'étendue

L'œil 4 dimsll est tel qu'une surface plane infinie (pax.) ne *coupe* pas l'étendue.

Cet œil 4·dimsll peut être figuré (3 dmsllmt) par une *rétine sphérique fermée* qui, à la fois, recevrait l'impression de tous les objets tridmsll. de la surface — Cette impression 4 dimsll. de la surface n'est pas un dénombrement (à l'infini) des aspects tridmsll. de la surface. Elle est une formule rétinienne synthétisant cette surface.

Dans le plan, l'indigène 2 dimsl. est d'un côté d'une ligne droite infinie ou de l'autre. Cette ligne est donc pour lui une coupure (Poincaré) donnant naissance à 2 champs plans distincts.

— Dans l'espace 3 dmsl. nous *devons* traverser un plan pour *reconnaître* ses deux faces.

— Dans l'étendue 4 dmsll. 1 corps 4 dmsl. pourra *être tel* que si on *le sectionne* par un espace ^{3} médian, les 2 parties 4 dmsll. séparées seront symétriques par rapport à cet espace ^{3} médian.

L'indigène 4 dim. percevant ce corps 4 dmsl. symétrique passera d'une partie à la seconde partie en *traversant instantanément* l'espace ^{3} médian —
On peut imaginer cette traversée instantanée d'un espace ^{3} en se rappelant certains effets de glaces à 3 faces dans lesquelles les images disparaissent (derrière) de nouvelles images.

?

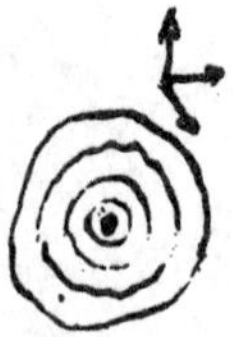

Étendue

L'étendue ou champs à 4 dim. est un continu dont l'élément constitutif est une sphère de rayon infiniment petit (R = 1 plutôt que R = 0)
[Ce qu'on peut appeler] *la ligne droite 4 dmsll.* est définie par *l'ensemble des sphères successives de rayon de plus en plus grand* partant du point o centre de la *1*^{re} *sphère élémentaire.*
Cette ligne droite 4 dmsll. = espace tridmsll. et ne sort pas de cet espace —
Dans l'étendue cette ligne 4 dmsll. est située par la détermination de sa sphère élémentaire. Elle répond absolument à la question de continuité sans déviation pour une perception 4 dmslle.
En tant qu'élément du continu à 4 dim., elle reste du domaine 3 dimsll et est *sensible* pour les êtres vivants dans l'espace 3 dimsll. au point même qu'ils ne peuvent en sortir (physiquement).
Pour l'œil ordinaire dans un espace ^{3} tout point est l'aboutissant d'une ligne (droite ou pas droite) venant de l'étendue ^{4}, l'œil aura beau tourner autour de ce point (dans les 3 dimensions), il ne parviendra jamais à percevoir de cette ligne 4 dmslle, que son point de rencontre avec le milieu ^{3}.

Rapports d'espace ^{3} à étendue ^{4}

Un plan dans l'*étendue* ^{4} coupe un *espace* ^{3} selon une ligne — c'est-à-dire toute ligne d'un espace ^{3} est la section possible (visible pour l'œil ^{3}) d'un ou plusieurs plans venant de l'étendue.

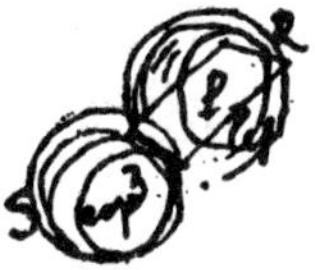

Le plan P fait partie, dans l'étendue, d'un espace [3] R faisant un angle [4] avec l'espace [3] S.

Il est certain que tout point de l'espace [3] masque, cache, est l'aboutissant d'une ligne de l'étendue. On voudrait tourner autour de ce point, et apercevoir cette 4ᵉ direction qui arrive (à ce point) au contact de l'espace [3] —
Une ligne d'un espace [3] masque aussi un plan ; c'est comme la tranche de ce plan, seule visible pour l'œil [3].
De même un plan est certainement la section de 2 espaces [3] (voir *angles* [4]). *Mais* un objet [3] dans un espace [3] ne masque pas. Il est au

1 2 3

contraire attaqué, morcelé, par toutes les *lignes*, *volumes*, *plans de*

1

l'étendue [4] aboutissant *dans son espace* [3] à sa construction en points,

2 3

plans, lignes.

Chaque corps *3 dmsl.* ordinaire, encrier, maison, ballon captif est *la* perspective portée par de *nombreux* corps 4 dmsls sur le milieu 3 dmsl.
Il y a des corps 3 dmsls qui correspondent à moins de projections perspectives (des domaines 4 à 3) que d'autres.
Il faudrait déterminer/construire ceux qui sont la projection d'un seul corps 4 dmsl (Perspective 4 dmslle)

Les Angles [4] :

2 espaces [3] R et S se coupent dans l'étendue suivant un *plan-charnière. L'angle* [4] *est donc déterminé par 2 espaces* [3] *pour côtés et un plan* [2] *pour charnière.*

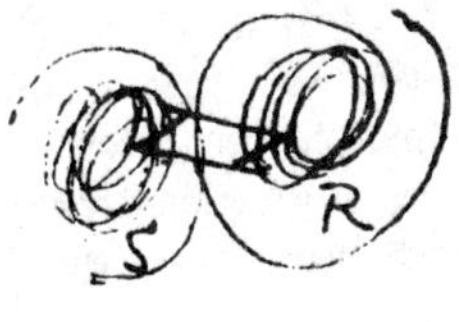

Sur une ligne infinie prenons deux points A, B. Autour de A comme charnière faisons tourner AB. AB engendrera une surface quelconque c'est-à-dire courbe, brisée ou plane.

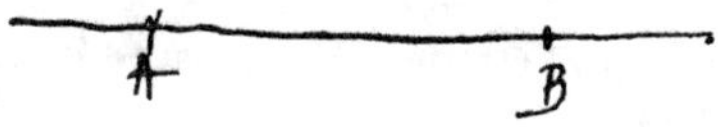

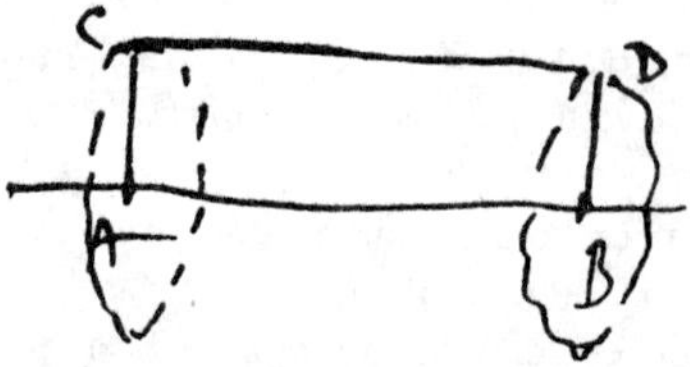

Autour de AB comme charnière faisons tourner la surface plane ABCD. Elle engendrera un volume.

Donc un continu *fini* à 3 dim. est engendré par un continu *fini* à 2 dim. *tournant* (au sens général) autour d'une charnière finie à 1 dim.

Un continu fini à 4 dim. est donc engendré par un continu fini à 3 dim. <u>tournant</u> (ici ce mot perd son sens physique. Voir plus loin) autour d'une charnière finie à 2 dim. —

Une charnière à 2 dim. = surface infinie.

Charnière finie = section fermée dans ce plan.

Cette section fermée est d'ailleurs une des faces du volume ou continu fini à 3 dim.

Ce volume ou continu à 3 dim. doit tourner autour de la section plane comme charnière.

Mais le mot tourne doit perdre ici son sens physique car il est évident que si nous faisons tourner cette section plane sur un axe quelconque nous n'engendrerons que des continus à 3 dim. — Analogiquement avec l'opération précédente (ligne charnière d'une surface tournante), nous remarquons que la ligne charnière reste immobile (ou, en nous permettant une représentation physique, tourne sur elle-même dans son continu infini à 1 dim. sans déplacement dans ce continu). Donc la section plane charnière devra *rester immobile* ou « *tourner* » *seulement sur elle-même sans engendrer de volumes, et sans se déplacer dans son continu infini à 2 dimensions.* —

Conséquences :
Pax. : La section d'un cube sur la surface-charnière sera un carré : ce carré devra ne pas se déplacer sur la surface infinie, être immobile, et cependant *tourner sur lui-même comme section carrée de surface.*
Quel sens peut-on donner à cette dernière phrase :
Quand la ligne-charnière tournait sur elle-même, chaque point de cette ligne entraînait dans sa révolution une ligne perpendiculaire (à ce point même) sur la charnière. Analogiquement chaque ligne du carré-surface-charnière devra entraîner un plan perpendiculaire au carré.
Par ligne du carré-surface-charnière, j'entends élément de la surface, comme par point j'entendais élément de la ligne.
Partant d'une sphère (de 10 cm de rayon pax.), cette sphère, continu à 3 dimensions, est la coupure dans un continu à 4 dimensions constitué par l'image virtuelle multipliée à l'infini de cette sphère, c'est-à-dire par les situations en continu à 3 dimensions que peut occuper cette sphère, et constitué par toutes les grandeurs que

1. Un objet quelconque dans l'espace géométrique à 3 dimensions est situé par la mensuration de chacune de ses 3 dimensions. Cette mensuration, formule arithmétique (ou chronique) de sa forme, détermine sa *Réalité*, par le rapport *constant* de ces 3 dimensions, chacune à chacune. Cette Réalité à 3 dimensions est l'occasion de la répétition à l'infini d'images plus grandes que, égales à ou plus petites que l'objet, mais chacune de ces images, en nombre infini, soumise au rapport constant des 3 dimensions de l'objet type.

2. L'ensemble innombrable (infini à priori [?]) de ces images virtuelles constitue un continu à 4 dimensions et non plus seulement le continu à 3 dimensions (infini géométrique). En effet : l'infini géométrique est bien un continu dont les 3 dimensions sont considérées dans leur *indéfinité* puisqu'elles partent du point axiome. —

Au contraire, le continu des images virtuelles part d'un volume géométrique à 3 dim. et les *images virtuelles qui le constituent* sont la transposition d'un objet à 3 dimensions.
Nos sens très habitués à l'espace physique permettent difficilement la conception d'un continu à 5 dimensions pax. qui serait un ensemble d'images supravirtuelles déjà données par l'objet à 3 dimensions dans sa conception à 4 dimensions.

3. Objection : Quel est le sens de ce mot 4ᵉ dimension, puisqu'il n'a pas de correspondant tactile, ou sensoriel, comme en ont la 1ʳᵉ, la 2ᵉ, la 3ᵉ dimension.

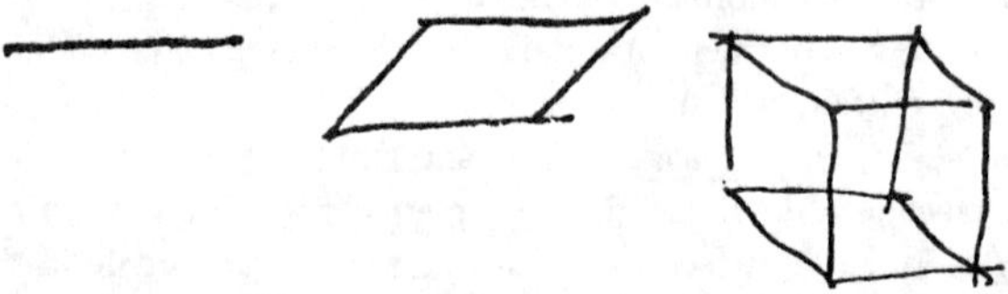

Pour une 5ᵉ dimension on peut imaginer hypothétiquement que le rapport constant qui déterminait chaque image virtuelle dans le continu à 4 dimensions cesse d'être constant et pourtant ne cesse pas pour cela d'être *rapport. Expliquer.*
Aussi, pour le continu à 4 dimensions : L'explication de Poincaré des continus à n-dimensions par la coupure des continus à n-1 dimensions n'est pas en défaut. Elle est, au contraire, confirmée et c'est même en s'appuyant sur cette explication qu'on peut justifier l'appellation de 4ᵉ dimension donnée à ce continu d'images virtuelles dans lequel la coupure ne pourrait être obtenue que par l'objet type à 3 dimensions, considéré *dans son infini géométrique.*

La réflexion (images virtuelles) dans une glace

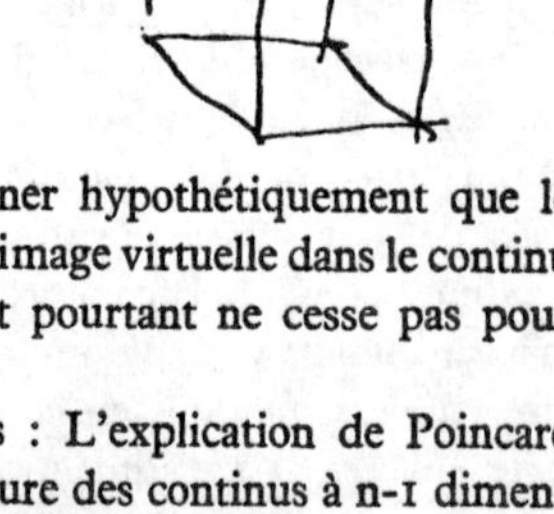
[1]

1) Ce dessin ne représente qu'une partie d'un ensemble plus vaste inscrit en filigrane sous le texte commençant par : « et c'est même en s'appuyant... » et se terminant par : « ... et les plus grandes à l'infini » [M.S.].

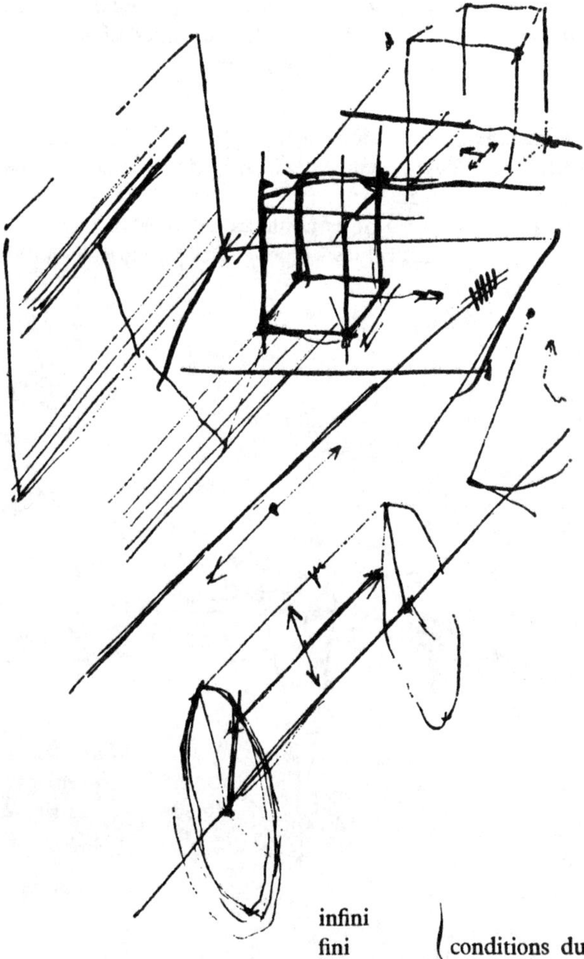

infini
fini
mouvement
repos

} conditions du continu à n-dims.

De la perspective à 2 dimensions donnant l'apparence du continu à 3 dimensions, construire une perspective à 3 dimensions (ou peut-être à 2 dimensions) de ce continu à 4 dim.

Écho. Son virtuel

Virtualité comme 4e dimension : non pas la Réalité sous l'apparence sensorielle, mais la représentation virtuelle d'un volume (analogue à sa réflexion dans un miroir).
Multiplicité à l'infini des images virtuelles de l'objet à 3 dimensions. Ces images étant les plus petites à l'infini et les plus grandes à l'infini.

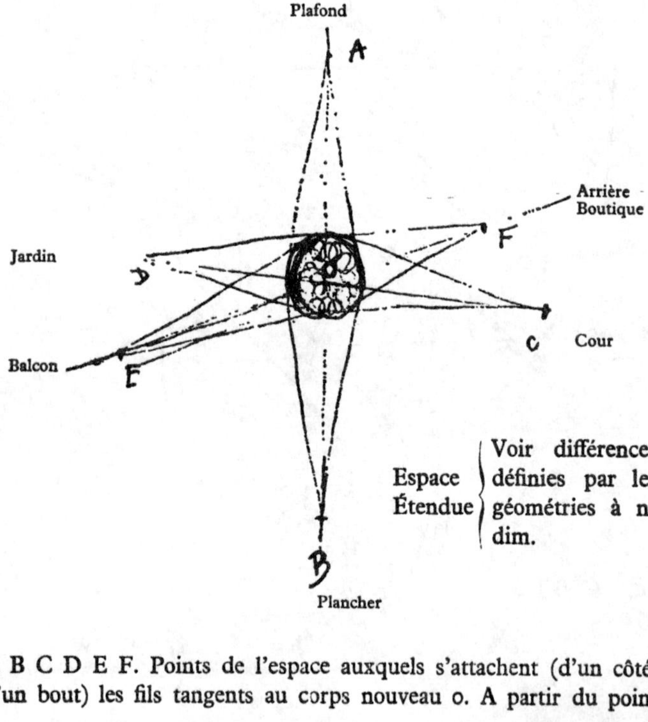

Espace } Voir différences définies par les
Étendue } géométries à n-dim.

A B C D E F. Points de l'espace auxquels s'attachent (d'un côté, d'un bout) les fils tangents au corps nouveau o. A partir du point de tangence ces fils s'enroulent « à l'escargot », tendent vers un nouveau point de gravité. Donc le corps o : 1° est tangent à l'espace 2° sa forme est déterminée par ce nouveau point (provisoirement de gravité) dont la *propriété de distraction* s'exerce seulement sur les confins de l'espace c'est-à-dire : la *forme limite* du corps o est la résultante des 2 forces (attraction dans l'espace et distraction dans l'étendue).

Graphiquement cette force de distraction est représentée par les fils de tangence.

Chercher les autres propriétés du nouveau point de gravité.

Pax. non *uniformité du mouvement d'obéissance* du corps o au centre : c'est-à-dire ce mouvement peut être *alternatif* et le corps o jouit d'une liberté alternative. Les écarts de temps qui mesurent cette *liberté* suivis d'un égal écart de temps pendant lequel le corps o est *déterminé* par le centre à *certaines* conditions. (Chercher *certaines*). Ces écarts de temps sont en durée à 2 ou 3 dim. (voir développement spécial du cadran vu de profil dans « le mâcheur de revolver »). [1]

---

1) « Une pendule vue de profil de sorte que le temps disparaisse, mais qui accepte l'idée de temps autre que linéaire » (M.D., 1965).

M.D. suggère au lecteur de lire *Experiment in Time and Serialism* de J.W. Dunne. V. également *L'Inventeur du Temps gratuit* de Robert Lebel, Paris, Le Soleil noir, 1964, pour lequel M.D. exécuta un « pliage » d'une *Pendule de Profil*. V. enfin la partie de la *Boîte verte* consacrée à la Pendule de Profil [CG].

CHAPITRE II

Rrose & cie

Introduction

« *L'argot de Rrose Sélavy, n'est-ce pas l'art de transformer en cigognes les cygnes?* », R. Desnos.

Nous avons réuni dans ce chapitre, parce qu'ils procédaient de la même approche intellectuelle, deux ensembles de textes fondés sur les approximations linguistiques : d'une part *Rrose Sélavy*, recueil publié en plaquette en 1939 chez G.L.M. dans la collection « Biens nouveaux » ; et, de l'autre, groupés sous le titre, emprunté à Duchamp, de *Morceaux moisis*, des contrepèteries et autres « bricolages » verbaux du même type glanés çà et là dans les revues dadaïstes et surréalistes, les catalogues d'exposition et autres *varia*.

La parenté de ces exercices avec ceux diffus dans la subculture française depuis des temps immémoriaux et popularisés dès la fin du XIXe siècle dans des livraisons comme l'*Almanach Vermot* (dont Duchamp usait immodérément) ont conduit maints lecteurs à confondre dans un même opprobre ces « fientes de l'esprit qui vole » (Victor Hugo). Robert Desnos lui-même, dont on sait le parti qu'il a su tirer à la fois de ce type de contrepèteries et de l'exemple même de Marcel Duchamp, dans *Corps et biens* (1930), semble s'être mépris sur la nature et sur la finalité de ces divertissements chez l'auteur de *Rrose Sélavy*. Il y a dans *Corps et biens* un brio poétique éblouissant : mais précisément ce jaillissement d'images, cette invention verbale déployée en une incessante pyrotechnie calembourdesque donnent à penser que Desnos n'émettait pas sur la même longueur d'ondes que le *Marchand du Sel* [1].

Les exercices verbaux de Duchamp n'ont ni ce panache ni cette dimension lyrique. S'il y a poème, c'est au-delà d'une manière de 3e degré, dans ce domaine de Rrose Sélavy, *no man's land* neutre, atonalisé, feutré, où le bonheur ne se conçoit que contradictoirement : « Comme il est aride, comme il est fertile, comme il est joyeux, comme il est triste ! » Certes,

---

1) Voici ce que disait Breton (« Les Mots sans rides », in *Littérature*, nouv. série, n° 1, Paris, 1er déc. 1922) de la mystérieuse osmose Duchamp-Desnos : « Qui dicte à Desnos endormi les phrases qu'on va lire et dont Rrose Sélavy est aussi l'héroïne, le cerveau de Desnos est-il uni comme il le prétend à celui de Duchamp, au point que Rrose Sélavy ne lui parle que si Duchamp a les yeux ouverts ? C'est ce que, dans l'état actuel de la question, il ne m'appartient pas d'élucider. Il est à signaler qu'éveillé, Desnos se montre incapable, au même titre que nous tous, de poursuivre la série de ses « jeux de mots » même au prix de longs efforts ».

comme s'exclamait Breton découvrant les aphorismes duchampiens en 1922 : « Les mots ont fini de jouer. Les mots font l'amour. » Mais copulation n'est pas nécessairement conception, et les coïts verbaux contre nature de Duchamp sont d'une stérilité esthétique parfaite, même si l'humour de corps de garde qui les ponctue peut un temps faire illusion.

De la contrepèterie, le Dictionnaire Robert nous donne la définition suivante : « Interversion des lettres ou des syllabes d'un ensemble de mots généralement choisis afin d'en obtenir d'autres dont l'assemblage ait également un sens, de préférence burlesque ou grivois. » Or Breton a bien compris que si le procédé de Duchamp correspond à la première partie de cette définition par sa rigueur systématique, il ne satisfait que déceptivement à la seconde, parce que le sens de ces « morceaux moisis » n'est nullement assuré, du moins dans l'acception courante du terme ; et que d'autre part le caractère « burlesque ou grivois » n'est le plus souvent qu'un écran de fumée destiné à attirer le regard instinctif du lecteur et à lui dissimuler la substantifique moelle. Ainsi s'explique que cette « grivoiserie » et ce « burlesque » soient souvent d'une telle primarité qu'ils provoquent cet étonnement navré qui accueille dans la bonne société la « chute » d'une plaisanterie de bas étage ; ou pis encore le fiasco d'une astuce ratée.

Cette « absence de l'élément comique qui passait pour inhérent au genre et suffisait à sa dépréciation » [1] marque au coin les aphorismes de Duchamp. Certes la Joconde de *L.H.O.O.Q.* porte une virile moustache, mais elle n'en a pas pour autant abandonné son équivoque sourire.

Les aphorismes de Duchamp doivent peu au génie poétique, encore moins à l'esprit de salon, bien plus au hasard et à la stricte logique poussée dans ses derniers retranchements, où l'avaient d'ailleurs déjà traquée Raymond Roussel et Jean-Pierre Brisset. Ce dernier surtout, auteur d'une *Grammaire logique* aberrante, mais parfaitement normative et d'une absolue rigueur à l'instar des meilleurs manuels scolaires, a inspiré à Duchamp les passages quasi didactiques des boîtes verte et blanche relatifs au bon usage du nouveau langage. Il ne s'agit plus de laisser la bride sur le cou à la folle du logis, mais d'appliquer obstinément et sans idées préconçues certaines règles ou « recettes » découvertes empiriquement, de bricoler en quelque sorte avec les syntagmes comme un enfant avec les pièces d'un Meccano.

Ces règles, on le verra ci-après, sont simples et peu nombreuses. Elles procèdent d'un postulat élémentaire (« la grande loi ou la clef de la parole »), ainsi formulée par Brisset :

> « Il existe dans la parole de nombreuses lois, inconnues jusqu'aujourd'hui, dont la plus importante est qu'un son ou une suite de sons identiques, intelligibles et clairs, peuvent exprimer des choses différentes par une modification dans la manière d'écrire ou de comprendre ces noms ou ces mots. Toutes les idées énoncées avec des sons semblables ont une

1) « Les Mots sans rides », in *Littérature*, Paris, n° 7, déc. 1922, p. 14.

même origine et se rapportent, toutes, dans leur principe, à un même objet. »

Et Brisset de donner pour exemple la suite phonétique :

« Les dents, la bouche.
Les dents la bouchent.
L'aidant la bouche.
L'aide en la bouche.
Laides en la bouche.
Laid dans la bouche.
Lait dans la bouche.
L'est dam le à bouche.
Les dents-là bouche. »

A partir de cette « loi » fondamentale qu'il adopte sans réserve, Duchamp tire des corollaires qu'il a explicités parfois en des termes qui ne laissent aucun doute quant à leur valeur générale et dogmatique :

« Si vous voulez une règle de grammaire : le verbe s'accorde avec le sujet consonnamment :
Par exemple : le nègre aigrit, les négresses s'aigrissent ou maigrissent. »

Nous laissons aux collègues linguistes le soin d'analyser techniquement et d'approfondir cet aspect de l'œuvre écrite de Duchamp à la lumière notamment des découvertes récentes de la grammaire générative et structurale. Bornons-nous ici, pour la seule commodité de la lecture, à proposer un classement des exercices verbaux de Duchamp en fonction des mécanismes élémentaires qui ont servi à leur élaboration.

Grosso modo, on peut dire que l'ardeur subversive de Duchamp en matière de langage s'exerce à deux niveaux, qui du reste se recoupent fréquemment : le niveau du *mot* et celui de la *phrase*, c'est-à-dire au plan de la structure cellulaire du texte. En effet ce n'est jamais le corps de ce texte qui est remis globalement en cause, sans doute parce qu'une attaque contextuelle stylistique serait probablement moins efficace et surtout parce que Duchamp ne s'intéresse pas aux vertus de l'écrit constitué en objet à vocation littéraire. Duchamp, comme les Dadaïstes, ne s'est point laissé prendre au piège insidieux du discours qui devait charmer les Surréalistes.

Pratiquement toutes les interventions de Duchamp peuvent être définies comme des variations apportées à un stéréotype linguistique figé (cliché, aphorisme, proverbe, dicton, etc.), qu'il soit apparent ou occulté. Il suffit, ici comme ailleurs, de « distendre un peu » les réalités physiques et chimiques.

Au niveau du mot, le double calembour de Duchamp est dans la plupart des cas axé sur une dialectique homophonie/homographie, homonymie/paronymie. Toutes les interférences, relations et combinaisons son/sens/graphie sont utilisées.

Cela va de l'homophonie simple (Francis Picabia est une *vis* qui a des *vices*) à la syllepse homonymique virtuelle (il arrange or, jus n'y est/hilarant Georges Hugnet), en passant par l'homonymie (objet dard) et l'homographie (*savon* aux amendes honorables) classiques.

Mais c'est surtout la paronymie que Duchamp affectionne tout particulièrement. On en relève plus de trente exemples dans le présent chapitre. Certains paronymes (mots de prononciation voisine, de sens et de graphie différents) sont primaires (ovaire [ouvert] toute la nuit ; système métrite [métrique]), d'autres sont plus élaborés et, en application de l'observation de Breton : « L'image la plus forte est celle qui présente le degré d'arbitraire le plus élevé [...] celle qu'on met le plus longtemps à traduire en langage pratique [1] », ce sont souvent les plus originales et les plus fécondes.

On trouve les catégories suivantes :

Adjonction d'une lettre (Belle Haleine) ; suppression (Fre[n]sh Wi[n]dow) ; substitution d'une lettre à une autre (Cuisse [caisse] enregistreuse) ; déplacement ou inversion (Église, exil ; Ruiner, uriner) familiers aux dactylographes.

Jeux syllabiques : Adjonction d'une syllabe : Fosse[tte] d'aisance ; [Ba]garre d'Austerlitz ; [Ca]leçons de musique de chambre ; Temps [blen]orrhagieux ; [Orch]idée fixe.

A-peu près paronymiques : Lits et ratures.

Accumulation paronomastique : Paroi parée de paresse de paroisse ; étrangler l'étranger ; moustiques domestiques demi-stock ; ecchymoses des esquimaux aux mots exquis.

Relevons encore, mais en plus petit nombre, des figures grammaticales plus rares comme le palindrome (mot pouvant être lu indifféremment de gauche à droite ou de droite à gauche) paronymique : anemic cinema ; l'hyperbate (interversion de l'ordre naturel des mots) : une 5 CV qui *rue* sur *pignon ;* le chiasme paronymique : L'aspirant habite Javel et j'avais la bite en spirale ; la lecture phonétique : L.H.O.O.Q. ; M.E.T.R.O. A noter que Duchamp répugne au néologisme, même s'il reste formel, et *a fortiori* devant le néologisme informel cher à Michaux.

Au plan de la phrase, on observe chez Duchamp trois types de fonctionnements distincts :

Le premier — et le plus connu — est celui de la contrepèterie (ou contrepet), dont il est question plus haut. En fait, on en compte peu, une dizaine, dans *Rrose Sélavy* et *Morceaux moisis :* sels de bains, belle de seins ; bains de gros thé pour grains de beauté. Encore la plupart sont-elles « irrégulières » en ce sens que les termes intervertis sont paronymiques plutôt que vraiment homophoniques : Il faut dire : La crasse du tympan et non le sacre du printemps.

Le second consiste, comme nous l'avons vu, à prendre comme point de départ de l'exercice un paradigme quelconque afin de créer des étymologies déceptives et d'aberrantes familles lexicales. Les exemples foisonnent :

Composition à partir d'un radical assorti de préfixes variables (hom-i - dom - fro - plu - ra - MAGES).

Dérivation (radical plus suffixes) : La vie en ose, etc.

Crase et contraction : Guest + a host = a ghost.

Conjugaison : Je purule, tu purules, la chaise purule.

Alternances singulier/pluriel : *un mot* de reine, *des maux* de reins et masculin/féminin : opalin ô ma laine [1].

Suites onomatopéiques : Si la scie scie la scie
Et si la scie qui scie la scie [...]

Parfois, comme plus tard Ionesco, Duchamp illustre sa grammaire absurde d'exemples interprétés littéralement : avoir un poil dans la main ; tiré à 4 épingles.

Le dernier type de fonctionnement ne se fonde plus sur les illusions phonétiques, les déviations morphologiques ou les équivoques sémantiques, mais, ressortissant à celui qui préside à l'élaboration des notes des diverses *Boîtes*, met en œuvre une manière de paralogique pervertie : [...] « un robinet qui s'arrête de couler quand on ne l'écoute pas » ; « une boîte de Suédoises pleine est plus légère qu'une boîte entamée parce qu'elle ne fait pas de bruit ».

On observera que le mobile commun qui sous-tend toutes ces règles est un souci constant d'extrême économie, que l'on retrouve d'ailleurs dans l'œuvre plastique de Duchamp. L'art est pour lui le plus efficace des moyens d'expression : un effort minime de la part du créateur devra donc entraîner des effets considérables. L'acte « poétique » sera dénué de toute passion et posé à froid, en vertu de principes et de règles empiriques à prétention scientifiques : les exercices verbaux dont il est question dans ce chapitre relèvent donc d'une chirurgie anti-esthétique dont le praticien connaît toutes les ficelles et dont il espère bien que le malade, en l'occurrence le langage de culture, ne se relèvera pas. Méfions-nous du hasard qui semble présider aux destinées des écrits de Duchamp : il s'agit bien d'un « hasard de culture ». En fait, le mot, la phrase à « rectifier » sont placés sur le billard où on les manipule, les ausculte, les désentripaille à plaisir, pour rien, pour voir, comme disait Knock.

1) Cet exemple illustre assez bien le caractère rudimentaire, mais rigoureux, de ce type de formation : une alternance consonantique, opalin/omalin*, qui, n'ayant pas de sens, ne peut résoudre l'impertinence ; parodie d'opposition de genre également virtuel, omalin*/omaline* ; enfin variante paronymique omaline*/omalaine/ô ma laine. L'effet naît de l'ellipse de la forme virtuelle omalin*/omaline*, seule à même de satisfaire la logique.

Rrose Sélavy

« *J'ai voulu* [. . .] *changer d'identité et la première idée qui m'est venue c'est de prendre un nom juif. J'étais catholique et c'était déjà un changement que de passer d'une religion à une autre ! Je n'ai pas trouvé de nom juif qui me plaise ou qui me tente* [1], *et tout d'un coup j'ai eu une idée : pourquoi ne pas changer de sexe ! Alors de là est venu le nom de Rrose Sélavy. Maintenant c'est peut-être très bien, les prénoms changent avec les époques mais Rrose était un prénom bêta en 1920. Le double RR vient du tableau de Francis Picabia, vous savez, l'« Œil cacodylate » qui est au Bœuf sur le Toit — je ne sais pas s'il a été vendu — dans lequel Francis avait demandé à tous ses amis de signer. Je ne me souviens plus comment j'ai signé — ça a été photographié, par conséquent quelqu'un le sait* [2]. *Je crois que j'avais mis Pi Qu'habilla Rrose — arrose demande deux R, alors j'ai été attiré par le second R que j'ai ajouté — Pi Qu'habilla Rrose Sélavy.*

1) On observera cependant que *Rose* est un patronyme très souvent adopté aux États-Unis par des familles juives immigrées d'Europe par modification de noms comme Rosenberg, Rosenbaum, etc.
2) V. citation exacte *infra*, p. 159.

Tout ça, c'était des jeux de mots. »[1]

★

« *Je trouvai très curieux de commencer un mot par une consonne double, comme les L dans Lloyd.* »[2]

★

« *Alternant avec quelques arrière-pensées inédites, bien caractéristiques de sa manière, on se plaira à trouver ci-après une suite assez complète de ces phrases construites de mots soumis au « régime de la coïncidence », phrases dans lesquelles de tels objets ont trouvé leur accompagnement idéal, qui brillent de la lumière même du télescopage et montrent dans le langage ce qu'on peut attendre du « hasard en conserve », grande spécialité de Marcel Duchamp.* »[3]

[André Breton]

---

1) In Pierre Cabanne, *Entretiens avec M.D.*, Paris, Belfond, 1967, p. 118.
2) Katherine Kuh, « Marcel Duchamp », in *20th Century Art from the Arensberg Collection*, Chicago, 1949, pp. 11-18.
3) *AHN*, pp. 221-222.
V. documentation bibliog. précise sur *Rrose Sélavy* in Schwarz, CW Cat. 308 et Bib. 15.

OCULISME DE PRÉCISION
RROSE SÉLAVY
New York-Paris
POILS ET COUPS DE PIEDS
EN TOUS GENRES

Rrose Sélavy trouve qu'un incesticide doit coucher avec sa mère avant de la tuer ; les punaises sont de rigueur.

Publié pour la première fois dans *Littérature* (Nouvelle série, n° 5, Paris 1er octobre 1922). Maintes fois reproduit, par exemple dans le programme de la Matinée à là Comédie des Champs-Élysées : *Breton parlera de l'humour noir.* Dans l'*Anthologie de l'humour noir*, on trouve la variante suivante : « Un incesticide doit coucher avec sa « parente » avant de la tuer ; les punaises sont de rigueur ». Dans la *Valise*, la phrase est associée à deux autres sentences de *Rrose Sélavy*, qui la précèdent : « Inceste ou passion de famille, à coups trop tirés ».

Rrose Sélavy et moi esquivons les ecchymoses des Esquimaux aux mots exquis.

Texte initialement inscrit sur un carton utilisé dans *Anemic Cinema* et reproduit en encart dans *391* (n° 18, Paris, juillet 1924). On le retrouve gravé sur le disque de cuivre rouge de la *Machine optique* (1924). Il apparait publié pour la première fois dans *The Wonderful Book* de Pierre de MASSOT (Paris, 1924, couv. 4) dans la version suivante : « Nous estimons les ecchymoses des esquimaux aux mots exquis. » Dans *AHN*, cependant, il est donné dans la version que nous transcrivons ici.

Question d'hygiène intime :
Faut-il mettre la moelle de l'épée dans le poil de l'aimée ?

In *Le Cœur à Barbe*, Paris, 1922. Mais on lit « Conseil » au lieu de « Question » : « Avez-vous déjà mis la moelle de l'épée dans le poil de l'aimée » (*AHN*) ; *V.*

Abominables fourrures abdominales.

In *Littérature*, n° 5 ; *V.*

Parmi nos articles de quincaillerie paresseuse, nous recommandons un robinet qui s'arrête de couler quand on ne l'écoute pas.

V; « *le* robinet » (*AHN*) ; « Un robinet original révolutionnaire/« renvoi miriorique [sic] »!... (C W 370).

La mode pratique, création Rrose Sélavy :
La robe oblongue, dessinée exclusivement pour dames affligées du hoquet.

Reproduit tel quel dans le programme de la conférence d'André Breton mentionnée plus haut, ainsi que dans *V;* « Teinturerie Rrose Sélavy : robe oblongue pour personne affligée du hoquet. Marcel Duchamp » (Cat. Exp. de dessins surréalistes, Paris, Les Quatre Chemins, 1935 ; Maurice Nadeau, *Documents surréalistes,* Paris, Le Seuil, 1948, p. 316) ; « Robe oblongue pour personne affligée du hoquet » (*AHN*).

La différence entre un bébé qui tète et un premier prix d'horticulture potagère est que le premier est un souffleur de chair chaude et le second un chou-fleur de serre chaude.

Nous livrons à domicile : moustiques domestiques (demi-stock).

V; « Moustiques domestiques demi-stock » (*Intervention Surréaliste,* nouv. série, n° 1, juin 1934, p. 32) ; « Nous livrons des moustiques domestiques (demi-stock) » *WB ; AHN*) ; « ... Pour la cure d'azote sur la Côte d'Azur » (disque d'*Anemic Cinema,* bib. A 24).

Des bas en soie... la chose aussi.

WB ; V ; AHN ; « *Bas* - Des bas en soie... la chose aussi. Rrose Sélavy » (*Dictionnaire abrégé du Surréalisme,* Paris, Galerie des Beaux-Arts, 1938).

A charge de revanche ; à verge de rechange.

V; « A charge de revanche et à verge de rechange » *(AHN).*

A coups trop tirés.

WB ; AHN ; V.

Litanie des saints :
Je crois qu'elle sent du bout des seins.
Tais-toi, tu sens du bout des seins.
Pourquoi sens-tu du bout des seins ?
Je veux sentir du bout des seins.

In *Littérature,* n° 5 ; *V.*

Opalin ; ô ma laine.
Avoir de l'haleine en dessous.

In *Littérature*, nº 5.
« Il y a celui qui fait le photographe et celle qui a de l'haleine en dessous » *(V; AHN;* v. *infra, Morceaux moisis).*

Un mot de reine ; des maux de reins.

WB ; V ; AHN.

Caleçons de musique (abréviation pour : leçons de musique de chambre).

Le meilleur des savons est le savon aux amendes honorables.

Il faut dire :

La crasse du tympan, et non le Sacre du Printemps.

In *Le Cœur à Barbe*, Paris, 1922, p. [5] ; *V;* « Sacre du printemps, crasse de tympan » *(AHN).*

La bagarre d'Austerlitz.

Gravure sur un *ready-made* représentant une porte-fenêtre, exécuté par M.D. en 1921.

My niece is cold because my knees are cold.

WB ; V ; AHN.

Daily lady cherche démêlés avec Daily Mail.

V; AHN ; « Daily lady » *(WB).*

Une cinq chevaux qui rue sur pignon.

V; « 5 CV... » *(AHN).*

Une nymphe amie d'enfance.

WB ; AHN.

Ovaire toute la nuit.

V; allusion au roman de Paul Morand : *Ouvert la nuit.* Dans *Caravansérail,* roman à clefs inédit de Francis Picabia, on trouve déjà un calembour sur cette œuvre.

Se livrer à des foies de veau sur quelqu'un.

Le système métrite par un temps blenorrhagieux.

WB ; AHN ; « blennorragieux » *(V).*

Du dos de la cuillère au cul de la douairière.

In *391*, n° 18, Paris, juillet 1924 ; *AHN ;* « cuiller » *(V).*

Paroi parée de paresse de paroisse.

AHN ; V.

Prendre 1 centimètre cube de fumée de tabac et en peindre les surfaces extérieure et intérieure d'une couleur hydrofuge.

Aiguiser l'ouïe (forme de torture).

Quand on a un corps étranger entre les jambes, il ne faut pas mettre son coude près des siennes.

V.

Faut-il réagir contre la paresse des voies ferrées entre deux passages de trains ?

Si je te donne un sou, me donneras-tu une paire de ciseaux ?

Disque d'*Anemic Cinema,* bib. A 24.

Une boîte de Suédoises pleine est plus légère qu'une boîte entamée parce qu'elle ne fait pas de bruit.

AHN.

Bains de gros thé pour grains de beauté.

« Matin et soir : bains de gros thé pour grains de beauté sans trop de Bengué ».

Fossettes d'aisances.

WB ; V ; AHN.

Nous nous cajolions (nounou ; cage aux lions).

Rébus (dessin de M.D.) reproduit dans Maurice Nadeau, *Histoire du Surréalisme,* Club des Éditeurs, Paris, 1958, p. 100.

M'amenez-y.

Titre suggéré pour un tableau de Picabia daté de 1918, ainsi que pour une revue dadaïste annoncée en 1921 comme devant être dirigée par Céline Arnauld, mais jamais publiée ; *V.*

Étrangler l'étranger.

AHN ; V ; « Étrangler l'étranger - Église, exil - Ruiner, uriner » *(WB).*

Orchidée fixe.

WB.

Abcès opulent.

« Oh ! crever un abcès au pus lent. Rrose Sélavy » (*Littérature,* n° 5 ; *AHN*).

Anemic cinema.

Titre du film (8-10 minutes) réalisé par M.D. en 1925 chez Man Ray à Paris.

Lits et ratures.

Titre utilisé par Francis Picabia pour son dessin de couverture de la revue d'André Breton, *Littérature,* nouv. série, n° 7, déc. 1922; *V.*

Morceaux moisis

Si vous voulez une règle de grammaire : le verbe s'accorde avec le sujet consonnament :
Par exemple : le nègre aigrit, les négresses s'aigrissent ou maigrissent.
mâcheur Fran[cfort sau]cisse Pisqu[e quand elles] habilla.
Marcel Duchamp
(RROSE SELAVY)

Première publication dans *Le Pilhaou-Thibaou*, Paris, 10 juillet 1921, p. 6. Repris dans *View*, no. sp. M.D., New York, 1944, série V, no. 1. Ce texte est extrait d'une lettre à Francis Picabia adressée par Duchamp de New York où il se trouvait en janvier 1921. La dernière phrase du texte reproduit ici (" mâcheur... " figure, dans la lettre, comme intitulé. On notera que le dernier calembour contenu dans cette phrase conduit au jeu de mots ci-après.

En 6 qu'habilla rrose Sélavy
Marcel Duchamp

De la main de M.D. dans le tableau. *L'Œil cacodylate* de Francis Picadia exposé au Salon d'Automne de 1921. Constitue la première graphie de Rrose Sélavy avec deux " r " (v. n. 2, p. 151). Le détail de l'inscription de M.D. a paru dans la plaquette *Francis Picabia 1879-1954* (*sic.*) publiée à la mort du peintre (1953) par Jacques-Henry Lévesque et Jean-Van Heeckeren, Paris, 1955.

Oh ! do shit again ! . . .
Oh ! douche it again ! . . .
Rrose Sélavy

In *391*, n° 18, Paris, 1er juillet 1924. Rééd., p. 121.
[to shit : chier ; douche : douche vaginale]

Inceste ou passion de famille.

WB ; V ; AHN.

Église, exile

WB.

Ruiner, uriner

WB.

Cuisse enregistreuse

WB.

Poulet exaucé
Rrose Sélavy — *New York-Bruxelles-Paris*

WB.

Oseur d'influence
Aux heures d'affluence

In *London Bulletin*, n° 13, 15 avril 1939, p. 12 ; *AHN*.

« Sa robe est noire », dit Sarah Bernhardt.

In *Littérature* (nouvelle série), n° 5, Paris, 1er oct. 1922; repris, sans guillemets, in *V* et *AHN*

Il y a celui qui fait le photographe et celle qui a de l'haleine en dessous.

Légende d'une photo de Man Ray, « Belle Haleine, Eau de Voilette », datée de 1921 et représentant un flacon de parfum dont l'étiquette est un portrait de M.D. habillé en femme. Repris in *New York Dada*, 1921, couv.

Je purule, tu purules, la chaise purule grâce à un rable de vénérien qui n'a rien de vénérable.

Télég. pour le vernissage de l'Exposition Internationale du Surréalisme, Paris, Galerie Daniel Cordier, hiver 1959-1960.

De Ma
Pissotière
J'aperçois
Pierre de Massot

Légende d'un dessin représentant une vespasienne et mis en vente aux enchères au profit de Pierre de Massot le 17 mars 1961 à l'Hôtel Drouot.

Czech Check

[« Chèque Tchèque »]. Carte de sociétaire de l'Association mycologique tchèque appartenant à John Cage et contresignée par M.D. en janv. 1965.

L'aspirant habite Javel et moi j'avais l'habite en spirale.

Inscription sur un disque rotatif produisant un effet de spirale, 1926. Cette contrepèterie est probablement apocryphe : « L'aspirant de Javel » . . . n'est pas de moi », lettre de M.D. à M. Sanouillet [1958].

PRIÈRE DE COLLER
Les toiles, c'est laid.
L'étoile aussi.
Rrose Sélavy

M.D. ne se rappelle pas avoir écrit le texte de ce papillon, qui fut distribué à l'occasion de l'ouverture de la galerie surréaliste *L'Étoile scellée*, 11, rue Pré-aux-Clercs à Paris en 1953. Mais le calembour a pu être recueilli au cours d'une conversation avec l'auteur.

Objet-dard

Titre d'une sculpture phalloïde de M.D.

Et Qui Libre?

Texte gravé sur celluloïd pour illustrer le poème *L'Équilibre* de Francis Picabia (Alès, P.A.B., août 1958). Cette gravure, pour être déchiffrable, doit être lue à l'aide d'un miroir.

A Guest + a Host = a Ghost

[Un invité + un hôte = un fantôme]. Inscription portée à l'intérieur du papier métallisé enveloppant les bonbons distribués lors de l'exposition Bill Copley à Paris, en 1953.

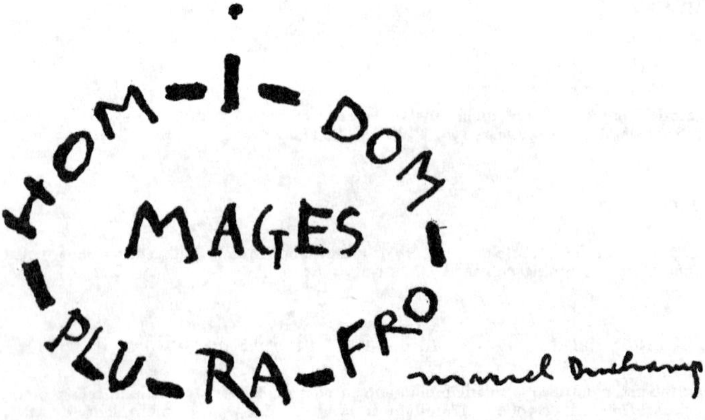

Couverture du catalogue de l'Exp. « Le Dessin dans l'Art Magique », Paris, Galerie Rive Droite, 1958.

La Vie en Ose

on suppose
on oppose
on impose
on appose   Man Ray
on dépose
on repose
on indispose
et finalement une dose de ménopause
avec repose
scélérose
et ankylose
mais la chose qui ose

In Cat. Exp. Man Ray, New York, Cordier and Ekstrom Gallery, 30 avril-18 mai 1963.

SALISSEZ (PRONOUNCE : SALLY SAYS)
MESENS' CHAUSSETTES (PRONOUNCE : SHOW SET)
FOR JULY AND AUGUST
MARCEL

Télég. envoyé de New York par M.D. pour le vernissage de l'exposition E.L.T. Mesens à Knokke le Zoute, Belgique en juillet-août 1963.

Cops pullulate, Copley copulates

Carte invit. Exp. Bill Copley, New York, Alexander Iolas Gallery, janv. 1960.

TOUTALEGOUT SONT DANSLANATURE

Inscription portée en 1961 sur une gravure en forme de rébus figurant dans l'album de gravures contemporaines *Surrealism between the Two Wars*, Milan, Galerie Schwarz, 1965.

M.E.T.R.O.
AIMER TES HEROS

En épelant le premier mot on obtient phonétiquement la deuxième expression. Maquette de la couverture du n° 9 (avril 1965) de la revue milanaise *Metro* qui devait être consacrée à M.D. Ce projet fut abandonné.

Pulled at four pins
Tiré à quatre épingles

Inscription sur une gravure de sept. 1964 représentant une tête de cheminée dite « girouette ». A lire par réflexion dans un miroir (« renvoi miroirique », analogue à « L'Équilibre » ci-dessus).

Prière de toucher

Couv. (4) du Cat. de l'Exp. Internationale du Surréalisme de Paris, Maeght, 1947. La couv. (1) représentait un sein de femme en caoutchouc mousse.

Fresh Widow

Titre d'un *ready-made* représentant une fenêtre dont les huit carreaux sont occultés au moyen de cuir noir, exécuté par M.D. en 1920. Une *French Window* est une fenêtre à la française (à l'espagnolette). Une *Fresh Widow* est une « veuve effrontée ».

De plante de serre à fleur de pot
Des corsets Quai d'Orsay
Sels de bains belle de seins
Mes salutations très Mistinguett

In *Quatre inédits de Marcel Duchamp*, Alès, P.A.B., 1960.

CHAPITRE III

M. D., Criticavit

Introduction

Bien qu'il ait cessé de peindre depuis 1923, Marcel Duchamp a été intimement mêlé à la vie artistique des deux continents depuis le début de ce siècle. S'il n'a jamais été prodigue de commentaires, de critiques ou de jugements exprimant des vues sur l'art et les artistes, il a cependant laissé, au terme d'une existence de quatre-vingts années, un nombre appréciable de notes diverses qui constituent un corpus critique d'une importance certaine. Dispersées jusqu'ici dans des documents fragiles et transitoires, elles témoignent, ici recueillies, d'une pensée parfaitement homogène et conséquente. On s'aperçoit avec étonnement que cet iconoclaste impénitent a su porter sur les hommes et les œuvres qui ont fait notre siècle un jugement d'une rare justesse et d'une sereine impartialité.

Propos

Ce qui ne va pas en art dans ce pays aujourd'hui, et apparemment en France aussi, c'est qu'il n'y a pas d'esprit de révolte — pas d'idées nouvelles naissant chez les jeunes artistes. Ils marchent dans les brisées de leurs prédécesseurs, essayant de faire mieux que ces derniers. En art, la perfection n'existe pas. Et il se produit toujours une pause artistique quand les artistes d'une période donnée se contentent de reprendre le travail d'un prédécesseur là où il l'a abandonné et de tenter de continuer ce qu'il faisait.

D'autre part, quand vous choisissez quelque chose appartenant à une période antérieure et que vous l'adaptez à votre propre travail, cette démarche peut être créatrice. Le résultat n'est pas neuf : mais il est nouveau dans la mesure où il procède d'une démarche originale.

L'art est produit par une suite d'individus qui s'expriment personnellement ; ce n'est pas une question de progrès. Le progrès n'est qu'une exorbitante prétention de notre part. Par exemple, il n'y a pas eu de progrès marqué par Corot sur Phidias. Et « abstrait » ou « naturaliste » ne sont qu'une façon de parler à la mode — aujourd'hui. Il n'y a pas de problème : un tableau abstrait peut fort bien ne pas paraître « abstrait » du tout dans cinquante ans.

Pendant l'autre guerre [1914-1918] la vie chez les artistes new-yorkais était très différente — beaucoup plus amicale que pendant ces quelques dernières années. Il y avait beaucoup plus de cohésion — une solidarité beaucoup plus étroite, beaucoup moins d'opportunisme. C'était l'esprit qui était très différent. On s'activait beaucoup, mais à l'intérieur d'un groupe relativement restreint et rien ne se faisait ouvertement. La publicité enlève toujours quelque chose. Et le grand avantage de cette première période était que l'art d'alors était un travail de laboratoire ; aujourd'hui il est dilué aux fins de grande consommation.

La base de mon propre travail pendant les années qui précédèrent immédiatement ma venue en Amérique en 1915 était le désir de briser les formes — de les « décomposer » un peu à la manière cubiste. Mais je voulais aller plus loin — beaucoup plus loin — en fait dans une direction toute différente. Ce qui aboutit au *Nu descendant un escalier* et plus tard à mon grand verre, *La Mariée mise à nu par ses célibataires, même*.

L'idée du *Nu* me vint d'un dessin que j'avais fait en 1911 pour illustrer le poème de Jules Laforgue « Encore à cet astre ». J'avais prévu une série d'illustrations de poèmes de Laforgue mais je n'en terminai que trois. Rimbaud et Lautréamont me paraissaient trop vieux à l'époque. Je voulais quelque chose de plus jeune. Mallarmé et Laforgue étaient plus près de mon goût — le « Hamlet » de Laforgue notamment. Mais peut-être étais-je moins attiré par la poésie de Laforgue que par ses titres — « Comice agricole », quand c'est écrit par Laforgue, se transforme en poésie. « Le Soir, le piano » — nul autre n'aurait pu écrire cela à l'époque.

Dans le dessin *Encore à cet astre* le personnage *monte* l'escalier. Mais pendant que j'y travaillais, l'idée du *Nu*, ou le titre — je ne sais plus très bien — me vint à l'esprit. Plus tard, je devais donner le dessin à F.C. Torrey de San Francisco qui avait acheté le *Nu descendant un escalier* à l'Armory Show de New York en 1913.

Je ne pense pas qu'il existe un rapport quelconque entre le *Nu descendant un escalier* et le Futurisme. Les Futuristes avaient organisé leur exposition à la Galerie Bernheim Jeune en janvier 1912. J'étais au même moment en train de peindre le *Nu*. L'esquisse à l'huile en avait déjà été exécutée en 1911. Il est exact que je connaissais Severini. Mais je travaillais tout seul à l'époque — ou plutôt avec mes frères. Et je n'étais pas un pilier de cabaret. La chronophotographie était en vogue. Les études de chevaux en mouvement et d'escrimeurs en positions successives comme dans les albums de Muybridge m'étaient bien connues. Mais ma préoccupation dans l'exécution du *Nu* était plus proche de celle des Cubistes (décomposition des formes) que de celle des Futuristes (suggestion du mouvement) ou même que de celle de Delaunay (interprétation *simultanéiste* de ce mouvement).

Mon but était la représentation statique du mouvement — une composition statique d'indications statiques des positions diverses prises par une forme en mouvement — sans essayer de créer par la peinture des effets cinématiques.

La réduction d'une tête en mouvement à une ligne nue me paraissait défendable. Une forme passant à travers l'espace traverserait une ligne ; et à mesure que la forme se déplacerait, la ligne qu'elle traverserait serait remplacée par une autre ligne — puis une autre et encore une autre. Par conséquent, je me sentais habilité à réduire une silhouette en mouvement à une ligne plutôt qu'à un squelette. Réduire, réduire, réduire était mon obsession ; — mais en même temps mon but était de me tourner vers l'intérieur, plutôt que vers l'extérieur. Et plus tard, dans cette perspective, j'en vins à penser qu'un artiste pouvait employer n'importe quoi — un point, une ligne, le symbole le plus ou le moins banal — pour exprimer ce qu'il voulait dire. Ainsi le *Nu* était un pas dans la direction du Grand Verre, *La Mariée mise à nu par ses célibataires, même.*

Et, dans le *Roi et la Reine*, peint peu après le *Nu*, il n'y a pas de formes humaines ni d'indications anatomiques. Mais on peut y voir où sont placées les formes : et en dépit de cette réduction, je ne l'appellerais jamais une toile « abstraite ».

Le Futurisme était un impressionnisme du monde mécanique. C'était la suite directe du mouvement impressionniste. Cela ne m'intéressait pas. Je voulais m'éloigner de l'acte physique de la peinture. Pour moi le titre était très important. Je m'attachai à mettre la peinture au service de mes objectifs, et à m'éloigner de la « physicalité » de la peinture. Pour moi Courbet avait introduit l'accent mis sur le côté physique au XIXe siècle. Je m'intéressais aux idées — et pas simplement aux produits visuels. Je voulais remettre la peinture au service de l'esprit. Et ma peinture fut, bien entendu, immédiatement considérée comme « intellectuelle », « littéraire ».

Il était vrai que je tâchais à me situer aussi loin que possible des tableaux physiques « agréables » et « attirants ». Cette situation extrême fut considérée comme littéraire. Mon *Roi et Reine* représentait un roi et une reine d'échecs.

En fait jusqu'à ces cent dernières années, toute la peinture était littéraire ou religieuse : elle avait été mise au service de l'esprit. Cette caractéristique s'est peu à peu perdue au cours du siècle dernier. Plus un tableau faisait appel aux sens — plus il devenait animal —, plus il était prisé. Ce fut une bonne chose d'avoir eu le travail de Matisse pour la beauté qu'il rayonnait. Et pourtant il a créé une nouvelle vague de peinture physique en ce siècle ou du moins maintenu la tradition que nous avons héritée des maîtres du XIXe siècle.

Dada fut la pointe extrême de la protestation contre l'aspect physique de la peinture. C'était une attitude métaphysique. Il était intimement et consciemment mêlé à la « littérature ». C'était une espèce de nihilisme pour lequel j'éprouve encore une grande sympathie. C'était un moyen de sortir d'un état d'esprit — d'éviter d'être influencé par son milieu immédiat, ou par le passé : de s'éloigner des clichés — de s'affranchir. La force de vacuité de Dada fut très salutaire. Dada vous dit : « N'oubliez pas que vous n'êtes pas aussi vide que vous le pensez ! » D'habitude un peintre confesse qu'il a ses jalons. Il va d'un jalon à l'autre. En fait, il est l'esclave de ses jalons — même s'ils sont contemporains.

Dada fut très utile comme purgatif. Et je crois en avoir été profondément conscient à l'époque et avoir éprouvé le désir de me purger moi-même. Je me rappelle certaines conversations avec Picabia sur ce sujet. Il était plus intelligent que la plupart de mes contemporains. Les autres étaient pour ou contre Cézanne. Personne ne pensait qu'il pût y avoir quelque chose au-delà de l'acte physique de la peinture. On n'enseignait aucune notion de liberté, aucune perspective philosophique. Naturellement, les Cubistes étaient fertiles en inventions à ce moment-là. Ils avaient assez de chats à fouetter pour ne pas s'inquiéter de perspective philosophique ; et le Cubisme m'a donné beaucoup d'idées relatives à la décomposition des formes. Mais je pensais à l'art sur une autre échelle. On discutait ferme à l'époque de la quatrième dimension et de la géométrie non-euclidienne. Mais la plupart des gens considéraient ces problèmes en amateurs. Metzinger s'y intéressait particulièrement. Et, en dépit de tous nos malentendus ces idées nouvelles nous aidèrent à prendre nos distances à l'égard des banales habitudes de penser — des platitudes de café et de studio.

Brisset et Roussel étaient les deux hommes que j'admirais le plus en ces années pour leur imagination délirante. Jean-Pierre Brisset avait été découvert par Jules Romains grâce à un livre qu'il avait trouvé sur les quais. L'œuvre de Brisset était une analyse philologique du langage — analyse conduite par un incroyable réseau de calembours. C'était une manière de Douanier Rousseau de la philologie. Romains le présenta à ses amis. Et ceux-ci, comme Apollinaire et ses compagnons, organisèrent une manifestation en son honneur au pied du *Penseur* de Rodin devant le Panthéon, où il fut acclamé *Prince des Penseurs*.

Mais Brisset fut un être vrai qui vécut pour être ensuite oublié. Roussel aussi suscita mon enthousiasme d'alors. Je l'admirais parce qu'il apportait quelque chose que je n'avais jamais vu. Cela seul peut tirer de mon être le plus profond un sentiment d'admiration — quelque chose qui se suffit à soi-même — rien à voir avec les grands noms ou les influences. Apollinaire fut le premier à me montrer les œuvres de Roussel. C'était de la poésie. Roussel se croyait philologue, philosophe et métaphysicien. Mais il reste un grand poète.

C'est Roussel qui, fondamentalement, fut responsable de mon Verre, *La Mariée mise à nu par ses célibataires, même*. Ce furent ses *Impressions d'Afrique* qui m'indiquèrent dans ses grandes lignes la démarche à adopter. Cette pièce que je vis en compagnie d'Apollinaire m'aida énormément dans l'un des aspects de mon expression. Je vis immédiatement que je pouvais subir l'influence de Roussel. Je pensais qu'en tant que peintre, il valait mieux que je sois influencé par un écrivain plutôt que par un autre peintre. Et Roussel me montra le chemin.

Ma bibliothèque idéale aurait contenu tous les écrits de Roussel — Brisset, peut-être Lautréamont et Mallarmé. Mallarmé était un grand personnage. Voilà la direction que doit prendre l'art : l'expression intellectuelle, plutôt que l'expression animale. J'en ai assez de l'expression « bête comme un peintre ».

Propos en anglais recueillis par James Johnson Sweeney in *The Bulletin of the Museum of Modern Art*, vol. XIII, n° 4-5, New York, 1946, pp. 19-21.

Entretien
Marcel Duchamp - James Johnson Sweeney

Ce texte reproduit dans ses grandes lignes la piste sonore du film réalisé en 1955 par la National Broadcasting Company et présenté à plusieurs reprises sur les écrans de la télévision américaine depuis le mois de janvier 1956 au cours d'un programme très suivi intitulé WISDOM SERIES. Le film dure trente minutes. Il a été produit et mis en scène par M. Robert D. Graff et tourné, entièrement sans manuscrit, dans les locaux du Musée d'Art de Philadelphie où se trouvent rassemblées la plupart des œuvres de Marcel Duchamp.

L'interlocuteur de M. Duchamp est M. J.-J. Sweeney, directeur du Musée Solomon R. Guggenheim à New York.

Nous remercions M. Graff et la N.B.C. de nous avoir autorisé à traduire, à adapter et à publier ce dialogue.

J.-J. S. — Nous voici donc, Marcel, devant votre grande peinture sur verre...

M. D. — Oui, et plus je la regarde et plus je l'aime. J'en aime les fêlures, la manière dont elles se propagent... Vous vous rappelez comment elles se sont produites ? C'était à Brooklyn en 1926. On a posé les deux grandes plaques de verre à plat l'une sur l'autre dans un camion. Le conducteur ignorait totalement ce qu'il transportait : sur 90 kilomètres les plaques furent ainsi cahotées à travers le Connecticut. Vous avez devant vous le résultat ! Mais j'aime ces fêlures parce qu'elles ne ressemblent pas à du verre cassé. Elles ont une forme, une architecture symétrique. Mieux, j'y vois une intention curieuse dont je ne suis pas responsable, une intention *toute faite* en quelque sorte que je respecte et que j'aime.

J.-J. S. — Ce verre constitue votre entreprise la plus ambitieuse ?

M. D. — De très loin. J'y ai travaillé huit ans, et il est loin d'être fini. J'ignore même si je l'achèverai un jour... Mais suivez-moi, je vais vous montrer quelques objets, terminés ceux-là.

J.-J. S. — Je reconnais ici la *Broyeuse de chocolat.*

M. D. — L'une d'entre elles. Comme vous le savez, j'en ai exécuté deux identiques, et la troisième figure sur le verre lui-même.

J.-J. S. — Vous avez peint aussi plusieurs versions du *Nu descendant l'escalier*, n'est-ce pas ?

M. D. — C'est exact, mais le tableau exposé ici est le premier, l'original qui a été présenté à l'Armory Show de 1913 et qu'un journaliste astucieux avait, à l'époque, baptisé *Explosion dans un dépôt de tuiles.*

Voici maintenant le *Match de boxe :* c'est un dessin entièrement géométrique et mécanique que j'avais prévu pour le grand verre. Mais je ne m'en suis pas servi et sa place est restée vide sur le tableau. Ce n'était pas tout à fait ce que je voulais.

J.-J. S. — Mais, Marcel, ce ne sont pas là vos premières œuvres ?

M. D. — Certes non ! La plus ancienne, c'est cette *Église* que vous voyez ici dans le coin. Je l'ai exécutée dans le village où je suis né, Blainville en Normandie, vers 1902.

J.-J. S. — Quel âge aviez-vous alors ?

M. D. — Quinze ans. Depuis ce moment-là, je me suis mis à peindre. Il reste encore quelques œuvres de cette période, mais elles ne sont pas ici.

J.-J. S. — Des toiles impressionnistes, sans doute? Ce devait être à la mode.

M. D. — Oh! Plus que la mode! L'Impressionnisme formait le sujet de toutes les conversations. L'école était même déjà un peu...

J.-J. S. — Avancée?

M. D. — Avancée est le mot. Et à l'époque où j'ai peint les deux tableaux suivants, l'Impressionnisme était déjà une chose du passé.

J.-J. S. — Ces deux-ci sont déjà plus « construits ».

M. D. — Naturellement. C'est que Cézanne était alors le grand homme, reconnu par tous. Et dans la toile que voici en particulier, qui représente mes deux frères jouant aux échecs dans leur jardin, on distingue sans peine l'influence de Cézanne.

J.-J. S. — Vous étiez donc trois peintres, dans votre famille, vous, votre sœur et votre frère...

M. D. — Ma sœur Suzanne aussi, oui, mais surtout mon frère Jacques Villon.

J.-J. S. — Sont-ce eux qui vous ont amené à cet impressionnisme cézanien?

M. D. — Certainement pas. Nous avons suivi chacun notre chemin, avec notre démarche personnelle. Et mon père prit la chose très bien. Tout comme aujourd'hui, il était alors très difficile de devenir peintre sans aide extérieure : vivre, manger et tout le reste, que de problèmes! Décidément, plus j'y réfléchis et plus je trouve que mon père prit très bien la chose...

J.-J. S. — D'après ce portrait, il a l'air en effet très patient.

M. D. — Il nous servait, à tous les quatre, une petite allocation, juste assez pour subsister. Il a toujours été très compréhensif et nous a toujours aidés à nous débrouiller, longtemps après notre majorité. Et il avait des idées très drôles, et bien françaises. Il nous avait dit : « D'accord, je vais vous donner ce que vous voulez, mais souvenez-vous! Vous êtes six frères et sœurs. Et tout ce que vous aurez de mon vivant, vous ne l'aurez pas après ma mort, quand vous hériterez. » Il avait donc additionné avec soin toutes les sommes que nous avions touchées et, à sa mort, elles furent déduites de ce qui nous revint à chacun. Pas si bête d'ailleurs, cette idée, puisque c'est grâce à elle que nous avons tous pu nous tirer d'affaire.

J.-J. S. — Nous passons maintenant à votre *Nu descendant un escalier*. Quel contraste avec ce portrait de famille !

M. D. — En effet. C'est que le *Nu* date de deux ans plus tard, deux ans au cours desquels je décidai de me soustraire à toutes les influences que j'avais pu subir précédemment. Je voulus vivre dans le présent et le présent d'alors, c'était le Cubisme ou tout au moins l'enfance du Cubisme. Et ce mouvement était si différent de tous ceux qui l'avaient précédé que je me sentis très fortement attiré vers lui. Je me mis à faire de la peinture cubiste pour aboutir enfin au *Nu*.

J.-J. S. — Oui, mais le *Nu* contient un élément de mouvement et le mouvement ne semblait pas particulièrement intéresser les Cubistes.

M. D. — N'oubliez pas l'existence simultanée du Futurisme. Chose curieuse, pourtant, au moment où les Futuristes sévissaient en Italie, j'étais à Munich. Je n'en connaissais aucun et j'ignorais jusqu'à leur existence. La célèbre manifestation futuriste se tint à Paris en janvier 1912 au moment même où je travaillais sur mon *Nu*. Est-ce pure coïncidence ou bien l'idée était-elle dans l'air ? Je ne sais. Toujours est-il que je mis cette toile en train avec l'intention bien déterminée de faire du mouvement un des éléments majeurs du tableau. L'année suivante, j'envoyai le *Nu* à New York sur la proposition de deux peintres américains, Davis et Walter Pach.

J.-J. S. — Et ce fut un événement dans l'histoire de la peinture américaine.

M. D. — C'est ce qu'on dit aujourd'hui. Mais il nous a fallu quarante ans de recul pour en prendre conscience. Sur le moment, cela aurait pu n'être qu'une explosion, une semaine ou deux de scandale et puis plus rien . . . Mais je ne pouvais me contenter de si peu. Cette idée s'installa dans ma tête que, d'accord, j'avais fait de mon mieux en utilisant le Cubisme, mais qu'il était temps de changer. Toujours ce besoin de changement, ce désir de ne jamais me répéter . . . J'aurais pu produire dix autres *Nus*, sans doute, si je l'avais voulu, à cette époque. Le fait est que je décidai de n'en rien faire. Je me mis immédiatement à l'étude d'une autre formule, illustrée par la *Broyeuse de chocolat*. Je me promenais souvent dans ma jeunesse dans les rues du vieux Rouen [1]. Je vis un jour dans une vitrine une véritable broyeuse de chocolat en action et ce spectacle me fascina tellement que je pris cette machine comme point de départ. Ce qui m'intéressait, ce n'était point tant le côté mécanique de l'appareil que l'étude d'une nouvelle technique. Il m'était impossible de me faire à la peinture éclaboussée au hasard des coups de pinceaux sur la toile. Je voulais revenir à un dessin absolument *sec*, à la composition d'un art *sec*, et quel meilleur exemple de ce nouvel art que le dessin mécanique. Je commençai à apprécier la valeur de l'exactitude, de la précision, l'importance du hasard... Le résultat fut que mon travail ne trouva plus d'amateurs, même parmi ceux qui aimaient l'Impressionnisme ou le Cubisme.

J.-J. S. — C'est alors que se place le véritable début de votre grand verre. A cette époque, aviez-vous une notion précise de ce qui allait venir?

M. D. — Bien sûr! J'avais déjà commencé à exécuter un plan définitif, un « bleu » complet du grand verre. La *Broyeuse de chocolat* en était une partie, puis vint la *Glissière* qui devait prendre place sur le côté. Tout cela était conçu et dessiné sur papier dès 1913-1914. Chaque élément était fondé sur une vue en perspective et impliquait une connaissance complète de la position des éléments. Il m'a donc fallu travailler en suivant ce plan.

J.-J. S. — Donc la *Broyeuse de chocolat* marque une date décisive dans votre œuvre, une véritable cassure.

M. D. — Oui, et ce fut un moment très important dans mon existence. Je dus prendre de graves décisions. La plus dure fut de me dire : « Marcel, plus de peinture, cherche du travail. » Et je me mis à la recherche d'un emploi afin d'être à même de peindre *pour moi*. Je trouvai une place de bibliothécaire à Sainte-Geneviève à

1) Exactement la petite rue des Carmes, située entre la cathédrale et le port, sur laquelle ouvrait la vitrine du chocolatier de luxe Gamelin. M. S.

Paris. C'était un emploi remarquable en ce sens qu'il me laissait de nombreuses heures de loisirs.

J.-J. S. — Quand vous dites peindre pour vous-même, vous entendez ne plus peindre seulement pour plaire aux autres?

M. D. — Très exactement. Cela me conduisit tout droit à la conclusion qu'il existe deux sortes d'artistes : les peintres professionnels qui, travaillant avec la société, ne peuvent éviter de s'y intégrer ; et les autres, les francs-tireurs, libres d'obligations et donc d'entraves.

J.-J. S. — En somme vous avez pris un emploi parce que l'artiste « de société » doit accepter certains compromis pour plaire à cette société qui le fait vivre?

M. D. — Oui, je ne voulais pas dépendre de ma peinture pour subsister.

J.-J. S. — Marcel, quand vous parlez de votre dédain du grand public et quand vous dites que c'est pour vous-même que vous peignez, cela ne signifie-t-il pas, en fin de compte, que vous peignez pour un public idéal, un public qui vous apprécierait si seulement il voulait s'en donner la peine?

M. D. — Peut-être n'est-ce en effet qu'un moyen pour moi de me porter au niveau de ce public idéal. Le danger est toujours de plaire au public le plus immédiat, qui vous entoure, vous accueille, vous consacre enfin et vous confère succès et . . . le reste. Au contraire, peut-être vous faudra-t-il attendre cinquante ou cent ans pour toucher votre vrai public, mais c'est celui-là seul qui m'intéresse.

J.-J. S. — Voilà bien une idée d'esthéticien. Et pourtant, je ne crois pas qu'il vous soit jamais venu à l'idée de trouver une justification à l'artiste qui s'enferme dans une tour d'ivoire et qui dédaigne un public intelligent et sympathique.

M. D. — Vous savez bien que je ne suis pas homme à construire des tours d'ivoire.

J.-J. S. — Je me souviens d'une phrase d'un texte d'Henri-Pierre Roché où il rapportait que vous preniez toujours soin de trouver le moyen de vous contredire. Toujours ce souci de ne pas vous répéter?

M. D. — Ne comprenez-vous pas que le danger essentiel est d'aboutir à une forme de *goût*, serait-ce même le goût de la *Broyeuse de chocolat?*

J.-J. S. — Selon vous donc le goût serait la répétition de toute chose déjà acceptée?

M. D. — Exactement. C'est une habitude. Recommencez la même chose assez longtemps et elle devient un goût. Si vous interrompez votre production artistique après avoir créé une chose, celle-ci devient une chose-en-soi et le demeure. Mais si elle se répète un certain nombre de fois, elle devient goût.

J.-J. S. — Et le *bon goût* est la répétition de ce que la société approuve et le *mauvais goût* la même répétition de ce qu'elle n'approuve pas. C'est bien là ce que vous voulez dire?

M. D. — Oui, que le goût soit bon ou mauvais, cela n'a aucune importance, car il est toujours bon pour les uns et mauvais pour les autres. Peu importe la qualité, c'est toujours du goût.

J.-J. S. — Comment donc avez-vous pu échapper au bon et au mauvais goût dans votre expression personnelle?

M. D. — Par l'emploi des techniques mécaniques. Un dessin mécanique ne sous-entend aucun goût.

J.-J. S. — Parce qu'il est divorcé de l'expression picturale conventionnelle?

M. D. — C'est du moins ce que je pensais à l'époque et ce que je continue à penser aujourd'hui.

J.-J. S. — Ce divorce, cette libération de toute intervention humaine dans la peinture et le dessin ont-ils quelque rapport avec l'intérêt que vous avez porté aux *ready-mades?*

M. D. — C'est naturellement en essayant de tirer une conclusion ou une conséquence quelconque de cette déshumanisation de l'œuvre d'art que j'en suis venu à concevoir les *ready-mades.* Tel est, vous le savez, le nom que j'ai donné à ces œuvres qui sont bien, en effet, toutes-faites. Voici par exemple mon *ready-made Cage d'oiseau :* essayez de la soulever, elle est excessivement lourde, car ces cubes blancs qui sont à l'intérieur et que vous prenez pour des morceaux de sucre sont en réalité des cubes de marbre. C'est un *ready-made* où le sucre est changé en marbre, créant un effet en quelque sorte mythologique. Voici maintenant un *ready-made* datant de 1916. C'est une pelote de ficelle entre deux plaques de cuivre. Avant que je l'eusse terminé, Walter Conrad Arensberg a placé quelque chose à l'intérieur de la pelote, sans me dire ce que c'était, et je n'ai du reste jamais cherché à le savoir. C'était une espèce de secret entre nous et, comme cela faisait un bruit, nous avons appelé l'objet *Ready-made à bruit secret*. Écoutez-le. Je ne sais pas, je ne saurai jamais si c'est un diamant ou une pièce de monnaie.

J.-J. S. — Connaissiez-vous Arensberg avant de venir aux États-Unis ?

M. D. — Non. J'arrivai à New York en 1915. La maison d'Arensberg fut ma première escale sur ce continent et vit le début d'une longue amitié. Il publia avec mes amis deux petites revues qui n'eurent qu'un ou deux numéros : *Rongwrong* et *The Blindman*. Ces revues étaient, sinon dadaïstes, du moins inspirées par le mouvement Dada. Dada n'avait plus rien à voir avec les arts plastiques proprement dits, il ne se préoccupait ni des questions de technique, ni des écoles qui l'avaient précédé. Il s'intéressait davantage à la littérature. En fait, c'était la négation, le refus total.

J.-J. S. — Votre groupe new-yorkais, le groupe Arensberg, était aussi en rapport avec d'autres groupements, si je ne me trompe.

M. D. — Oui, par exemple celui de Katherine Dreier, qui était aussi un mécène, et fonda un musée appelé Société Anonyme. Il s'agissait de faire venir d'Outre-Atlantique des toiles qui permettraient de confronter les valeurs, et ce fut un grand succès à l'époque. Tous ces groupes contribuèrent à créer un état d'esprit compréhensif vis-à-vis de l'art européen contemporain. C'est de leurs efforts que procéda l'attitude résolument moderne de l'Amérique d'aujourd'hui en matière d'art.

J.-J. S. — Et qu'est-il advenu de votre Grand Verre ? Il a figuré pendant quelque temps dans la collection de Katherine Dreier n'est-ce pas ?

M. D. — Oui, mais il fut d'abord en la possession des Arensberg en 1920, au moment de son quasi-achèvement. En 1921, quand ils partirent de New York pour la Californie, ils ne voulurent pas l'emporter avec eux parce qu'il était trop fragile et délicat à transporter vu son volume. C'est à ce moment que Katherine Dreier le leur racheta et l'a toujours gardé depuis.

J.-J. S. — Ainsi, d'après vos dires, le verre n'a jamais été terminé ?

M. D. — Jamais. J'y ai travaillé pour la dernière fois en 1923.

J.-J. S. — Il demeure donc en quelque sorte comme une espèce d'épopée inachevée. Et aussi, en ce qui me concerne, il démontre que vous ne vous êtes jamais adonné à la peinture conventionnelle au sens habituel du terme. Heureux d'entreprendre le travail, vous avez été tout aussi heureux de l'abandonner, comme vous aviez pris plaisir à utiliser comme *ready-mades* des rateliers à bouteilles et à remplir des cages d'oiseaux avec du marbre pour tromper ceux qui pensaient que c'était du sucre. Votre conception de l'art doit dépasser largement le cadre de la peinture . . .

M. D. — Je considère la peinture comme un moyen d'expression, et non comme un but. Un moyen d'expression entre bien d'autres et non pas un but destiné à remplir toute une vie. Il en est ainsi de la couleur qui n'est qu'un des moyens d'expression et non le but de la peinture. En d'autres termes, la peinture ne doit pas être exclusivement visuelle ou rétinienne. Elle doit intéresser aussi la matière grise, notre appétit de compréhension. Il en est ainsi de tout ce que j'aime : je n'ai jamais voulu me limiter à un cercle étroit et j'ai toujours essayé d'être aussi universel que possible. C'est pourquoi par exemple, je me suis mis à jouer aux échecs. En soi, le jeu d'échecs est un passe-temps, un jeu, quoi, auquel tout le monde peut jouer. Mais je l'ai pris très au sérieux et je m'y suis complu parce que j'ai trouvé des points de ressemblance entre la peinture et les échecs. En fait, quand vous faites une partie d'échecs, c'est comme si vous esquissiez quelque chose, ou comme si vous construisiez la mécanique qui vous fera gagner ou perdre. Le côté compétition de l'affaire n'a aucune importance, mais le jeu lui-même est très, très plastique et c'est probablement ce qui m'a attiré.

J.-J. S. — Voulez-vous dire par là que vous avez tiré des échecs une jouissance qui se traduisait par un élargissement de votre vie ? Au fond, n'était-ce pas là pour vous une nouvelle forme d'expression ?

M. D. — Si, ou du moins une autre facette de la même forme d'expression mentale, une facette minuscule, si vous voulez, mais assez différente des autres pour en devenir distincte, et par conséquent, pour ajouter à l'étoffe de mon existence.

J.-J. S. — Marcel, vous avez passé quelque temps autour de 1940 à travailler à vos *Roto-Reliefs*. Est-ce que vous les considérez aussi comme une autre forme d'expression de votre personnalité?

M. D. — Sans aucun doute. Il s'agissait d'une série de douze dessins à base de spirale reportés sur des disques en carton. Placés sur le plateau d'un phonographe, ils donnaient, quand la vitesse de l'appareil avoisinait 33 tours par minute, l'impression de formes en expansion, tenant de la spirale, du cône ou du tire-bouchon. Ce dessin, par exemple, est un verre. Ça ne ressemble pas à un verre, mais la rotation lui confère une troisième dimension.

J.-J. S. — Et votre *Valise?*

M. D. — Encore une nouvelle forme d'expression. Au lieu de peindre quelque chose, il s'agissait de reproduire ces tableaux que j'aimais tellement, en miniature et sous un volume très réduit. Je ne savais comment m'y prendre. Je pensais à un livre, mais je n'aimais pas cette idée. C'est alors que me vint l'idée de la boîte dans laquelle toutes mes œuvres se trouveraient recueillies comme dans un musée en réduction, un musée portatif, et voilà pourquoi je l'installai dans une valise.

J.-J. S. — C'est une sorte de *ready-made* aide-mémoire, n'est-ce pas? Je crois que toute votre œuvre y est contenue...

M. D. — A peu de choses près, oui. Voici une pièce qui date de l'époque Dada, la *Joconde* agrémentée d'une moustache et d'un bouc. C'était de ma part un geste iconoclaste et violemment...

J.-J. S. — Sacrilège?

M. D. — Sacrilège, blasphématoire, tout ce que vous voulez. Mais, outre celui-ci, il me reste de la période Dada d'autres « gestes » du même genre. Ce chèque démesuré par exemple. Je payai mon dentiste au moyen de cet instrument que j'avais dessiné moi-même et qui était tiré sur une banque inexistante. Et il l'accepta ! Le plus drôle c'est que dix ou quinze ans plus tard, je revis mon dentiste et je lui rachetai mon chèque pour ma collection personnelle. Voici maintenant la martingale que j'avais conçue pour faire sauter la banque de la roulette de Monte-Carlo. Naturellement, la banque est toujours là ! Mais je croyais avoir trouvé un système. J'avais donc émis des actions que j'avais vendues à différentes personnes afin de constituer un capital destiné à exploiter ce système.

J.-J. S. — Avez-vous gagné quelque chose ?

M. D. — Jamais . . . D'ailleurs, comme vous le savez, c'est le côté intellectuel des choses qui m'intéresse, bien que je n'aime pas le terme d' « intellect » trop sec, trop dénué d'expression. J'aime le mot « croire ». En général, quand on dit « je sais », on ne sait pas, on croit. Je crois que l'art est la seule forme d'activité par laquelle l'homme en tant que tel se manifeste comme véritable individu. Par elle seule il peut dépasser le stade animal parce que l'art est un débouché sur des régions où ne dominent ni le temps ni l'espace. Vivre, c'est croire ; c'est du moins ce que je crois.

Le processus créatif

Considérons d'abord deux facteurs importants, les deux pôles de toute création d'ordre artistique : d'un côté l'artiste, de l'autre le spectateur qui, avec le temps, devient la postérité.

Selon toutes apparences, l'artiste agit à la façon d'un être médiumnique qui, du labyrinthe par-delà le temps et l'espace, cherche son chemin vers une clairière.

Si donc nous accordons les attributs d'un médium à l'artiste, nous devons alors lui refuser la faculté d'être pleinement conscient, sur le plan esthétique, de ce qu'il fait ou pourquoi il le fait — toutes ses décisions dans l'exécution artistique de l'œuvre restent dans le domaine de l'intuition et ne peuvent être traduites en une self-analyse, parlée ou écrite ou même pensée.

T. S. Eliot, dans son essai *Tradition and Individual Talent*, écrit : « L'artiste sera d'autant plus parfait que seront plus complètement séparés en lui l'homme qui souffre et l'esprit qui crée ; et d'autant plus parfaitement l'esprit digérera et transmuera les passions qui sont son élément. »

Des millions d'artistes créent, quelques milliers seulement sont discutés ou acceptés par le spectateur et moins encore sont consacrés par la postérité.

En dernière analyse, l'artiste peut crier sur tous les toits qu'il a du génie, il devra attendre le verdict du spectateur pour que ses déclarations prennent une valeur sociale et que finalement la postérité le cite dans les manuels d'histoire de l'art.

Je sais que cette vue n'aura pas l'approbation de nombreux artistes qui refusent ce rôle médiumnique et insistent sur la validité de leur pleine conscience pendant l'acte de création — et cependant l'histoire de l'art, à maintes reprises, a basé les vertus d'une œuvre sur des considérations complètement indépendantes des explications rationnelles de l'artiste.

Si l'artiste, en tant qu'être humain plein des meilleures intentions envers lui-même et le monde entier, ne joue aucun rôle dans le jugement de son œuvre, comment peut-on décrire le phénomène qui amène le spectateur à réagir devant l'œuvre d'art ? En d'autres termes, comment cette réaction se produit-elle ?

Ce phénomène peut être comparé à un « transfert » de l'artiste au spectateur sous la forme d'une osmose esthétique qui a lieu à travers la matière inerte : couleur, piano, marbre, etc.

Mais avant d'aller plus loin, je voudrais mettre au clair notre interprétation du mot « Art » sans, bien entendu, chercher à le définir.

Je veux dire, tout simplement, que l'art peut être bon, mauvais ou indifférent mais que, quelle que soit l'épithète employée, nous devons l'appeler art : un mauvais art est quand même de l'art comme une mauvaise émotion est encore une émotion.

Donc quand plus loin je parle de « coefficient d'art », il reste bien entendu que non seulement j'emploie ce terme en relation avec le grand art, mais aussi que j'essaie de décrire le mécanisme subjectif qui produit une œuvre d'art à l'état brut, mauvaise, bonne ou indifférente.

Pendant l'acte de création, l'artiste va de l'intention à la réalisation en passant par une chaîne de réactions totalement subjectives. La lutte vers la réalisation est une série d'efforts, de douleurs, de satisfactions, de refus, de décisions qui ne peuvent ni ne doivent être pleinement conscients, du moins sur le plan esthétique.

Le résultat de cette lutte est une différence entre l'intention et sa réalisation, différence dont l'artiste n'est nullement conscient.

En fait, un chaînon manque à la chaîne des réactions qui accompagnent l'acte de création ; cette coupure qui représente l'impossibilité pour l'artiste d'exprimer complètement son intention, cette différence entre ce qu'il avait projeté de réaliser et ce qu'il a réalisé est le « coefficient d'art » personnel contenu dans l'œuvre.

En d'autres termes, le « coefficient d'art » personnel est comme une relation arithmétique entre « ce qui est inexprimé mais était projeté » et « ce qui est exprimé inintentionnellement ».

Pour éviter tout malentendu, nous devons répéter que ce « coefficient d'art » est une expression personnelle « d'art à l'état brut » qui doit être « raffiné » par le spectateur, tout comme la mélasse et le sucre pur. L'indice de ce coefficient n'a aucune influence sur le verdict du spectateur.

Le processus créatif prend un tout autre aspect quand le spectateur se trouve en présence du phénomène de la transmutation ; avec le changement de la matière inerte en œuvre d'art, une véritable transsubstantiation a lieu et le rôle important du spectateur est de déterminer le poids de l'œuvre sur la bascule esthétique.

Somme toute, l'artiste n'est pas seul à accomplir l'acte de création car le spectateur établit le contact de l'œuvre avec le monde extérieur en déchiffrant et en interprétant ses qualifications profondes et par là ajoute sa propre contribution au processus créatif. Cette contribution est encore plus évidente lorsque la postérité prononce son verdict définitif et réhabilite des artistes oubliés.

Texte d'une intervention de M.D. lors d'une réunion de la Fédération Américaine des Arts à Houston (Texas) en avril 1957. La table ronde était composée de William C. Seitz (Princeton), Rudolph Arnheim (Sarah Lawrence), Gregory Bateson, anthropologue et M.D. « pauvre artiste ». Texte anglais original in *Art News*, vol. 56, n° 4, New York, été 1957. Trad. M.D.

A propos des “ Ready-mades ”

En 1913 j'eus l'heureuse idée de fixer une roue de bicyclette sur un tabouret de cuisine et de la regarder tourner.

Quelques mois plus tard j'ai acheté une reproduction bon marché d'un paysage de soir d'hiver, que j'appelai « Pharmacie » après y avoir ajouté deux petites touches, l'une rouge et l'autre jaune, sur l'horizon.

A New York en 1915 j'achetai dans une quincaillerie une pelle à neige sur laquelle j'écrivis : « En prévision du bras cassé » *(In advance of the broken arm)*.

C'est vers cette époque que le mot « *ready-made* » me vint à l'esprit pour désigner cette forme de manifestation.

Il est un point que je veux établir très clairement, c'est que le choix de ces *ready-mades* ne me fut jamais dicté par quelque délectation esthétique. Ce choix était fondé sur une réaction d'indifférence *visuelle*, assortie au même moment à une absence totale de bon ou mauvais goût . . . en fait une anesthésie complète.

Une caractéristique importante : la courte phrase qu'à l'occasion j'inscrivais sur le *ready-made.*

Cette phrase, au lieu de décrire l'objet comme l'aurait fait un titre, était destinée à emporter l'esprit du spectateur vers d'autres régions plus verbales. Quelquefois j'ajoutais un détail graphique de présentation : j'appelais cela pour satisfaire mon penchant pour les allitérations, « ready-made aidé » (« *ready-made aided* »).

Une autre fois, voulant souligner l'antinomie fondamentale qui existe entre l'art et les *ready-mades*, j'imaginai un « *ready-made réci-*

proque » (Reciprocal ready-made) : se servir d'un Rembrandt comme table à repasser !

Très tôt je me rendis compte du danger qu'il pouvait y avoir à resservir sans discrimination cette forme d'expression et je décidai de limiter la production des *ready-mades* à un petit nombre chaque année. Je m'avisai à cette époque que, pour le spectateur plus encore que pour l'artiste, l'*art est une drogue à accoutumance* et je voulais protéger mes *ready-mades* contre une contamination de ce genre.

Un autre aspect du *ready-made* est qu'il n'a rien d'unique... La réplique d'un *ready-made* transmet le même message ; en fait presque tous les *ready-mades* existant aujourd'hui ne sont pas des originaux au sens reçu du terme.

Une dernière remarque pour conclure ce discours d'égomaniaque : Comme les tubes de peinture utilisés par l'artiste sont des produits manufacturés et tout-faits, nous devons conclure que toutes les toiles du monde sont des *ready-mades aidés* et des travaux d'assemblage.

Marcel Duchamp 1961

Bref exposé de M.D. au Musée d'Art Moderne de New York au cours d'un colloque organisé le 19 octobre 1961 par William C. Seitz, dans le cadre de l'exposition *L'Art de l'Assemblage*. Publié dans *Art and Artists*, Londres, juillet 1966, p. 47. Trad. française par A. Tavera dans *Subsidia Pataphysica*, n° 2, 10 août 1966, pp. 87, 88; CW Bib. 149 et 207.

Catalogue de la « Société Anonyme »

Les 32 études critiques qui suivent ont été rédigées par Marcel Duchamp entre 1943 et 1949 pour le catalogue établi en 1950 par George Heard Hamilton, conservateur de la « Société Anonyme ». Cette « Société Anonyme » est une collection de plus de 600 œuvres d'art, représentant 170 artistes modernes appartenant à 23 pays différents, créée en 1920 par Katherine S. Dreier et Marcel Duchamp — qui en resta longtemps secrétaire et administrateur. En 1941, la collection était remise en don par ses fondateurs à l'Université de Yale.

Les autres notes critiques du catalogue, au nombre de 137, sont, pour la plupart, dues à G. H. Hamilton et K.S. Dreier. Elles sont toutes accompagnées d'une ou plusieurs reproductions et apparaissent par ordre alphabétique d'artiste.

Alexander Archipenko
Sculpteur, Peintre

Archipenko fut au nombre des quelques sculpteurs qui furent attirés par la foi cubiste. Bien que ses premières sculptures aient été inspirées par les théories révolutionnaires, il montra immédiatement sa forte personnalité par la présentation d'une conception entièrement nouvelle de la sculpture. Il donna le nom de « sculpto-peintures » à des reliefs généralement faits de plâtre, sculptés et peints. Cette conception polychrome de la sculpture, bien qu'elle ne fût pas en elle-même une innovation, aboutit à des résultats très étonnants. Il parvint à exprimer plus qu'une technique agréable par ses nouvelles idées formelles. La contribution la plus importante d'Archipenko à la sculpture aura été de se passer des volumes. Le vieux traitement classique des masses était probablement une conséquence pratique du procédé de la fonte. La technique de « coupe directe » dans le plâtre, le bois et les matériaux divers fit de chaque pièce un original impropre à la duplication. Plus récemment, Archipenko est revenu à une technique plus traditionnelle. Il sera néanmoins toujours considéré comme un pionnier.

M.D. 1943

Jean (Hans) Arp
Sculpteur, Peintre, Écrivain

Fondés sur les implications métaphysiques du dogme dadaïste, les *Reliefs* d'Arp entre 1916 et 1922 comptent parmi les illustrations les plus convaincantes de cette ère anti-rationaliste. L'élément le plus important apporté par Arp est l' « humour » sous sa forme la plus subtile, l'espèce de conception fantaisiste qui conférèrent au Mouvement Dada sa vivacité exubérante qui l'opposa aux tendances purement intellectuelles du Cubisme et de l'Expressionnisme. Arp a montré l'importance du sourire dans le combat contre les théories sophistiquées de l'époque. Ses poèmes de la même période ont dépouillé le monde de ses connotations rationnelles pour atteindre le sens le plus inattendu au moyen de l'allitération ou du simple nonsens. Sa contribution au Surréalisme, ses Concrétions, attestent sa maîtrise technique dans l'emploi des divers matériaux, et dans bien des cas sont comme un calembour à trois dimensions — ce que le corps féminin eût pu être. Pour Arp, l'art est arp.

M.D. 1949

Umberto Boccioni, 1882-1916
Peintre, Sculpteur, Écrivain

A la différence d'autres mouvements artistiques, le Futurisme eut en la personne de Marinetti un dynamique animateur littéraire. Mais le prince du Futurisme fut Boccioni, qui conçut les manifestes les plus convaincants à une époque où le monde avait soif de nouvelles expressions artistiques. Les toiles et sculptures de Boccioni démontrèrent la théorie et complétèrent point par point les explications que les mots ne pouvaient pas fournir. De tous les Futuristes, Boccioni fut le plus doué, et sa mort prématurée fut certainement l'une des causes de la dislocation de ce mouvement au cours de son développement ultérieur. Mais les mouvements en art ne demeurent que comme de vagues étiquettes représentatives d'une période donnée, l'artiste continuant à vivre à travers son œuvre. Ainsi Boccioni restera-t-il dans les mémoires moins comme Futuriste que comme un artiste important.

M.D. 1943

Georges Braque
Peintre, Sculpteur, Illustrateur

La période « héroïque » de la peinture autour de 1910 a été marquée par une confusion qui n'a été dissipée que récemment par les historiens, après que les talents majeurs se fussent révélés d'eux-mêmes avec le temps. Parmi les nombreux artistes soucieux de se dégager de l'Impressionnisme et de l'éphémère révolte du Fauvisme, il y eut Braque qui est reconnu comme l'un des inventeurs éminents de la formule cubiste. Dès 1908, il exposa aux *Indépendants* de Paris sa célèbre vue d'une ville méditerranéenne qui est considérée comme la flèche indiquant la nouvelle route. Pendant dix ans, Braque se consacra, comme le ferait un chimiste, à la création de délicates combinaisons de couleurs à l'huile. Ses découvertes dans le domaine de la couleur et de la forme furent inspirées par un sens intérieur de la géométrie, et non par l'application intellectuelle de théories scientifiques. La fin de la Grande Guerre l'affranchit des contraintes techniques auxquelles il s'était assujetti. Et néanmoins on peut sentir la conception structurale qui sous-tend le réalisme de ses tableaux vivants.

M.D. 1943

Alexander Calder
Sculpteur, Peintre, Illustrateur

Au milieu des « innovations » artistiques survenues après la Grande Guerre, la démarche de Calder était si éloignée des formules qu'il dut inventer un nom nouveau pour ses formes en mouvement. Il les baptisa « mobiles ». Dans leur traitement de la gravité, troublée par de doux mouvements, elles donnent le sentiment qu' « elles portent des plaisirs qui leur sont propres et qui n'ont rien à voir avec le plaisir de se gratter », pour citer Platon dans son *Philèbe*. Une brise légère, un moteur électrique, ou les deux réunis sous la forme d'un ventilateur électrique, met en mouvement des poids, des contrepoids, des leviers qui dessinent dans l'air leurs arabesques imprévisibles et introduisent un élément de durable surprise. La symphonie est complète quand la couleur et le son entrent en jeu et font appel à tous nos sens pour qu'ils suivent la partition non écrite.

Pure *joie de vivre.* [1] L'art de Calder est la sublimation d'un arbre dans le vent.

M.D. 1949

1) En français dans le texte.

John Covert
Peintre

Parmi les jeunes peintres américains qui, en 1915, s'allièrent aux pionniers des nouveaux mouvements artistiques, John Covert fut dès le début un personnage éminent. Au lieu de suivre et d'adopter l'un des nouveaux modes d'expression, il découvrit sa formule personnelle en combinant peinture et sculpture dans des reliefs faits de plans surimposés. Si cette technique suffit à elle seule à démontrer l'imagination de Covert, beaucoup plus important encore fut le rôle assigné aux matériaux par cette idée : le déroulement des surfaces entrelacées. Le même procédé devait être utilisé ultérieurement dans plusieurs instituts de mathématiques pour illustrer les géométries non-euclidiennes, et aussi dans les dernières sculptures de Pevsner. Pendant de nombreuses années, Covert continua à affirmer ses intentions premières et à donner une interprétation américaine de ces nouvelles nécessités esthétiques au moment de la Grande Guerre.

M.D. 1945

Joseph Alexandre Czaky
Peintre, Sculpteur

Czaky appartient à un groupe de sculpteurs qui, avant 1914, impartirent une nouvelle direction à leur œuvre. La théorie du Cubisme était alors le tremplin permettant de s'élancer vers des régions inexplorées et Czaky, bien qu'influencé par le Cubisme, fit connaître ses propres concepts quant au traitement de l'espace. Ses premières œuvres apparurent plus théoriques et intellectuelles que celles qu'il exécuta plus tard quand il orienta son développement personnel vers les structures atmosphériques.

M.D. 1943

Giorgio de Chirico
Peintre, Écrivain, Illustrateur

En présence de l'essor des nouvelles esthétiques, en contact avec les divers modes d'expression de la période « héroïque » du début du XXe siècle, de Chirico se trouva placé devant l'alternative suivante : ou bien suivre l'une des voies déjà ouvertes, ou bien se frayer une voie nouvelle. Il évita le Fauvisme comme le Cubisme et inaugura ce qu'on pourrait appeler la « peinture métaphysique ». Au lieu d'exploiter le filon naissant de l'abstraction, il organisa la rencontre sur ses toiles d'éléments qui ne pouvaient se rejoindre que dans un « monde métaphysique ». Ces éléments, peints avec une technique des plus minutieuses, étaient « exposés » sur un plan horizontal et dans une perspective orthodoxe. Cette technique, opposée aux formules cubistes ou rigoureusement abstraites en plein épanouissement à l'époque, devait protéger la position de Chirico et lui permettre de poser les fondations de ce qui allait devenir le Surréalisme dix ans plus tard. Vers 1926, Chirico abandonna ses conceptions « métaphysiques » et fit usage d'un coup de pinceau moins discipliné. Ses admirateurs ne purent le suivre et décidèrent que le Chirico deuxième manière avait perdu la flamme première. Mais la postérité aura peut-être son mot à dire.

M.D. 1943

André Derain
Peintre, Graphiste

A l'aube du siècle, alors que l'Impressionnisme et le Pointillisme étaient déjà des « révolutions acceptées », la jeune génération ressentit le besoin de s'engager plus avant dans l'expérimentation dans le domaine des couleurs. Au milieu des Fauves, Derain se détache comme un pionnier de cette expérimentation, fondée sur les contrastes optiques de couleurs vives appliquées à une distorsion systématique de la forme naturelle. Alors qu'à la même époque les « Intimistes » Bonnard, Vuilliard et autres appliquaient la technique impressionniste à des scènes d'intérieur, Derain et les Fauves réhabilitaient le noir comme couleur et utilisaient le soulignage épais des formes en réaction contre la peinture floue et délicate de Monet et de Cézanne. Les trois « Fauves » les plus importants Matisse, Braque et Derain avaient des personnalités trop fortes pour pouvoir s'en tenir strictement à une formule commune. Et dès 1907 Derain avait déjà quitté les rails du Fauvisme proprement dit pour adopter une technique plus sombre, annonçant par plusieurs côtés la palette cubiste. Braque se tourna vers le Cubisme et Matisse devint Matisse. Derain est allergique aux « théories ». Il a toujours cru fermement au message artistique vierge de toute explication méthodique et aujourd'hui encore appartient au petit groupe d'artistes qui « vivent » leur art.

M.D. 1949

Katherine S. Dreier
Peintre, Conférencière, Écrivain

Katherine S. Dreier appartient à cette heureuse génération de peintres qui, dans la force de leur âge, assistèrent à l'épanouissement de la liberté absolue en art. Elle débuta comme élève de Shirlaw, puis vint en Europe étudier avec Colin à Paris. Plus tard elle travailla à Munich et à Florence avec Gustav Britsch qui, dans son enseignement, soulignait l'importance d'une stricte discipline et d'une observation attentive des lois qui gouvernent l'expression artistique. Familiarisée avec les trésors des musées européens, elle était prête à accueillir les idées nouvelles quand, en 1913, elle collabora à l'exposition de l'Armory Show qui devait unir l'Amérique et l'Europe dans une même et nouvelle aventure sur les terres de la liberté artistique. Katherine Dreier se sentit partie liée avec ce qu'on allait appeler l'art abstrait et fit l'expérience d'un changement radical dans son appréhension des formes et des couleurs, appliquant ses propres canons à une série de toiles, équilibre délicat de formes abstraites et de douces couleurs. Des dessins géométriques libres constituant le fonds de perspectives colorées et entrelacées dans la structure générale du thème abstrait, telles sont les caractéristiques essentielles de son apport personnel à la peinture, qui se manifesta au mieux dans ses « portraits psychologiques » aussi bien que dans ses interprétations « cosmologiques ». Comprenant les objectifs nouveaux de l'artiste, Katherine Dreier fonda dès 1920 un Musée d'Art Moderne, la « Société Anonyme ». Au sens exact du terme, la « Société Anonyme » est aujourd'hui le seul sanctuaire à caractère ésotérique, en opposition marquée avec les tendances commerciales de notre époque.

M.D. 1946

Raymond Duchamp-Villon, 1876-1918
Sculpteur

Raymond Duchamp-Villon était déjà très connu comme sculpteur quand il fut tenté par les nouvelles théories artistiques qui devaient faire de lui le premier représentant de la sculpture cubiste. On se rappellera toujours son célèbre cheval comme l'un des jalons du Mouvement cubiste. Sa mort prématurée fait ressentir intensément la signification des trop rares pièces qu'il a laissées derrière lui. Son *Baudelaire* et sa *Femme assise* sont deux bons exemples de son souci de simplification qui, au moment où ces œuvres furent exécutées, vers 1908, allait même au-delà de la synthèse de Rodin dans son *Homme en marche* et reste en avance sur une bonne part de la sculpture d'aujourd'hui.

M.D. 1943

Louis Eilshemius, 1864-1941
Peintre, Écrivain, Poète, Musicien

Le personnage d'Eilshemius nous confronte avec une tragédie qui, bien que comparable à celle vécue par nombre d'artistes, n'en prend pas moins une forme aiguë pour nous qui sommes les témoins impuissants de son long combat. La tragédie d'Eilshemius ne fut pas la lutte quotidienne pour la vie, car le côté matériel de son existence fut, comme pour Cézanne, modestement mais correctement assuré. Eilshemius, né aux États-Unis, ne put jamais convaincre ses compatriotes que ses toiles étaient l'expression subtile d'une certaine Amérique : c'est que sa formation, reçue en partie en Europe et en partie ici, lui donna une conception totalement libérée des enseignements de toutes les écoles artistiques du moment. C'était un véritable individualiste comme devraient l'être les artistes d'aujourd'hui, qui ne s'affilia jamais à aucun groupe. Cette attitude n'est qu'une seule des raisons qui expliquent qu'il ait accédé si tard à la notoriété. C'était un poète qui peignait en poète, mais son lyrisme n'avait pas de rapport avec son temps et n'exprimait aucune époque précise. Il peignait en « primitif » sans l'être. Là est l'origine de sa tragédie. Ses paysages ne représentaient aucun pays particulier ; ses nus étaient des figures flottantes sans anatomies étudiées, ses allégories n'étaient pas fondées sur des légendes reconnues. Les mots manquent pour le définir. Les peintures d'Eilshemius parlent d'elles-mêmes.

M.D. 1943

Max Ernst
Peintre, Sculpteur, Écrivain

Le Mouvement Dada fut un mouvement anti-artistique qui correspondait à un besoin né de la Grande Guerre. Bien que n'étant ni littéraire ni plastique dans son essence, Dada trouva ses représentants parmi les peintres et les écrivains disséminés aux quatre coins du monde. Les activités de Max Ernst à Cologne en 1917 firent de lui le premier représentant des peintres dada. Entre 1918 et 1921 ses tableaux, dessins et collages décrivant le monde de l'inconscient donnaient déjà un avant-goût du Surréalisme. Parmi ses découvertes techniques, l'emploi du vieux procédé du « frottage » chinois dégage « automatiquement » les textures du bois et des matériaux les plus divers. Quand le Mouvement surréaliste prit forme en 1924, Max Ernst fut le seul peintre du groupe dada à s'allier aux écrivains dans l'aventure surréaliste. En fait, ses réalisations antérieures avaient sans doute fortement influencé l'exploration du subconscient par les Surréalistes « littéraires ». Extrêmement prolifique, Max Ernst a eu une longue carrière surréaliste et donné, par le canal de son œuvre, un éventail complet des diverses époques du Surréalisme.

M.D. 1945

Albert Gleizes
Peintre, Écrivain

S'appuyant sur les premiers résultats tangibles déjà obtenus par le

Cubisme, Gleizes et Metzinger écrivirent un livre en 1912, *Du Cubisme*, dans lequel ils clarifièrent la chimie mentale du Cubisme. Dans son analyse et sa conclusion, Gleizes établissait le rapport entre l'esprit théorique et le pinceau, attirant ainsi le public des lecteurs à la nouvelle cause. Dans son interprétation personnelle du Cubisme, il disséqua plusieurs grandes compositions de caractère descriptif. Il s'opposait en cela à la recherche quasi microscopique de Braque. Gleizes fut l'un des premiers à concevoir l'application des méthodes nouvelles aux tableaux « unanimistes ». Les Unanimistes appartenaient à un groupe littéraire parisien qui vers 1905 s'intéressait au conflit entre les corps constitués de la société, ou entre ces corps constitués et l'individu. Gleizes déploya une forte personnalité dans son mode pictural. Ultérieurement quand la technique du Cubisme fut devenue plus un dogme qu'une nécessité, Gleizes revint à ses écrits, mais cette fois avec une teinte d'humanitarisme. Il était donc normal quelques années plus tard, de le voir quitter le monde cubiste, comme d'ailleurs tous les Cubistes, et poursuivre le développement de ses idées personnelles concernant la visualisation. Albert Gleizes se passionne pour les problèmes sociaux de ce temps, notamment pour ceux qui touchent les ouvriers. Ses peintures récentes ont une franche intention religieuse et sont comme les vitraux de sa nouvelle foi.

M.D. 1943

Juan Gris
Peintre

Comme beaucoup de peintres de sa génération, Juan Gris débuta comme dessinateur compétent et comme illustrateur à Paris. Mais le contact quotidien avec une colonie de peintres espagnols lui fit rejoindre les Cubistes alors qu'ils n'étaient encore qu'un nom donné à quelques-uns par quelques-uns. Gris imprégna immédiatement son œuvre de sa propre conception du Cubisme. Il s'agissait plutôt d'une explication que d'une complication de formes. Il appliqua ses propres règles à la dissection persévérante du motif. On ressent dans ses premières toiles l'auto-discipline de la simplification, et non les rajouts dus à la complexité. Contrairement aux autres Cubistes qui construisaient un monde artificiel autour du motif central, Gris édifia sa propre manière à partir de la structure interne du motif. Il s'attacha à maintenir son mode d'expression jusqu'à son terme et polit méthodiquement l'une des facettes les plus pures du Cubisme.

M.D. 1943

Wassily Kandinsky
Peintre, Écrivain

Kandinsky fut le témoin de nombreux « ismes » de son temps. Il appartient à la génération de ceux qui voulurent montrer que la peinture pouvait renaître malgré la grande domination de l'Impressionnisme.

L'une des premières réactions, l'Expressionnisme, trouva en Kandinsky et Franz Marc ses meilleurs représentants. Ses premiers écrits exposent ses théories au moment où il créait ses premières œuvres abstraites, alors que le terme « abstrait » n'avait pas encore été inventé. La période « impressionniste » de Kandinsky n'a rien à voir avec sa période « abstractionniste ». Au début, il y avait toujours un « motif » dans lequel subsistait à peine quelque détail naturaliste. Ultérieurement Kandinsky en vint à une expression plus pure, dépouillée de toute trace de métier : il soumit sa main à une plus grande discipline. En tirant ses lignes à la règle et au compas, Kandinsky donna au spectateur une nouvelle optique pour regarder la peinture. Il ne s'agissait plus de suivre les soubresauts de l'inconscient, mais de condamner délibérément l'émotion, de transcrire directement la pensée sur la toile. Telle fut la véritable contribution de Kandinsky à une nouvelle conception esthétique sans aucun rapport avec les « ismes » précédents.

M.D. 1943

Paul Klee, 1879-1940
Peintre, Graphiste, Écrivain

Une conception étudiée de l'emploi de l'aquarelle, une méthode personnelle d'application de la peinture à l'huile à des formes d'apparence décorative ont fait que Klee se démarque de l'art contemporain et ne se rattache à personne. En revanche, ses expériences des trente dernières années ont été utilisées par d'autres artistes comme point de départ vers de nouveaux développements dans les divers domaines de l'art. La première réaction qu'on éprouve devant une toile de Paul Klee est l'agréable reconnaissance de ce que nous aurions tous pu dessiner dans notre enfance. La plupart de ses compositions présentent ce délicieux aspect d'expression candide et naïve. Mais, si attachant que soit ce contact avec son œuvre, ce n'en est que le premier. Quand on y regarde de plus près, on découvre immédiatement que cette première impression était incomplète et que, si Klee utilise souvent une technique « enfantine », il l'applique à une forme de pensée très adulte que révèle l'analyse de son œuvre. Son extrême fécondité ne s'accompagne pas des signes habituels de répétition. Il a tant à dire qu'un Klee ne ressemble jamais à un autre Klee.

M.D. 1949

Fernand Léger
Peintre

Léger, par exemple, n'a jamais peint de cubes. Ses premiers essais de renouvellement de l'expression artistique allaient plus dans le sens des formes dynamiques. Il s'inspira des réalisations mécaniques du monde moderne et les traduisit en fragmentations concises. Sa palette s'exprimait en couleurs primaires qui renforçaient le sujet. Dans un but identique, Léger utilisa le cylindre dans le dessin de ses personnages, de ses arbres, etc. Ses toiles de 1912 furent appelées « cylindristes » et n'avaient qu'un rapport lointain avec le Cubisme. En 1918, Léger atteignit la plénitude de son expression — les volumes et les fortes couleurs primaires (bleu, rouge et jaune) décrivent de vastes scènes de la vie contemporaine qui ont su traiter la technique de la peinture murale avec une intelligence moderne. Les grandes compositions de Léger s'imposent par leur franchise.

M.D. 1943

Jacques Lipschitz
Sculpteur

Il faut rechercher les racines principales du Cubisme dans les derniers tableaux de Cézanne et dans la sculpture nègre. Ce qui explique pourquoi les sculpteurs cubistes durent travailler « à rebours » pour ainsi dire, quand ils essayèrent d'appliquer les principes du Cubisme à leurs œuvres. Lipschitz, le plus jeune des sculpteurs cubistes, atteste la réalité de cette influence noire dans ses premières expériences. Sa seconde période est marquée par l'interpénétration des plans. Dans sa quête d'une utilisation plus froide et plus sèche de plans nets, il renonça à la sculpture exotique. Cependant conformément à la tradition cubiste, il resta en contact étroit avec la nature et ne se tourna jamais complètement vers l'abstraction. Les titres de ses sculptures aidèrent à la « lecture » des lignes complexes. Après la Grande Guerre, Lipschitz mit peu à peu au point une formule plus personnelle d'où est exclue la synthèse cubiste. Abandonnant la « compacité », il aère à nouveau la sculpture. Les œuvres de cette période sont d'une veine plus poétique et ont plus à voir avec la pensée qu'avec la représentation. Plus récemment, il s'est intéressé à la sculpture de plein air et a obtenu des résultats remarquables dans l'étude des relations entre la sculpture et les perspectives extérieures fixes.

M.D. 1941

Louis Marcoussis
Peintre, Graphiste

Louis Markous, après avoir passé quelques mois seulement à l'Académie Julian en 1903, se rendit compte des défauts inhérents à la formation académique et se lança dans une carrière indépendante, peignant et essayant de gagner sa vie en dessinant pour les revues illustrées comme Jacques Villon, Juan Gris et bien d'autres à la même époque. Il habitait Montmartre, qui était alors le village de tous les artistes, et, entre 1908 et 1910, le quartier général de la révolution cubiste. Apollinaire, l'apôtre, en était le personnage central et regroupait les adeptes dispersés. Vers 1911, Louis Markous changea d'optique picturale, se rallia aux Cubistes et devint Marcoussis. Pris entre deux factions cubistes (Picasso et Braque d'un côté; Gleizes, Metzinger, Léger de l'autre), Marcoussis se sentait plus d'affinité pour la première et resta fidèle à sa discipline longtemps après que de nombreux Cubistes eurent pris de grandes libertés avec leurs propres dogmes et qu'ils eurent dans bien des cas complètement abandonné le Cubisme. L'une des très importantes contributions de Marcoussis fut son application du Cubisme à la gravure : son portrait d'Apollinaire est l'une des meilleures eaux-fortes de l'époque. Dans le domaine de l'illustration du livre, Marcoussis fut aussi un innovateur et fit preuve des mêmes qualités que dans sa peinture de chevalet : l'évocation de l'espace au-delà des trois dimensions.

M.D. 1949

Henri Matisse
Peinture, Sculpteur, Graphiste

Dès 1904 Henri Matisse commence sa quête de nouveaux domaines expressifs par l'emploi d'a-plats colorés et minces encadrés par un dessin de lignes appuyées — pour s'opposer au Pointillisme, dernière place-forte de l'Expressionnisme. Le mouvement qui devait s'appeler Fauvisme était patronné par un certain nombre de jeunes peintres qui estimaient nécessaire d'éviter l'impasse où les avaient conduits l'Impressionnisme et le Pointillisme. Mais Matisse comme tous les pionniers fut plus qu'un théoricien d'un moment. Sa première manifestation importante se révéla dans le traitement de la forme à partir de la représentation naturelle. Il ignora délibérément toutes les conventions de l'anatomie et de la perspective de manière à pouvoir introduire tout dessin jugé adéquat pour faire ressortir au maximum les a-plats colorés insérés à l'intérieur des cernes intentionnels. Suivant immédiatement l'avènement de Van Gogh, de Cézanne et de Seurat, l'idée de Matisse constituait une délicate tentative pour ouvrir de nouvelles voies dans la physique picturale. Vers 1907, il exposa plusieurs grandes compositions qui contenaient tous les éléments de sa magistrale conception. La perspective avait été écartée et remplacée par des rapports de formes rigoureuses qui produisaient un effet particulier de relief. Les personnages et les arbres étaient indiqués par des lignes épaisses, composant l'arabesque appropriée aux a-plats colorés. L'ensemble créait un nouveau paysage dans lequel la composition objective n'apparaissait que comme un guide lointain. Depuis ces premières réalisations, Matisse n'a cessé d'ajouter à son traitement physique de la peinture une très subtile chimie de la touche qui amplifie la plénitude de ses dernières œuvres.

M.D. 1943

Matta
Peintre

Quelques années avant la deuxième Guerre Mondiale, Matta débuta comme architecte, mais très vite s'orienta vers la peinture et vers les théories surréalistes qui, bien que datant déjà de vingt ans, avaient été maintenues en vie par l'apport constant de jeunes et nouveaux talents. Matta fut au nombre des derniers nouveaux venus. Il n'eut pas à se soumettre à la routine d'école mais d'emblée sut imposer sa vision personnelle. Sa première contribution à la peinture surréaliste, et la plus importante, fut la découverte de régions de l'espace jusqu'alors inexplorées dans le domaine de l'art. Matta suivit les physiciens modernes dans la quête de son espace neuf qui, bien que décrit sur la toile, ne devait pas se confondre avec une nouvelle illusion tri-dimensionnelle. Sa première « période » se caractérisa par la lente transposition d'une exploration, le combat avec tous les obstacles de la peinture à l'huile, médium qui se prête à des interprétations centenaires. Ultérieurement, il parvint à introduire dans « son espace » des éléments descriptifs et figuratifs qui complétèrent encore son importante réalisation. Bien qu'encore jeune, Matta est le peintre le plus profond de sa génération.

M.D. 1946

Jean Metzinger
Peintre, Écrivain

En 1911, deux groupes distincts de peintres donnaient forme à la nouvelle théorie du Cubisme qui passait alors par une période d'incubation. Picasso et Braque d'un côté ; Metzinger, Gleizes et Léger de l'autre. Metzinger était alors le théoricien le plus imaginatif du Cubisme et doit être largement crédité de l'intérêt sans cesse croissant porté par le grand public à cette nouvelle forme d'expression. Par ses articles et par son livre *Du Cubisme*, rédigé en collaboration avec Gleizes, il parvint à donner un exposé substantiel des principales intentions des nouveaux peintres et aida à la clarification des résultats vraiment obscurs atteints jusque-là. Ses toiles de la première époque étaient caractérisées par une forte discipline technique alliée à une très profonde intuition à tendance intellectuelle. Ultérieurement sa vigueur se relâcha et il ne devait pas renouveler ses premières réalisations.

M.D. 1943

Jean Miró
Peintre

Miró artiste atteignit sa majorité au moment où s'achevait la Grande Guerre. Avec la fin des hostilités arriva le terme de tous les nouveaux concepts artistiques de l'avant-guerre. Un jeune poète ne pouvait plus débuter comme Cubiste ou Futuriste et Dada était à l'époque la seule manifestation d'importance. Miró commença par peindre des scènes agricoles de la campagne barcelonaise, son pays natal. Bien que réalistes en apparence, ces premiers tableaux étaient caractérisés par un sens marqué d'intensité irréelle.

Quelques années plus tard, il vint à Paris et se trouva parmi les Dadaïstes qui effectuaient à l'époque leur transmutation vers le Surréalisme. Malgré ces contacts, Miró se tint à l'écart de toute influence directe et exposa une série de toiles où la forme était soumise à un chromatisme accentué et exprimait une nouvelle cosmogonie bi-dimensionnelle sans lien aucun avec l'abstraction.

Il exécuta également quelques constructions en rapport direct avec le Surréalisme mais c'est dans le jeu des éléments colorés entre eux que s'extériorisa le mieux sa vraie personnalité.

M.D 1946

Émile Nicolle 1830-1894
Peintre, Graveur

Né à Rouen où, après le lycée, il suivit des cours d'art avec Bérat. Il occupa le poste de courtier maritime à Rouen jusqu'en 1874, date à laquelle il démissionna pour se consacrer sa vie durant à la peinture et à la gravure. A partir de 1864, il exposa au Salon de Paris. C'était surtout un paysagiste qui aimait particulièrement peindre les sous-bois à la manière de Harpignies. Ses études de fermes en Normandie, comme ses marines et ses falaises de Saint-Valéry dénotent une certaine affinité avec l'école de Boudin. C'était aussi un graveur passionné. Ses gravures en noir et blanc des églises, des vieilles rues et des vieilles maisons de Rouen étaient traitées avec une grande maîtrise et, bien qu'on pût y reconnaître quelque rapport avec les scènes de rues du vieux Paris de Meryon, Émile Nicolle introduisit dans la gravure l'ouverture d'esprit de la peinture. Sa grande gravure célèbre *Notre-Dame de Paris* supporte la comparaison avec tous les chefs-d'œuvre contemporains. Toute notre enfance, nous fûmes entourés de centaines de ses peintures sur les murs de notre maison et ce détail a bien pu constituer un stimulant de plus dans la carrière atavique et la vocation de Jacques Villon, Raymond Duchamp-Villon, Suzanne et Marcel Duchamp, ses petits-enfants. Quelques-unes de ses toiles et de ses gravures sont au Musée de Rouen. Le Département chalcographique du Louvre possède toutes ses plaques de cuivre. Le Cabinet des Estampes de la Bibliothèque Nationale détient une série d'eaux-fortes de son album *Vieux Rouen*.

M.D. 1949

Antoine Pevsner
Sculpteur, Peintre

Pevsner débuta comme peintre en Russie bien avant la Révolution ; ses peintures à la cire de 1913 dénotent son intérêt naissant pour la technique de la transparence et annoncent déjà ses expériences ultérieures avec les matériaux translucides. Mais la peinture en trompe-l'œil était un mode trop limité pour Pevsner qui se tourna naturellement vers la sculpture.

La sculpture de construction, ou Constructivisme, est une attitude esthétique envers la vie que les deux frères Gabo et Pevsner conçurent et exprimèrent dans leur Manifeste de 1920.

Les exigences artistiques de Pevsner ne pouvaient se satisfaire de la sculpture en volumes et l'amenèrent à créer un nouveau « cadre », une manière d' « architecture de chambre » pour exprimer sa réalité spatio-temporelle. Dans ses récents travaux sur l'analyse de la « surface », Pevsner utilise le bronze au lieu de matériaux transparents. La surface, exprimée au moyen de ses seuls éléments générateurs, représentés par de fines nervures étroitement juxtaposées, devient une surface « dénaturée ». Cette surface est suggérée par les nervures mais n'est ni perçue ni visible en tant que surface réelle.

M.D. 1949

Francis Picabia
Peintre, Écrivain

La carrière de Picabia est une suite kaléidoscopique d'expériences artistiques, à peine reliées entre elles dans leur apparence extérieure, mais toutes marquées au coin d'une forte personnalité. Dans ses cinquante années de peinture, Picabia a constamment évité de s'attacher à une formule quelconque ou de porter un insigne. On pourrait l'appeler le plus grand représentant de la liberté en art, non seulement à l'encontre de l'esclavage des académies, mais aussi contre la soumission à quelque dogme que ce soit.

A 14 ans, encore garçonnet, il rejoignit les Impressionnistes et fit preuve d'un grand talent comme jeune épigone d'un mouvement déjà vieux. Vers 1912, sa première contribution artistique personnelle fut fondée sur les possibilités offertes par un art non-figuratif. Il fut un pionnier dans ce domaine aux côtés de Mondrian, de Kupka et de Kandinsky. Entre 1917 et 1924, le Mouvement Dada, parce qu'il était d'abord une tentative métaphysique pour atteindre l'irrationnel, n'offrait qu'une perspective limitée à la peinture. Malgré cela, Picabia, dans ses tableaux de cette époque, révèle une grande affinité avec l'esprit Dada. Puis, volte-face, il peignit des années durant des aquarelles de style résolument académique représentant des Espagnoles en costume régional.

Plus tard, Picabia se prit d'un grand intérêt pour l'étude de la transparence dans la peinture. Grâce à la juxtaposition de formes et de couleurs transparentes, la toile voulait, pour ainsi dire, exprimer la sensation de la troisième dimension sans l'aide de la perspective.

Picabia, extrêmement prolifique, appartient à cette catégorie d'artistes qui possèdent l'outil parfait : une imagination infatigable [1].

M.D. 1949

1) Cette note est reproduite dans une traduction française d'Angèle Lévesque in *Dau al Set*, Barcelone, août-sept. 1952 ; dans une traduction italienne de Carlina Bolongaro et Arturo Schwarz in *Picabia : 20 drawings*, 1905-1953, cat. exp. Picabia, Milan, Galleria Schwarz, 25 mai-14 juin 1963.

Pablo Picasso
Peintre, Sculpteur, Graphiste, Écrivain

Le nom seul de Picasso incarne l'expression d'une pensée nouvelle au royaume de l'esthétique. Entre 1905 et 1910, Picasso, inspiré par les sculptures nègres primitives récemment introduites en Europe, fut à même de rejeter l'héritage des écoles impressionniste et fauve et de se libérer de toute influence immédiate. La principale contribution de Picasso à l'art aura été de partir de zéro et de maintenir cette fraîcheur à l'égard de tous les modes nouveaux d'expression qui marqueront les diverses époques de sa carrière. Le Cubisme, en soi, fut un mouvement artistique dans lequel Picasso ne fut jamais qu'un « pionnier ». Il ne se sentit jamais obligé de développer une théorie du Cubisme, tout en l'ayant lui-même élaborée. Picasso, dans chacune de ses manières, a souligné son intention de s'affranchir de toutes les réalisations antérieures. L'une des différences les plus importantes entre Picasso et la plupart de ses contemporains, c'est que, jusqu'à ce jour, il n'a jamais manifesté aucun signe de faiblesse ou de répétition dans son débit ininterrompu de chefs-d'œuvre. La seule orientation permanente dans son œuvre est un lyrisme aigu, qui, avec le temps, a pris des accents cruels. De temps en temps, le monde se cherche une personnalité sur qui se reposer aveuglément — une adoration de cet ordre peut se comparer à une vocation religieuse et dépasse le raisonnement. Aujourd'hui des milliers d'amateurs d'émotions artistiques surnaturelles se tournent vers Picasso, qui ne les déçoit jamais.

M.D. 1943

Man Ray
Peintre, Photographe, Écrivain

Avant la Grande Guerre, Man Ray appartenait déjà au groupe de peintres dont les œuvres avaient fait époque dans le développement des idées artistiques révolutionnaires. Ses toiles de 1913-1914 révèlent l'éveil d'une forte personnalité par l'interprétation particulière qu'il y donne du Cubisme et de la peinture abstraite. Il arriva à Paris en 1921, déjà connu comme dadaïste, et se mêla au dynamique groupe parisien avec Breton, Aragon, Éluard, Tzara et Max Ernst qui devaient fonder le Surréalisme, trois ans plus tard. Le changement de milieu donna une nouvelle impulsion aux activités de Man Ray. Il s'adonna à la photographie et parvint à traiter l'appareil photographique comme il traitait le pinceau, c'est-à-dire comme un simple outil au service de l'esprit. C'est aussi à Paris, à l'Institut Poincaré, qu'il fut attiré par les « objets mathématiques toujours beaux dans leur nature propre » et qu'il peignit de nombreuses toiles où leur beauté intrinsèque est amenée en contact avec des thèmes organiques. Aujourd'hui, rentré à Hollywood où il écrit, peint et donne des conférences, Man Ray a pris place parmi les « anciens maîtres de l'Art Moderne ». Incidemment, l'expression « Société Anonyme » a été suggérée par Man Ray qui en est un membre actif depuis l'origine.

M.D. 1949

Georges Ribemont-Dessaignes
Peintre, Écrivain

Peintre moderne dès ses débuts, Ribemont-Dessaignes exposa régulièrement aux Indépendants entre 1908 et 1912. Contemporain et ami des Cubistes, il ne fut jamais influencé par le nouveau Mouvement. Au contraire, vers 1911, il manifestait plus d'intérêt pour l'étude d'une seule fleur stylisée, cependant que son esprit alerte s'égarait en discussions animées avec les théoriciens du Cubisme. Ces discussions déclenchèrent un changement complet dans sa peinture qui devint un exposé intellectuel de formes mécaniques. En fait, il fut l'un des premiers artistes à s'opposer au Cubisme dès 1914 et à pressentir l'avènement de la révolution dadaïste qui allait être fomentée pendant la Grande Guerre. Son penchant pour l'écriture éclipsa bientôt celui qu'il éprouvait pour la peinture et trouva un terrain fertile dans les exubérantes manifestations publiques de Dada à Paris vers 1918. Il se comporta en « Dada » et apporta à Dada le soutien de son sens aigu de la révolte. Parmi les Dadas, Ribemont-Dessaignes fut un « non-professionnel » comparé aux peintres dada, aux écrivains dada et aux politiciens dada ; il s'engagea au-délà de l'attitude anti-peinture ou anti-écriture. La plus profonde métaphysique a-métaphysique de Dada prit naissance, pour l'essentiel, dans le cerveau de Ribemont-Dessaignes. Cette conception se cristallisa, après Dada, dans des romans surréalistes et des essais pleins d'humour et d'un indulgent pessimisme.

M.D. 1949

Gino Severini
Peintre, Écrivain

Severini est l'un des peintres les plus doués du groupe futuriste, et ses toiles sont une exacte traduction du célèbre Manifeste futuriste. Ses titres, son interprétation au moyen des formes et des couleurs, tout dans sa technique était dirigé vers la représentation du monde à venir dans sa nouvelle structure. Les tableaux de Severini apparurent, au moment de leur composition, comme des prophéties, sans qu'elles prissent jamais l'allure d'illustrations d'anticipation. Comme la plupart des Futuristes, il fut attiré par le problème du mouvement. Abandonnant la représentation statique, il inventa une technique grâce à laquelle les couleurs, les formes et les lignes, utilisées comme éléments de force et de vitesse, communiquaient au spectateur l'impression de figures mouvantes dans un monde en mouvement. Mais les « mouvements » commencent en formation de groupe et finissent par la dispersion des individus. Le Mouvement futuriste termina sa carrière révolutionnaire avec la mort de Boccioni en 1916. Severini se détourna du Futurisme pendant la Grande Guerre et sa peinture ne porte plus aujourd'hui la marque du Mouvement.

M.D. 1949

Sophie Taeuber-Arp
Peintre, Sculpteur, Dessinatrice

Si l'une des caractéristiques de l'art moderne depuis Courbet est le culte de la main subconsciente, bon nombre d'artistes au cours des trente dernières années ont abandonné ce culte et adopté une technique consciemment précise, qui ne laisse rien au hasard du pinceau. Sophie fut au nombre des premiers artistes qui pressentirent le danger qui pouvait résulter d'un abandon à la « peinture » automatique. Elle se donna pour tâche d'exécuter un dessin tel qu'il avait été « projeté » au préalable. Et, ce qui est plus important, elle réintroduisit l'arabesque géométrique comme concept artistique majeur. Assez singulièrement, toute « abstraite » qu'elle fût, elle aimait souvent utiliser un titre qui évoquait une analogie humaine dans le tableau (« Six espaces aux teintes ensoleillées »). En outre les titres, comme les tableaux eux-mêmes, étaient affectés d'un très net sens de l'humour qui manque si souvent dans l'art abstrait. Sophie Taeuber-Arp par son attitude de détachement dans sa nature d'artiste, évoque l'artisan anonyme du Moyen Age.

M.D. 1949

Jacques Villon
Peintre, Graveur

Sur les sept enfants de la famille Duchamp, quatre devaient devenir artistes : Jacques Villon, l'aîné ; Raymond Duchamp-Villon, le sculpteur et architecte ; Marcel Duchamp ; et Suzanne Duchamp. Jacques Villon se fit d'abord connaître vers 1900 par ses caricatures, mais sa réelle vocation était la gravure et la peinture à l'huile. Ses premières gravures dénotent la perfection technique et le respect traditionnel pour ce genre. Sa personnalité s'exprima plus encore dans ses huiles ; il fut certes l'un des premiers à faire partie du mouvement cubiste, mais ne perdit jamais ses qualités de lyrisme et resta fidèle à lui-même, même durant sa période cubiste la plus rigoureuse. Après être passé par les diverses expériences de sa longue carrière, Villon a maintenant atteint une manière incisive, où les rapports chromatiques sont soutenus par un dessin architectural ; affirmation, conclusion, qui mettent encore en joie ceux qui ont assisté à son développement ininterrompu et à ses importantes réalisations.

M.D. 1949

A propos de moi-même

Les 28 citations qui suivent sont extraites de notes rédigées par M.D. pour une conférence illustrée de diapositives, intitulée « A propos of myself » et donnée en anglais au City Art Museum de Saint-Louis (Missouri) le 24 novembre 1964. Cette conférence, avec des variantes peu sensibles, a été répétée en 1964-1965 dans plusieurs musées et universités américains.

Ces notes ont été publiées pour la première fois par Anne d'Harnoncourt et Kynaston McShine dans le Catalogue de la Rétrospective M.D. 1973-1974 (Bib. B 139).

(Église de Blainville)

Blainville est un village de Normandie où je suis né et ce tableau a été exécuté en 1902, alors que je n'avais que quinze ans.

J'allais encore au lycée de Rouen et deux de mes camarades commençaient également à peindre. Nous échangions nos points de vue sur l'Impressionnisme qui constituait la révolution artistique de l'époque et sur laquelle on jetait encore l'anathème dans les écoles d'art officielles. Toutefois, mes contacts avec l'Impressionnisme à cette époque précoce se résumaient à des reproductions et à des livres, puisque les premières expositions de peintres impressionnistes ne devaient être organisées à Rouen que beaucoup plus tard.

Bien que l'on puisse qualifier d' « impressionniste » ce tableau, il n'accuse qu'une influence très discrète de Monet, mon Impressionniste favori du moment.

(Portrait de Marcel Lefrançois)

Ce portrait d'un de mes jeunes amis, peint vers 1904, marque déjà une réaction contre l'influence impressionniste.

Dans ce tableau, je voulus expérimenter une technique connue des peintres de la Renaissance et consistant à peindre tout d'abord une huile blanche et noire très précise, puis, après séchage complet, à ajouter des couches minces de couleurs transparentes.

Cette technique de précision était délibérément en contraste avec mes premières tentatives de peinture à l'huile et elle m'aida à préserver mon indépendance de développement au lieu de m'assujettir à une formule unique.

Néanmoins, je l'abandonnai très vite pour orienter mes recherches vers toutes sortes d'essais infructueux, témoins de mon indécision, et je découvris enfin l'importance de Cézanne.

(Portrait du père de l'artiste)

Ayant achevé mes études au lycée de Rouen, j'allai à Paris habiter quelque temps avec mon frère Jacques Villon, et entrai à l'Académie Julian, école d'art privée, où je n'appris qu'à mépriser toute formation académique.

1909 et 1910 furent les années de ma découverte de Cézanne, qui n'était reconnu alors que d'une minorité. Ce portrait fut exécuté en 1910 et est une illustration typique de mon culte pour Cézanne allié à mon amour filial.

Grâce à . . . un appui financier suivi de mon père, je pus me concentrer librement sur cette influence de Cézanne qui dura environ deux ans et ouvrit de nouvelles perspectives à mon développement général.

(Portrait du Dr Dumouchel)

C'est vers 1910 que je fis la connaissance des « Fauves », après avoir épuisé les ressources de la leçon cézannienne. A cette époque, 1905-1910, Matisse, Derain, Braque et Van Dongen étaient les bêtes sauvages du zoo de la peinture.

Voici le portrait d'un de mes amis, étudiant en médecine, le Dr Dumouchel, qui atteste l'intérêt que je portais aux Fauves en 1910. Il rappelle le chromatisme violent de Van Dongen, mais des détails, comme la main auréolée, montrent que mon intention était bien d'ajouter une touche de distortion délibérée.

La composition est entièrement dégagée de toute copie servile du modèle et devient presque caricature.

(La Partie d'échecs)

Autre exemple de l'influence de Cézanne : ce jeu d'échecs entre mes deux frères.

Peint pendant l'été de 1910 dans le jardin de Puteaux où ils habitaient, il fut présenté au Salon d'Automne de la même année.

Le jury du Salon d'Automne m'accorda le titre de « Sociétaire » qui me donnait dorénavant le privilège d'exposer sans passer par le jury. Curieusement, je ne profitai jamais de cette distinction et n'exposai plus jamais au Salon d'Automne.

Devant mes deux frères jouant aux échecs, on voit mes deux belles-sœurs prenant le thé.

(Le Buisson)

L'école fauve se caractérisa par le libre emploi de la distortion amorcé par Cézanne et les Impressionnistes.

Ce tableau marque un changement de direction, vers une autre forme de Fauvisme qui ne se fondait pas sur la seule distortion. Le dessin des personnages est stylisé et les couleurs sont en même temps contrastées et mélangées.

La présence d'un titre non descriptif apparaît ici pour la première fois. En fait, dorénavant, j'allais toujours accorder un rôle important au titre que j'ajoutais et traitais comme une couleur invisible.

(Yvonne et Magdeleine)

Yvonne et Magdeleine étaient — et sont toujours — mes deux jeunes sœurs. Introduisant l'humour pour la première fois dans mes tableaux, je déchirai en quelque sorte leurs profils et les disposai au hasard sur la toile. On peut voir flotter quatre profils.

Ici encore nous avons une interprétation très lâche des théories cubistes — deux profils de chaque sœur, à une échelle différente et dispersés sur la toile ; en d'autres termes, j'essayais très énergiquement de m'éloigner de toute composition traditionnelle ou même cubiste.

(Sonate)

Cette scène de famille, ma mère et mes trois sœurs, fut exécutée en 1911 : je me mis à utiliser une technique plus proche du Cubisme. Les tonalités pâles et tendres de ce tableau, dans lequel les contours angulaires baignent dans une atmosphère évanescente, en font un point de rupture bien précis dans mon évolution.

Le Cubisme était encore en enfance en 1911 et la théorie du Cubisme m'attira par sa démarche intellectuelle. Ce tableau fut ma première tentative pour extérioriser ma conception du Cubisme à cette époque. Cette conception était heureusement très différente des expériences déjà tentées. Je dis « heureusement » parce qu'à cause de mon intérêt pour le Cubisme, je voulais inventer ou trouver ma voie propre au lieu d'être le simple interprète d'une théorie.

(Portrait de joueurs d'échecs)

Utilisant une fois de plus la technique de la démultiplication dans mon interprétation de la théorie cubiste, je peignais les têtes de mes deux frères en train de jouer aux échecs, cette fois non pas dans un jardin, mais dans un espace indéfini.

A droite se trouve Jacques Villon et à gauche Raymond Duchamp-Villon le sculpteur, chaque tête étant indiquée par plusieurs profils successifs au milieu de la toile, quelques formes simplifiées de pièces d'échecs disposées au hasard. Une des autres caractéristiques de ce tableau est la tonalité grisâtre de l'ensemble.

On peut dire que généralement, la première réaction du Cubisme contre le Fauvisme fut l'abandon des couleurs violentes et leur remplacement par des tonalités atténuées. Ce tableau fut peint à la lumière du gaz pour obtenir cet effet d'atténuation lorsqu'on le regarde au jour.

(Moulin à café)

Vers la fin de 1911, mon frère Raymond Duchamp-Villon eut l'idée de décorer sa cuisine de peintures à l'huile. Il demanda à six ou sept de ses amis : Gleizes, Metzinger, de la Fresnaye et autres, de lui donner un petit tableau.

Je lui fis ce moulin à café à l'ancienne. Il décrit les divers aspects de l'opération de mouture du café et la manivelle, en haut, est aperçue simultanément en plusieurs positions à mesure qu'elle tourne. On peut voir le café moulu en un tas sous les engrenages de l'axe central qui tourne dans la direction de la flèche.

(Nu descendant un escalier, nº 1)

Très intéressé par le problème du mouvement dans la peinture, j'exécutai plusieurs esquisses sur ce thème.

Celle-ci est la première étude pour le *Nu descendant un escalier*. On peut y voir diverses parties anatomiques du nu répétées en plusieurs positions statiques du corps en mouvement. Comparée à la version définitive, ceci n'est qu'une ébauche grossière dans ma quête d'une technique pour traiter le sujet du mouvement.

Ce tableau fut peint dans les derniers mois de 1911, au moment même où j'exécutais les *Joueurs d'échecs* cubistes ... et en utilisant la méthode de la démultiplication du mouvement qui devait être ma préoccupation essentielle pendant la première partie de l'année 1912.

(Nu descendant un escalier, nº 2)

Cette version définitive du *Nu descendant un escalier*, peinte en janvier 1912, fut la convergence dans mon esprit de divers intérêts, dont le cinéma, encore en enfance, et la séparation des positions statiques dans les chronophotographies de Marey en France, d'Eakins et Muybridge en Amérique.

Peint, comme il l'est, en sévères couleurs bois, le nu anatomique n'existe pas, ou du moins, ne peut pas être vu, car je renonçai complètement à l'apparence naturaliste d'un nu, ne conservant que ces quelque vingt différentes positions statiques dans l'acte successif de la descente.

Avant d'être présenté à l'Armory Show de New York en 1913, je l'avais envoyé aux Indépendants de Paris en février 1912, mais mes amis artistes ne l'aimèrent pas et me demandèrent au moins d'en changer le titre. Au lieu de modifier quoi que ce fût, je le retirai et l'exposai en octobre de la même année au Salon de la Section d'or, cette fois sans opposition.

Les Futuristes s'intéressaient aussi alors aux problèmes du mouvement et quand ils exposèrent pour la première fois à Paris en janvier 1912, ce fut passionnant pour moi de voir le tableau de Balla *Chien en laisse*, qui montrait lui aussi les positions statiques successives de la laisse et des pattes du chien.

Néanmoins, je me sentais plus cubiste que futuriste dans cette abstraction d'un nu descendant un escalier : l'aspect général et le chromatisme brunâtre du tableau sont nettement cubistes, même si le traitement du mouvement a quelques connotations futuristes.

(Le Roi et la Reine entourés de nus vites)

Exécutée immédiatement après le *Nu descendant un escalier*, cette huile est un développement de la même idée.

Le titre « le roi et la reine » était une fois de plus emprunté aux échecs, mais les joueurs de 1911 (mes deux frères) ont été éliminés et remplacés par les pièces d'échecs (roi et reine). Les « nus vites » sont une envolée imaginative introduite pour satisfaire ma préoccupation de mouvement toujours présente dans le tableau.

Malheureusement, cette toile n'a pas vieilli aussi bien que mes autres tableaux et est recouverte de craquelures . . . C'est le thème du mouvement dans un cadre d'entités statiques. En d'autres termes les entités statiques sont représentées par le roi et la reine, tandis que les « nus vites » sont basés sur le thème du mouvement.

(Mariée)

Abandonnant mon association avec le Cubisme et ayant épuisé

mon intérêt pour la peinture cinétique, je me tournai vers une forme d'expression totalement divorcée du réalisme absolu.

Ce tableau appartient à une série d'études faites pour le « Grand Verre... » que j'allais commencer trois ans plus tard à New York. Remplaçant la main levée par une technique d'extrême précision, je me lançai dans une aventure qui ne serait plus tributaire des écoles existantes.

Il ne s'agit pas ici de l'interprétation réaliste d'une mariée, mais de ma conception d'une mariée exprimée par la juxtaposition d'éléments mécaniques et de formes viscérales.

Mon séjour à Munich fut l'occasion de ma libération complète : je traçai le plan général d'une œuvre de grande taille qui m'occuperait longtemps par suite du nombre de problèmes techniques nouveaux à résoudre.

(*Broyeuse de chocolat*, 1914)

A partir de 1913, je concentrai toutes mes activités sur l'élaboration du Grand Verre et fis une étude de chaque détail, comme cette huile... Elle fut en fait inspirée par une machine à broyer le chocolat que j'avais vue dans la vitrine d'une confiserie à Rouen.

Par l'introduction de la perspective directe et du dessin très géométrique d'une broyeuse bien définie comme celle-ci, je me sentis délivré à jamais de la camisole cubiste.

Les lignes des trois cylindres sont faites de fils cousus sur la toile. L'effet général est celui d'une interprétation architecturale et sèche de la broyeuse de chocolat purifiée de toutes les influences passées.

Ce motif devait être placé au centre d'une grande composition et devait être copié et transféré de cette toile sur le Grand Verre.

(*3 Stoppages-étalon*)

Ce n'est pas un tableau. Les trois étroites bandes s'appellent *3 stoppages-étalon*.

Elles doivent être regardées horizontalement et non verticalement parce que chaque bande propose une ligne courbe faite d'un fil à coudre d'un mètre de long, après qu'il ait été lâché d'une hauteur de 1 mètre, sans que la distortion du fil pendant la chute soit déterminée. La forme ainsi obtenue fut fixée sur la toile au moyen de gouttes de vernis... Trois règles... reproduisent les trois formes différentes obtenues par la chute du fil et peuvent être utilisées pour tracer au crayon ces lignes sur papier.

Cette expérience fut faite en 1913 pour emprisonner et conserver des formes obtenues par le hasard, par *mon* hasard. Du même coup, l'unité de longueur : un mètre, était changée d'une ligne droite en une ligne courbe sans perdre effectivement son identité en tant que mètre, mais en jetant néanmoins un doute pataphysique sur le concept selon lequel la droite est le plus court chemin d'un point à un autre.

(Glissière contenant un moulin à eau en métaux voisins)

C'est le second motif (pour le Grand Verre) travaillé sur un panneau de verre semi-circulaire, et ma première peinture sur verre.

Cette glissière est aussi une machine coulissant sur ses deux guides. La roue qu'on voit à l'intérieur est censée être mue par une chute d'eau, que je ne me souciai pas de représenter, pour éviter de tomber dans le piège du paysagisme.

(9 moules malic)

Autre étude pour une grande section du Grand Verre. Peinte directement sur un côté du verre, et destinée à être regardée de l'autre côté, elle s'intitule *Cimetière des uniformes et livrées.* Elle représente neuf moules ou neuf enveloppes extérieures des moulages de neuf uniformes ou livrées différents. En d'autres termes, on ne peut pas voir la forme réelle de l'agent de police ou du chasseur d'hôtel ou de l'employé des pompes funèbres parce que chacune de ces formes réelles d'uniformes se trouve à l'intérieur de son moule particulier.

Exécuté à Paris en 1914-1915, le dessin en est fait de fils de plomb fixés sur le verre au moyen de gouttes de vernis et les couleurs sont de la peinture à l'huile ordinaire.

La fêlure qui se produisit en 1916 ne détruisit nullement le dessin et il est aujourd'hui encadré entre deux plaques de glace.

(Peigne)

Peigne ordinaire en métal pour chien sur lequel j'inscrivis une phrase absurde : Trois ou quatre gouttes de hauteur n'ont rien à voir avec la sauvagerie (...).

Au cours des 48 ans qui se sont écoulés depuis son choix comme *ready-made*, ce petit peigne de fer a conservé les caractéristiques d'un véritable *ready-made :* ni beauté, ni laideur, rien en lui de particulièrement esthétique... Il n'a même jamais été volé en 48 ans !

(A bruit secret)

Tel est le titre de ce *ready-made aidé :* une pelote de ficelle entre deux plaques de cuivre réunies par quatre longs boulons. A l'intérieur de la pelote de ficelle, Walter Arensberg ajouta secrètement un petit objet qui produit un bruit quand on le secoue. Et à ce jour je ne sais ce dont il s'agit, pas plus que personne d'ailleurs.

Sur les plaques de cuivre, j'inscrivis trois courtes phrases dans lesquelles des lettres manquaient çà et là comme une enseigne au néon lorsqu'une lettre n'est pas allumée et rend le mot inintelligible.

(Apolinère Enameled, 1916-1917*)*

Ceci est un autre *ready-made aidé*, daté de 1916-1917. J'altérai les lettres d'une publicité pour les « peintures Sapolin » *(Sapolin Enamel)*, déformant intentionnellement l'orthographe du nom de

Guillaume Apollinaire et ajoutant également le reflet de la chevelure de la petite fille dans la glace. Je regrette qu'Apollinaire n'ait jamais pu le voir — il mourut en France en 1918.

(L.H.O.O.Q.)

En 1919, j'étais de nouveau à Paris où le Mouvement Dada venait de faire son apparition : Tristan Tzara, qui arrivait de Suisse où le mouvement avait débuté en 1916, s'était joint au groupe autour d'André Breton à Paris. Picabia et moi-même avions déjà manifesté en Amérique notre sympathie pour les Dadas.

Cette Joconde à moustache et à bouc est une combinaison *ready-made*/dadaïsme iconoclaste. L'original, je veux dire le *ready-made* original est un chromo 8 × 5 (pouces) bon marché au dos duquel j'écrivis quatre [*sic*] initiales qui, prononcées en français, composent une plaisanterie très osée sur la Joconde.

(Air de Paris)

A la fin de... 1919, je repartis pour l'Amérique et, voulant rapporter un cadeau à mes amis les Arensberg, je demandai à un pharmacien parisien de vider une ampoule de verre pleine de sérum et de la ressouder. Ceci est la précieuse ampoule de 50 centimètres cubes d'*Air de Paris* que je rapportai aux Arensberg en 1919.

(Fresh Widow)

Ce modèle réduit d'une fenêtre à la française fut exécuté par un menuisier new-yorkais en 1920. Pour le terminer, je remplaçai les vitres par des carreaux de cuir, dont j'exigeai qu'ils fussent cirés chaque jour comme des chaussures. Cette « French Window » fut baptisée « Fresh Widow » (Veuve impudente), calembour assez évident.

(Why not sneeze Rrose Sélavy?)

Cette petite cage d'oiseau est remplie de morceaux de sucre... Mais ces morceaux de sucre sont faits de marbre et quand on la soulève, on est surpris de son poids inattendu.

Le thermomètre est destiné à prendre la température du marbre. Le titre est *Why not sneeze*, exécuté en 1923 [*sic* pour 1921]. C'est un *ready-made* très aidé puisqu'à part la cage, le sucre dut être découpé dans des morceaux de marbre et qu'il fallut y ajouter le thermomètre.

(La Bagarre d'Austerlitz)

Je fis faire une deuxième petite fenêtre, très différente de celle-ci (Fresh Widow) avec un mur de briques. Je l'appelai la *Bagarre d'Austerlitz* qui est une simple allitération sur « Gare d'Austerlitz », importante gare parisienne.

(La Mariée mise à nu...)

Quand je vins à New York en 1915, je commençai ce tableau en répétant et en reproduisant dans leur position définitive les divers détails... Haut de neuf pieds, le tableau est constitué de deux grands panneaux de glace disposés l'un au-dessus de l'autre. Je me mis au travail en 1915 mais il ne fut pas terminé avant 1923, date à laquelle je l'abandonnai dans l'état où on peut le voir aujourd'hui.

Tout au long de l'exécution, je rédigeais un certain nombre de notes destinées à compléter l'expérience visuelle comme au moyen d'un guide.

(Obligations pour la Roulette de Monte-Carlo)

L'un des trente bons lancés pour l'exploitation d'une martingale pour faire sauter la banque de Monte-Carlo.

Après avoir mis au point la martingale, je lançais ces bons qui devaient rapporter un dividende de 20 % sur mes gains éventuels à la roulette. Malheureusement le système était trop lent pour avoir une valeur pratique. Il fallait quelquefois attendre une demi-heure que les numéros apparaissent dans la succession des rouges et des noirs et les quelques semaines que je passai à Monte-Carlo furent si ennuyeuses que j'abandonnai bientôt, heureux de m'en tirer sans perte.

Alpha (B/CRI) tique

Archipenko, Alexandre

ARCHIE PEN CO.

SOCIÉTÉ ANONYME, INC.
19 EAST 47TH STREET,
New York, N.Y.

Pour avoir inventé le cercle, Colomb, comme chacun sait, fut jugé et condamné à mort. Aujourd'hui un ARCHIE PEN trace automatiquement une ligne de longueur précise comme par exemple, l'hypoténuse d'un triangle éventuel où la longueur des deux autres côtés est donnée arithmétiquement.

Il pense pour vous.

Son emploi provoque des sensations nouvelles, même chez les plus blasés.

L'une des performances originales de l'ARCHIE PEN est son aptitude à conférer à un dessin mécanique sec et dur une grande délicatesse de ligne et un gracieux équilibre.

Il a déjà été accueilli avec faveur par les architectes et les dessinateurs parce qu'il couvre trois fois plus d'espace que le stylo traditionnel et satisfait aux exigences de ce que les savants français appellent *les inhibitions imbibées* [1].

Il permet de se passer de buvard.

Par leur ligne artistique, leur qualité et leur valeur, les ARCHIE PENS sont sans égaux.

Présentés à votre approbation à la Société Anonyme, 19 East 47th Street, New York City.

Écrivez-nous si vous ne pouvez pas trouver les véritables ARCHIE PENS chez votre papetier habituel.

Le nom qui se trouve à la partie inférieure est votre assurance.

(Cette brillante caricature d'une annonce de journal moderne est l'œuvre d'un artiste bien connu dans de nombreux domaines qui, malheureusement, se refuse à voir son identité révélée. N.D.L.R.)

1) En français dans le texte. Original anglais in *The Arts*, vol. I, n° 3, New York, févr. mars 1921.

Arman

La vache à lait a léché Arman, songé-je
Marcel Duchamp 1964

In Cat. Exp. Arman, New York, Sidney Janis Gallery, 29 déc. 1964-27 janv. 1965.

Armory Show

Après avoir tant entendu parler de l'Armory Show toute ma vie, je suis « ému » de la voir enfin, car mon jour de Colomb [1] a été le 15 juin 1915.

Marcel Duchamp

In Cat. de l'Exposition du Cinquantenaire de l'Armory Show, organisée à Utica (New York) en févr.-mars 1963 et à l'Arsenal du 69e Régiment, New York, en avril 1963.

Art News

Bravo for your 60 Ism-packed years
Bravo pour vos 60 ans pleins d' « ismes »

Message de félicitations pour le soixantième anniversaire de la revue new yorkaise *Art News*. In *Art News*, LXI, n° 8, déc. 1962, p. 26.

Baj, Enrico

Uniformes et livrées
Milan
Via Gesu, 17

1) Le *Colombus Day* marque, aux États-Unis le jour présumé de l'arrivée de Christophe Colomb sur le territoire américain. M.D. s'embarqua à destination des États-Unis pour la première fois le 15 juin 1915.

Paris
Rue de l'Université, 70
Tél. : BAJ 19.63

Marcel Duchamp

In Cat. Exp. Pour Baj, 1963, Milan, Gallerie Schwarz, 1964.

Cadoret, Michel

Mi sol fa do ré

Ces cinq notes paronymiques sont imprimées sur un encart du Cat. Exp. Cadoret/Varèse New York, Galerie Norval, 14 novembre-10 décembre 1960.

Carrouges, Michel

210 West 14th Street New York

4 octobre 1954

Cher André,

D'abord vous remercier de m'avoir fait parvenir le texte de Jean Reboul ; entre-temps aussi j'ai reçu le livre de Carrouges.

La question de savoir si Carrouges se sert de sa formation surréaliste pour en faire profiter « l'Église » n'appartient pas à ma « juridiction », car je ne le connais pas et j'ai lu très peu de ses écrits.

Son idée de grouper sous une même appellation les différentes machines à mythe érotique trouve sa justification tout le long du livre : il y a un rapprochement évident entre les intentions des différents auteurs considérés.

« Machine célibataire », en ce qui concerne « La Mariée . . . », terme décrivant un ensemble d'opérations, n'a pour moi que l'importance d'un titre partiel et descriptif et non pas celle d'un titre à thème intentionnellement mythique.

Dans la Machine Célibataire un désir érotique en action est

« ramené » à sa « projection » d'apparence et de caractère machinisés.

De même la Mariée ou le Pendu femelle est une « projection » comparable à la projection d'une « entité imaginaire » à 4 dimensions dans notre monde à 3 dimensions (et même dans le cas du verre plat à une reprojection de ces trois dimensions sur une surface à 2 dimensions).

A l'aide de la boîte verte Carrouges a mis à jour le processus sous-jacent avec toute la minutie d'une dissection submentale. Inutile d'ajouter que ses découvertes, si elles forment un ensemble cohérent, ne furent jamais *conscientes* dans mon travail d'élaboration parce que mon inconscient est *muet* comme tous les inconscients ; que cette élaboration portait plus sur la nécessité *consciente* d'introduire l' « *hilarité* » ou au moins l'humour dans un sujet aussi « sérieux ».

La conclusion de Carrouges sur le caractère athée de la « Mariée » n'est pas déplaisante mais je voudrais seulement ajouter qu'en termes de « métaphysique populaire » je n'accepte pas de discuter sur l'existence de Dieu — ce qui veut dire que le terme « athée » (en opposition au mot « croyant ») ne m'intéresse même pas, non plus que le mot croyant, ni l'opposition de leurs sens bien clairs.

Pour moi il y a autre chose que *oui*, *non* et *indifférent* — c'est par exemple *l'absence d'investigations de ce genre*.

Et maintenant le texte de Reboul m'a appris à quelles réactions le verre peut amener un esprit « armé de clairvoyance pseudo-scientifique » ; je dis « pseudo » car la psychiatrie emploie des procédés analogues à ceux de l'artiste, procédés par lesquels l'interprétation peut délirer à souhait.

C'est une façon de vous dire que j'aime son analyse descriptive de la « Mariée . . . » et surtout son paragraphe sur les « ready-mades ».

— J'aime aussi son diagnostic de mon cas particulier de schizophrénie —. Très ignorant de la gravité de mon cas, je ne suis pas autrement alarmé, ayant déjà passé une bonne partie de ma vie dans cette brume derrière le verre.

De plus j'ai quand même à ma disposition le *thermomètre* des échecs qui enregistre assez exactement mes écarts d'une ligne de pensée strictement « syllogistique ».

Voilà, cher André, à peu près tout ce que je puis vous dire de ces lectures.

Mettez-moi au courant des débats dans *Médium*.

....

Marcel Duchamp

Publié sous le titre « Une lettre de Marcel Duchamp » in *Médium*, nº 4 (Wilfredo Lam), janvier 1955.

Collège

L'ARTISTE DOIT-IL ALLER A L'UNIVERSITÉ?

Bête comme un peintre.

Ce proverbe français remonte au moins au temps de la vie de Bohème de Murger, autour de 1880, et s'emploie toujours comme plaisanterie dans les discussions.

Pourquoi l'artiste devrait-il être considéré comme moins intelligent que Monsieur tout-le-monde?

Serait-ce parce que son adresse technique est essentiellement manuelle et n'a pas de rapport immédiat avec l'intellect?

Quoi qu'il en soit, on tient généralement que le peintre n'a pas besoin d'une éducation particulière pour devenir un grand Artiste.

Mais ces considérations n'ont plus cours aujourd'hui, les relations entre l'Artiste et la société ont changé depuis le jour où, à la fin du siècle dernier, l'Artiste affirma sa liberté.

Au lieu d'être un artisan employé par un monarque, ou par l'Église, l'artiste d'aujourd'hui peint librement, et n'est plus au service des mécènes auxquels, bien au contraire, il impose sa propre esthétique.

En d'autres termes, l'Artiste est maintenant complètement intégré dans la société.

Émancipé depuis plus d'un siècle, l'Artiste d'aujourd'hui se présente comme un homme libre, doté des mêmes prérogatives que le citoyen ordinaire et parle d'égal à égal avec l'acheteur de ses œuvres.

Naturellement, cette libération de l'Artiste a comme contrepartie quelques-unes des responsabilités qu'il pouvait ignorer lorsqu'il n'était qu'un paria ou un être intellectuellement inférieur.

Parmi ces responsabilités, l'une des plus importantes est l'ÉDUCATION de l'intellect, bien que, professionnellement, l'intellect ne soit pas la base de la formation du génie artistique.

Très évidemment la profession d'Artiste a pris sa place dans la société d'aujourd'hui à un niveau comparable à celui des professions « libérales ». Ce n'est plus, comme avant, une espèce d'artisanat supérieur.

Pour rester à ce niveau et pour se sentir à égalité avec les avocats, les médecins, etc., l'Artiste doit recevoir la même formation universitaire.

Qui plus est, l'Artiste joue dans la société moderne un rôle beaucoup plus important que celui d'un artisan ou d'un bouffon.

Il se trouve face-à-face avec un monde fondé sur un matérialisme brutal où tout s'évalue en fonction du BIEN-ÊTRE MATÉRIEL et où la religion, après avoir perdu beaucoup de terrain, n'est plus la grande dispensatrice de valeurs spirituelles.

Aujourd'hui l'Artiste est un curieux réservoir de valeurs paraspirituelles en opposition absolue avec le FONCTIONNALISME quotidien pour lequel la science reçoit l'hommage d'une aveugle admiration. Je dis aveugle, car je ne crois pas en l'importance suprême de ces solutions scientifiques qui ne touchent même pas aux problèmes personnels de l'être humain.

Par exemple, les voyages interplanétaires semblent être l'un des tout premiers pas vers le soi-disant « progrès scientifique » et pourtant en dernière analyse, il ne s'agit que d'un agrandissement du territoire mis à la disposition de l'homme. Je ne puis m'empêcher de considérer cela comme une simple variante du MATÉRIALISME actuel qui emporte l'individu de plus en plus loin de la quête de son moi intérieur.

Cela nous amène à l'importante préoccupation de l'Artiste d'aujourd'hui qui est, à mon sens, de s'informer et de se tenir au courant du soi-disant « PROGRÈS MATÉRIEL QUOTIDIEN ».

Doté d'une formation universitaire comme lest, l'Artiste n'a pas à craindre d'être assailli par des complexes dans ses relations avec ses contemporains. Grâce à cette éducation, il possédera les outils adéquats pour s'opposer à cet état de choses matérialiste par le canal du culte du moi dans un cadre de valeurs spirituelles.

Pour illustrer la situation de l'Artiste dans le monde économique contemporain, on observera que tout travail ordinaire est rémunéré plus ou moins selon le nombre d'heures passées à l'accomplir, alors que dans le cas d'une peinture, le temps consacré à son exécution n'entre pas en ligne de compte lorsqu'il s'agit de fixer son prix, et que ce prix varie avec la notoriété de chaque artiste.

Les valeurs spirituelles ou intérieures ci-dessus mentionnées et dont l'Artiste est pour ainsi dire le dispensateur, ne concernent que l'individu *pris séparément*, par contraste avec les valeurs générales qui s'appliquent à l'individu *partie de la société.*

Et sous l'apparence, je suis tenté de dire sous le déguisement, d'un membre de la race humaine, l'individu est en fait tout à fait seul et unique et les caractéristiques communes à tous les individus pris en masse n'ont aucun rapport avec l'explosion solitaire d'un individu livré à lui-même.

Max Stirner, au siècle dernier, a très clairement établi cette distinction dans son remarquable ouvrage *Der Einziger und Sein Eigentum*, et si une grande partie de l'éducation s'applique au développement de ces caractéristiques générales, une autre partie, tout aussi importante, de la formation universitaire développe les facultés plus profondes de l'individu, l'auto-analyse et la connaissance de notre héritage spirituel.

Telles sont les importantes qualités que l'Artiste acquiert à l'Université et qui lui permettent de maintenir vivantes les grandes traditions spirituelles avec lesquelles la religion elle-même semble avoir perdu le contact.

Je crois qu'aujourd'hui plus que jamais l'Artiste a cette mission para-religieuse à remplir : maintenir allumée la flamme d'une vision intérieure dont l'œuvre d'art semble être la traduction la plus fidèle pour le profane.

Il va sans dire que pour accomplir cette mission le plus haut degré d'éducation est indispensable.

Texte d'une allocution (en anglais) prononcée par M.D. lors d'un colloque organisé à Hofstra le 13 mai 1960.

Copley, Bill

Nos lecteurs nous écrivent
There was a painter named Copley
Who never would miss a good lay,
And to make his paintings erotic
Instead of brushes, he simply used his prick.
Marcel Duchamp 1963

In *Iris Time Unlimited*, n° 6, Paris, 13 mai 1963, p. 2.

Il était un peintre ayant nom Copley
Qui disait toujours : « Que baiser me plaît »,
Et pour rendre ses toiles érotiques
Au lieu de pinceaux employait sa trique.
Marcel Duchamp 1963

Traduction approximative du quatrain anglais ci-dessus en forme de « limerick » irrégulier.

Demuth, Charles

Tribut à l'artiste

Le *Hell Hole* [Trou d'enfer] (le *Golden Swan* [Cygne d'or] de Greenwich Village), le Baron Wilkins (café de Harlem), un bal costumé à Webster Hall, les cafés du Brévoort et du Lafayette étaient les lieux de prédilection de Demuth vers 1915-1916 et il m'y emmenait avec lui.

Il avait un curieux sourire qui attestait une incessante curiosité pour toutes les manifestations que lui offrait la vie.

Artiste digne de ce nom, sans la mesquinerie qui affecte la plupart des artistes, il adorait son moi intérieur sans l'habituelle volonté d'avoir raison à tout prix.

Demuth était aussi de ce petit nombre d'artistes que tous les autres artistes aiment comme des amis véritables, rare occurrence en vérité.

Son œuvre est l'illustration vivante de la « doctrine de Monroe » appliquée à l'art ; car l'art n'est plus aujourd'hui une moisson issue de sols privilégiés, et Demuth est l'un des premiers à avoir semé le bon grain en Amérique.

N.Y., 1949

In Cat. Exp. Charles Demuth, Musée d'Art Moderne de New York, 7 mars-11 juin 1950.

Donati, Enrico

la gaia pittura
introduction au sourire
copulation vs. masturbation
copulation versus masturbation

Marcel Duchamp 1952

In Carte invit. Exp. Enrico Donati, New York, Alexander Iolas Gallery, 15 avril-4 mai 1952.

Une NNNNNNNNNNNN de réciFs OSCILL[Entre]
FAUSSE ILE, FOSSILE et FAUX CIL.
Fossiles d'Enrico, de près ou de loin, sûrement pas agraires.

Marcel Duchamp 1961

In Cat. Exp. Enrico Donati, Bruxelles, Palais des Beaux-Arts, 21 oct.-5 nov. 1961.

Dreier, Katherine S.

A la mémoire de Katherine S. Dreier, 1877-1952

sa propre collection d'art moderne
Galerie d'art de l'université de Yale
15 décembre 1952 — 1er février 1953

En raison de mon étroite participation à la création de la Société Anonyme, je tiens à exprimer ma vive gratitude à l'Université de Yale pour l'organisation de cette exposition commémorative de la collection personnelle de Katherine Dreier.

A ceux qui connaissaient déjà l'exceptionnelle réalisation que constitue la Société Anonyme, cette collection particulière démontrera plus clairement encore son goût infaillible pour l'expression artistique inhabituelle.

A tous elle élargira leur vision du rôle de pionnier qu'elle a joué en Amérique comme collectionneur d'art moderne au cours des quarante dernières années. Le choix de ses propres peintures montrera l'importance de sa contribution personnelle au mouvement en tant qu'artiste.

C'est, au vrai, un sentiment de réconfort qui vous étreint de voir le rêve d'un esprit aussi clairvoyant incarné de façon permanente dans la collection de la Société Anonyme à Yale.

Marcel Duchamp

In Cat. Exp. Coll. Katherine Dreier, New Haven, Yale University Art Gallery, 15 déc. 1952-1er févr. 1953.

Granell, E. F.

Granell en son
Domaine d'
Adultères pour
Adultes et de
Presbytères pour
Presbytes

Duchamp 1959

In Cat. Exp. E.F. Granell, New York, Bodley Gallery, 23 mars-4 avril 1959.

Hélice (Délices d')

C'est fini la peinture
Qui ferait mieux que cette hélice ?
Dis, tu peux faire ça ?

Marcel Duchamp

Déclaration attribuée à Duchamp au cours d'une conversation avec Brancusi et Léger au Salon de l'Aviation de Paris. In *Clefs de l'Art Moderne*, Paris, La Table Ronde, 1955 ; et Cat. Exp. « 50 ans d'Art moderne », Bruxelles, 1958.

Hugnet, Georges

Il arrange or, jus n'y est

In Cat. Exp. Georges Hugnet, Paris, Galerie de Marignan, 20 mars-7 avril 1962.

Jurés

Les jurés sont toujours sujets à l'erreur. Le seul argument en faveur de ce jury est que les trois jurés ne sont pas tombés d'accord pour choisir le premier, le deuxième et le troisième prix, attestant ainsi le caractère serré de la décision. Mais rien, pas même la conviction d'avoir été juste, n'altère le doute où je suis quant au droit que l'on peut avoir de juger.

In Cat. Exp. et concours international Bel-Ami 1946-47 *(La Tentation de Saint-Antoine)*, Washington, The American Federation of Arts, p. 3.

Loy, Mina

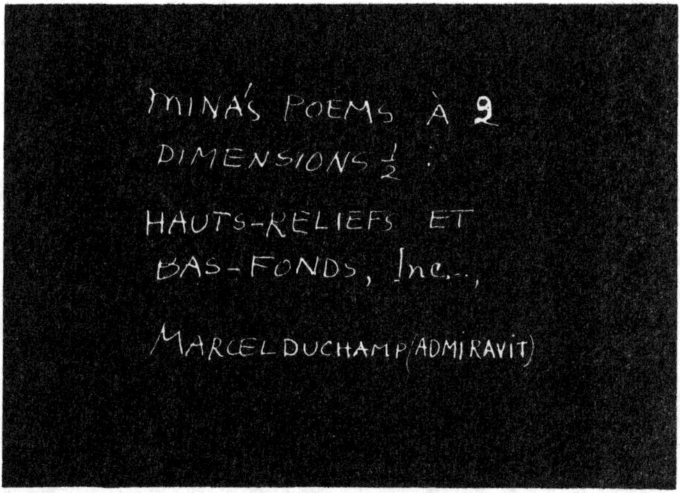

In Cat. Exp. Mina Loy, Bodley Gallery, New York, 14-25 avril 1959.

Magritte, René

Des Magritte, en hausse, en cher, en noir et en couleur
Marcel Duchamp

In Inv. exposition René Magritte, Galerie Alexandre Iolas, New York, 2-28 mars 1959. Repr. in Patrick Waldberg, *René Magritte*, Bruxelles, De Rache, 1965, p. 319.

Man Ray

Man Ray, n. m. synom. de Joie jouer jouir

I. In Cat. Exp. Man Ray, Institute of Contemporary Art, Londres, 31 mars-25 avril 1959; II. In Cat. Exp. Man Ray, Galerie Rive Droite, oct. 1959 et Galerie Alexandre Iolas, New York, nov. 1959; III. In Man Ray. *Self Portrait*, Boston (1963) et Paris (1964).

Pevsner, Antoine

WESTERN UNION

JE SOUSSIGNÉ DÉCLARE CONNAITRE ANTOINE PEVSNER DEPUIS 1923 ET LUI ÊTRE REDEVABLE DE MAINT ÉTONNEMENT. MARCEL DUCHAMP

Sur formule télégraphique WESTERN UNION - PST 1 - 65/2 - NJA NEW YORK - 23/2 - JUN 3 A3 56. Repr. in Cat. Exp. Antoine Pevsner, Paris, Galerie René Drouin, juin 1947.

Photographie

Cher Stieglitz,

Je ne me sens pas en mesure d'écrire, fût-ce quelques mots.

Vous connaissez exactement mon sentiment à l'égard de la photographie. J'aimerais la voir conduire les gens au mépris de la peinture jusqu'à ce que quelque chose d'autre rende la photographie insupportable.

Et voilà.

Affectueusement,

Marcel Duchamp
(N.Y., 22 mai 1922)

Réponse à une enquête d'Alfred Stieglitz sur la photographie. In *Manuscripts*, n° 4, New York, décembre 1922, p. 2.

Picabia, Francis

80 Picabias

Vente réunissant les différents états de l'œuvre de Picabia.

Le catalogue, composé chronologiquement, indique d'abord un

groupe de trois toiles impressionnistes ; beaux spécimens d'une période désormais classée. *(Route à Moret, Effet de neige, Cour de ferme) ;* 1903-1910 ;

Suivent quelques toiles post-impressionnistes où l'artiste se dégage volontairement de l'étreinte des analystes de la lumière. *(Voiles, Un paysage à Cassis).*

En 1912, Picabia, entièrement libéré, interprète de façon *orphique* (comme l'a baptisée Apollinaire) une procession à Séville qui eut un gros succès à l'Exposition Internationale de New York en 1913. Il peint aussi quelques villes (Paris, New York). New York surtout le passionne ; il y séjourne quelques mois en 1913 et rapporte une série de grandes aquarelles où la note orphique domine l'ambiance cubiste du moment. *(Embarras, Chanson nègre).*

En 1916, Picabia évolue encore et donne une suite d'aquarelles qu'on peut appeler « machines », dans lesquelles la précision de la ligne froide donnera le ton à tant d'imitateurs d'après-guerre (côté pionnier de Picabia).

A Barcelone, en 1917, il conçoit son type d'Espagnole, qui se reflète en synthèse dans ses toréadors, ses portraits, jusqu'en 1924. *(Espagnole, peigne brun, Erik Satie).*

En même temps (1919-1920), Dada a trouvé en Picabia un de ses leaders et, au Salon d'Automne, au Studio du Théâtre des Champs-Élysées, dans ses livres, Picabia mène, de concert avec André Breton et Tristan Tzara, la campagne dadaïste. *(La Nuit espagnole).*

Puis des aquarelles « optiques ». Il cherche l'illusion d'optique avec des moyens presque « noir et blanc » : la spirale, les cercles qui jouent sur la rétine. Cette physique amusante trouve sous ses doigts sa formule esthétique. *(Optophone).*

1923. Son souci d'invention l'amène à user de ripolin au lieu de la couleur en tubes consacrée qui, à son sens, prend trop rapidement la patine de la postérité. Il aime le neuf, et ses toiles de 1923, 1924, 1925 ont cet aspect de peinture fraîche qui garde l'intensité du premier moment ; il revient au paysage, à la *Femme à l'ombrelle*, pleine de taches ironiques.

La gaieté des titres, le collage d'objets usuels montrent son désir de se défroquer, de rester un non-croyant en ces divinités trop légèrement créées pour les besoins sociaux.

Rrose Sélavy

In « Catalogue des tableaux, aquarelles et dessins par Francis Picabia appartenant à M. Marcel Duchamp. Vente (Hôtel Drouot) du 8 mars 1926 », encart.

Picabia, Francis

Francis Picabia est une vis qui a des vices

In *491* (Cat. Rétrospective Picabia), Paris, Galerie René Drouin, 1949, p. 2.

Picabia, Francis

« NON CAR... »

Beaucoup de gens répondent par « Oui mais... ». Avec Francis c'était toujours : « Non car... », l'incessante trouvaille de chaque instant, une explosion à facettes multiples qui coupait court à toute argumentation.

Francis avait aussi un don d'oubli total qui lui permettait d'attaquer de nouveaux tableaux sans le souvenir-influence des précédents.

Fraîcheur sans cesse renouvelée qui fait de lui un « plus que peintre ».

Marcel Duchamp

In *Combat-Art*, Paris, 6 décembre 1954, p. 1 (A l'occasion de la mort de Francis Picabia Du même jour, date le télégramme à Olga Picabia : « A bientôt, cher Francis. Marcel ».

Picabia, Francis

...et roses pour/Fr. en 6...

In Cat. *Exp. Chapeau de paille? 1921/Hommage à Francis Picabia* organisée à la Galerie Louis Carré, Paris, en nov. 1964, à l'occasion de la publication du livre de Michel Sanouillet *Picabia*, Paris, éd. du Temps, bib. B 190.

Polly-imagistes

Muchos recuerdos de
Pollyperruque

Inscription sur un *ready-made* exécuté par M.D. pour l'exposition des « Polly-imagistes » organisée à la Galerie Cordier & Ekstrom à New York en 1968.

Regardeurs

Ce sont les REGARDEURS qui font les tableaux. On découvre aujourd'hui le Greco ; le public peint ses tableaux trois cents ans après l'auteur en titre. Je m'intéresse beaucoup à ce qui peut s'écrire à propos de « la mariée mise à nu par ses célibataires, même ». Vous admettrez tout de même que je sois a-clérical et que la genèse du « verre » ait été extérieure à toute préoccupation religieuse ou anti-religieuse.

— *La composante célibataire manifeste-t-elle un élément important de votre vie mentale?*

— Certainement non. Il s'agissait simplement d'agencer une opposition directe au thème de la mariée, lequel m'avait été inspiré, je crois, par ces baraques foraines qui pullulaient à l'époque, où des mannequins, figurant souvent les personnages d'une noce, s'offraient à être décapités grâce à l'adresse des lanceurs de boules. Ce qui concrétise le mieux l'idée de célibataire est sans doute l'uniforme. Cela fait très mâle. D'où le « cimetière des uniformes et livrées ».

. . . .

— *Le grand verre est-il l'ébauche d'une construction mobile?*

— Nullement. C'est comme le « capot » de l'automobile. Ce qui recouvre le moteur.

— *Pouvez-vous, en ce cas, me parler du moteur?*

— Il est invisible. C'est aussi bien la vraie forme du pendu femelle (dans trois ou quatre dimensions) que les personnages dont les moules mâlics sont une figuration. Je pouvais fignoler un agent de police mais la paresse m'inclinait à considérer comme suffisant et tout aussi significatif le dessin de son enveloppe, de son moule.

. . . .

Alors que dada-littéraire s'opposait et, en s'opposant, devenait la queue de ce à quoi il s'opposait, nous tentions d'ouvrir, Picabia et moi, en toute ignorance ou indifférence de ce qui, en art, s'était fait avant nous, un corridor d'humour qui ne devait pas manquer de déboucher sur l'onirisme, par conséquent sur le surréalisme. Dada-littéraire, purement négatif et accusateur, c'était faire la part trop belle à ce que nous étions déterminés à ignorer. Un exemple, si vous voulez : avec le stoppage-étalon, je souhaitais donner une autre idée de l'unité de longueur. J'aurais pu prendre un mètre en bois et le briser en un point quelconque : c'eût été dada.

Propos recueillis par Jean Schuster et publiés dans *Le Surréalisme, même*, n° 2, printemps 1957, pp. 143-145, sous le titre *Marcel Duchamp, vite*.

Reynolds, Mary

La Collection Mary Reynolds

Le rassemblement de ces livres, albums, revues, catalogues d'expositions, tracts n'a pas été prémédité comme c'est le cas pour une bibliothèque en règle. Cela ressemble davantage à un journal : le journal littéraire et artistique des trente années de vie parisienne de Mary Reynolds.

Dès son installation à Paris au début des années 20, Mary Reynolds prit part à la vie littéraire et artistique qui, après quatre années de sommeil pendant la Première Guerre Mondiale, connaissait une nouvelle naissance.

Si les divers mouvements artistiques du début du siècle, le Fauvisme, le Cubisme, le Futurisme, qui étaient alors en pleine activité n'étaient pas encore acceptés par le grand public, ils devaient être pleinement reconnus dès après 1918 au moment où de nouvelles formes de rébellion commençaient à prendre forme.

Mary Reynolds fut un témoin oculaire des manifestations dadaïstes et, à la naissance du Surréalisme en 1924, elle fut au nombre des défenseurs des idées nouvelles.

Très liée à André Breton, Raymond Queneau, Jean Cocteau, Djuna Barnes, James Joyce, Alexander Calder, Miró, Jacques Villon et beaucoup d'autres personnalités importantes de l'époque, elle trouva dans cette amitié l'émulation nécessaire pour devenir elle-même artiste. Elle décida d'appliquer son talent à l'art de la reliure.

Après avoir reçu la formation technique nécessaire dans un atelier de relieur, elle produisit de nombreuses reliures très originales, complètement divorcées de l'enseignement traditionnel et marquées au coin d'une touche délibérément surréaliste et d'une fantaisie imprévue.

La Deuxième Guerre Mondiale trouva Mary à Paris prête au combat et elle combattit effectivement à sa manière en ralliant la Résistance en 1941. En 1943, elle échappa de justesse à la Gestapo en passant en Espagne au terme d'une marche forcée à travers les Pyrénées.

C'était quelqu'un, à son humble manière.

Marcel Duchamp
New York, 1956

Introduction de *Surrealism and its Affinities*, The Mary Reynolds Collection, bibliographie compilée par Hugh Edwards, The Art Institute of Chicago, 1956, p. 5.

Richter*, *Hans

Terminologistes amateurs, les artistes ont un faible pour les mots presque nouveaux, comme les nègres.

Hans Richter cinétise de la dynamite mais ne va pas jusqu'à croire que la bouteille connaît le goût du vin.

Marcel Duchamp

In Cat. Exp. Hans Richter, Paris, Galerie des Deux Iles, 10-28 févr. 1950.

Il y a 70 ans, jeune Gargantua, tu construisais la Tour Eiffel...

Depuis, tu nous as joué bien d'autres tours, tout aussi monumentaux.

Marcel Duchamp
30 mars 1958

In Cat. Exp. Hans Richter, Washington, D.C., Institute of Contemporary Arts, 6-11 avril 1958.

Segal, George

With Segal it's not a matter of the found object, it's the chosen object.

Marcel Duchamp

Avec Segal, il ne s'agit plus de l'objet trouvé, mais de l'objet choisi.

Marcel Duchamp

In Cat. Exp. George Segal, New York, Sidney Janis Gallery, oct. 1965.

Seligmann, Kurt

. . . FUSILS
ET
FUSÉES
D'UN
REFUSÉ

In Cat. Exp. Kurt Seligmann, New York, D'Arcy Gallery, 1960.

Sermayer, Yo

Après « Musique d'Ameublement » d'Erik Satie

Voici « Peinture d'Ameublement » de Yo Savy *(Alias Yo Sermayer)*
Rrose Sélavy (alias Marcel Duchamp)

In Cat. Exp. Yo Sermayer, New York, Bodley Gallery, 14-25 nov. 1967.

Takis (Takis Vassilakis)

Par conséquent Takis, Takis gai laboureur des champs magnétiques et l'indicateur des chemins de fer doux.

Marcel Duchamp
New York, 1961

I. Note autographe pour le Cat. Exp. Takis, Galleria Schwarz, Milan, 14 avril-4 mai 1962 ; II. Cat. Exp. Takis, Galerie Alexandre Iolas, Paris, 8 oct.-9 nov. 1964 ; III. Note et trad. angl. in *Signals*, Londres, n° 3-4, oct.-nov. 1964.

Tinguely, Jean

Si la scie scie la scie
Et si la scie qui scie la scie
Est la scie que scie la scie
Il y a Suissscide métallique.

Carte Invit. Exp. « Homage to New York » de Jean Tinguely (né en Suisse) qui se suicida effectivement dans la cour du Musée d'Art Moderne de New York le 17 mars 1960.

Waldberg, Isabelle

Isabelle sculpte, ausculte, s'occulte et exulte
Marcel Duchamp

Carte Inv. Exp. Isabelle Waldberg, Paris, Galerie Bongers, 29 avril-14 mai 1969.

Chapitre IV

Texticules

On trouvera réunis dans ce chapitre les écrits de tous ordres publiés sous la signature de Marcel Duchamp ou de Rrose Sélavy, ou encore ceux dont l'attribution n'est pas douteuse et qui n'entrent pas dans les subdivisions précédentes du présent ouvrage. Rappelons que ces textes sont classés selon leur date de composition ou, quand celle-ci fait difficulté, selon la date de leur première publication.

Brouillon du « Rendez-vous du 6 février »

porte, dès maintenant par grande quantité, pourront faire valoir le clan oblong qui, sans ôter aucun traversin ni contourner moins de grelots, va remettre. Deux fois seulement, tout élève voudrait traire, quand il facilite la bascule disséminée ; mais, comme quelqu'un démonte puis avale des déchirements moins nombreux, soi compris, on est obligé d'entamer plusieurs grandes horloges pour obtenir un tiroir à bas âge. Conclusion : après maints efforts en vue du peigne, quel dommage ! tous les fourreurs sont partis et signifient riz. Aucune demande ne nettoie l'ignorant ou scié teneur ; toutefois, étant données quelques cages, c'est une profonde émotion qu'exécutent toutes colles alitées. Tenues, vous auriez manqué si s'était trouvée là quelque prononciation acceptez donc auparavant.

Écrit à New York en 1915. Constitue une sorte de premier état de ce qui est devenu une des quatre cartes postales ci-après. L'original se trouve au Musée de Philadelphie.

Rendez-vous du dimanche 6 Février 1916 à 1 h. 3/4 après-midi.

-toir. On manquera, à la fois, de
moins qu'avant cinq élections et
aussi quelque accointance avec q-
-uatre petites bêtes ; il faut oc-
-cuper ce délice afin d'en décli-
-ner toute responsabilité. Après
douze photos, notre hésitation de-
-vant vingt fibres était compréh-
-ensible ; même le pire accrochage
demande coins porte-bonheur sans
compter interdiction aux lins : C-
-omment ne pas épouser son moind-
-re opticien plutôt que supporter
leurs mèches ? Non, décidément, der
-rière ta canne se cachent marbr-
-ures puis tire-bouchon. « Cepend-
-ant, avouèrent-ils, pourquoi viss-
-er, indisposer ? Les autres ont p-
-ris démangeaisons pour construi-
-re, par douzaines, ses lacements.
Dieu sait si nous avons besoin, q-
-uoique nombreux mangeurs, dans
un défalquage. » Défense donc au tri-
ple, quand j'ourlerai, dis je, pr-

-onent, après avoir fini votre gê-
-ne. N'empêche que le fait d'éte-
-indre six boutons l'un ses autr-
-es paraît (sauf si, lui, tourne a-
-utour) faire culbuter les bouto-
-nnières. Reste à choisir : de lo-
-ngues, fortes, extensibles défect-
-ions trouées par trois filets u-
-sés, ou bien, la seule enveloppe
pour étendre. Avez-vous accepté
des manches ? Pouvais tu prendre
sa file ? Peut-être devons nous a-
-ttendre mon pilotis, en même tem-
-ps ma difficulté ; avec ces chos-
-es là, impossible ajouter une hu-
-itième laisse. Sur trente misé-
-rables postes deux actuels veul-
-ent errer, remboursés civiquement,
refusent toute compensation hors
leur sphère. Pendant combien, pou-
-rquoi comment, limitera-t-on min-
-ce étiage ? autrement dit : clous
refroidissent lorsque beaucoup p-
-lissent enfin derrière, contenant

-este pour les profits, devant le-
-squels et, par précaution à prop-
-os, elle défonce desserts, même c-
-eux qu'il est défendu de nouer.
Ensuite, sept ou huit poteaux boi-
-vent quelques conséquences main-
-tenant appointées ; ne pas oubli-
-er, entre parenthèses, que sans l'-
-économat, puis avec mainte sembl-
-able occasion, reviennent quatre
fois leurs énormes limes ; quoi !
alors, si la férocité débouche de-
-rrière son propre tapis. Dès dem-
-ain j'aurai enfin mis exactemen-
-t des piles là où plusieurs fen-
-dent, acceptent quoique mandant
le pourtour. D'abord, piquait on
ligues sur bouteilles, malgré le-
-ur importance dans cent séréni-
-tés ? Un liquide algarade, après
semaines dénonciatrices, va en y
détester ta valise car un bord
suffit. Nous sommes actuellement
assez essuyés, voyez quel désarroi

porte, dès maintenant par grande
quantité, pourront faire valoir l-
-e clan oblong qui, sans ôter auc-
-un traversin ni contourner moin-
-s de grelots, va remettre. Deux
fois seulement, tout élève voudra-
-it traire, quand il facilite la
bascule disséminée ; mais, comme q-
-uelqu'un démonte puis avale des
déchirements nains nombreux, soi
compris, on est obligé d'entamer
plusieurs grandes horloges pour
obtenir un tiroir à bas âge. Co-
-nclusion : après maints efforts
en vue du peigne, quel dommage !
tous les fourreurs sont partis e-
-t signifient riz. Aucune deman-
-de ne nettoie l'ignorant ou sc-
-ié teneur ; toutefois, étant don-
-nées quelques cages, c'eut une
profonde émotion qu'éxécutent t-
-outes colles alitées. Tenues, v-
-ous auriez manqué si s'était t-
-rouvée là quelque prononciation

Mr. and Mrs. Walter C. Arensberg
33 W. 67 th St.
New York City
We'll miss, at the same time, less . . .

In *Minotaure*. N° 10, hiver 1937, Paris. Le premier paragraphe, commençant à « On manquera... », a été repris dans le *Memento Universel de* DA COSTA, Paris, 1948, fascicule II, à l'article « Toir » et porte la mention « A suivre ». Cette suite n'existe pas, le troisième fascicule n'ayant pas paru.

Peigne

3 ou 4 gouttes de hauteur n'ont rien à voir avec la sauvagerie

Inscription, datée de New York, 17 février 1916, 11 h., figurant sur la tranche d'un peigne en acier (*Ready-made*) reproduit en fac-similé dans *V*.

The

[Eye Test, not a « Nude descending a staircase », by Marcel Duchamp]

If you come into * linen, your time is thirsty because * ink saw some wood intelligent enough to get giddiness from a sister. However, even it should be smilable to shut * hair whose * water writes always in * plural, they have avoided * frequency, meaning mother-in-law ; * powder will take a chance ; and * road could try. But after somebody brought any multiplication as soon as * stamp was out, a great many cords refused to go through. Around * wire's people, who will be able to sweeten * rug, that is to say why must every patents look for a wife ? Pushing four dangers near * listening place, * vacation had not dug absolutely nor this likeness has eaten.

Remplacer chaque * par le mot : *the*.

Premier texte anglais de M.D., composé à New York en octobre 1915,

peu de temps avant le *Rendez-vous...* et publié dans *Rogue*, New York, vol. II, nº 1, oct. 1916, p. 2. L'article *the* y est systématiquement remplacé par un astérisque et donne son nom au morceau. L'original est à Philadelphie. « Le sens était la première chose que je dus éviter dans ces phrases... La construction en a été d'une certaine manière très pénible, parce que, à peine avais-je songé à un verbe pour ajouter au sujet, je lui découvrais souvent un sens, biffais ce verbe et le remplaçais, jusqu'à ce que le texte pût se lire sans aucun écho du monde extérieur » [...] « Ce n'était qu'une forme de jeu... la syntaxe n'était pas très bonne, mais néanmoins c'était quelque chose sans beaucoup de sens, en d'autres termes *ce n'était pas une histoire* [...] (Schwarz, CW Bib. 6).
Ce texte est donné ici en anglais : l'original étant volontairement dénué de sens, la traduction n'en aurait pas eu davantage.

A Bruit Secret

[Face 1]	[Face 2]
.IR. CAR.É LONGSEA →	P.G. .ECIDES DEBARRASSE.
F.NE, HEA., .O.SQUE →	LE. D.SERT. F.URNIS.ENT
.TE.U S.ARP BAR.AIN →	AS HOW.V.R COR.ESPONDS [1]

Exercice orthographique sans signification particulière gravé sur les deux faces du *Ready-made à bruit secret* (CW Cat. 238) composé d'une pelote de ficelle prise entre deux plaques de cuivre, elles-mêmes maintenues par quatre longs boulons. Un objet inconnu a été placé par W.C. Arensberg à l'intérieur de la pelote. Les flèches indiquent que la ligne se poursuit par la ligne correspondante de la face opposée.

Apolinère Enameled

Any act red by her ten or epergne, New York, U.S.A.

Ready-made rectifié. New York, 1916-17. L'inscription est obtenue en éliminant certaines lettres d'une affiche publicitaire pour la peinture Sapolin et en en ajoutant d'autres en trompe-l'œil (*Sapolin Enamel*).

Rongwrong

Dear Sir :

Je vous remercie des numéros de 391 que vous m'avez fait parvenir, je viens de les parcourir, et chose extraordinaire, je ne suis pas encore trop aliéné, mais doué d'un tempérament plutôt sanguin, j'ai frisé de près l'attaque d'apoplexie.

Je ne voudrais pas dire trop de mal de vos amis, mais les œuvres d'un certain Picabia m'ont particulièrement irrité. — Est-ce bien le peintre d'autrefois qui évolue ainsi, ou serait-ce un fou qui a pris son nom?

L'exquise psychologue Louise Norton, au grand chapeau, qui, à propos de pissotières, invoque d'une façon si éclectique Montaigne, Nietzsche et Rémy de Gourmont peut seule résoudre ce problème: elle appellera probablement pour ce faire Bergson à la rescousse.

L'esprit automobile du señor Picabia m'a d'abord fait passer par des alternances d'ahurissement et de douce gaieté, mais en fin de compte ma pauvre raison a demandé grâce, car « je déraisonnais à vouloir connaître les raisons. »

Malgré les efforts de son camarade Max Goth, qui me paraît être le chairman du groupe, pour expliquer qu'il peut exister des relations entre un moteur à explosion et une fleur, ces relations sont trop personnelles à l'artiste pour qu'un misérable fils d'Adam puisse s'en rendre compte, la fleur fût-elle Marie Laurencin.

Un vulgaire scientiste comme moi, cherche dans une œuvre d'art, les radiations qui fassent vibrer son esprit d'une façon synchrone avec celui de l'artiste en travail. Notre Picabia ferait peut-être un excellent dessinateur industriel : je le crois capable de faire vibrer ma conscience mécanique, mais il ne fait pas vibrer du tout ma conscience esthétique, ou s'il la fait vibrer, elle vibrera d'une façon anormale fort désagréable pour mon intellect et dangereuse pour ma raison.

Admettons avec un de ses amis que l'automobile soit pour lui « la représentation d'un monde particulier recréé à l'image d'un homme », mais puisque les images sont admises, il me sera permis de dire que votre dessinateur est un drôle de pistolet.

Quant à sa littérature, elle ne m'a fait ni chaud, ni froid. Elle relève d'une École que j'ai fréquentée au cours de ma folle jeunesse, quand René Ghil était à la mode. A 20 ans mon cœur était suivant le moment — Un autel illuminé de cierges — une armoire à glace inexorable — un ruisseau ne battant que d'une aile.

Revenu à ce que je crois de plus saines idées, je n'en suis pas moins plein d'indulgence pour les élucubrations des littérateurs cubistes, et je les trouve même pâles à côté des œuvres de mes anciens camarades de l'École Somptuaire.

Les petites charades de Picabia ne sont pas bien méchantes et la recette en est à la portée de tous. Vous écrivez une phrase ordinaire, puis en relisant vous supprimez de temps en temps quelques mots, de préférence les verbes, vous coupez en lignes plus ou moins régulières, en oubliant soigneusement toute ponctuation, voilà un poème à la Picabia.

N'en déplaise à la charmante Gabrielle Buffet, la musicienne de l'École, la poésie de Picabia me paraît découler de la musique américaine ; de l'accompagnement à contre-temps sur une mélodie que le compositeur n'a pu ou n'a su noter.

Involontairement, en écoutant l'une ou en lisant l'autre, je songe aux vers de Byron :

There is a pleasure on the lonely shore.
There is a rapture in the pathless woods,
There is society where none intrudes.

. . . .

Sincerely yours,
MARCEL DOUXAMI
New Brunswick, May 5, 1917.

In *Rongwrong*, New York, 1917. Bien que Duchamp ait publié lui-même l'unique numéro de cette revue para-dadaïste, le texte original (Bibl. J. Doucet, Paris) n'est pas de la main de M.D.

Recette

3 livres de plume (feather or pen)
5 mètres de ficelle (poids 10 grammes)
25 bougies de lumière électrique.

Marcel Duchamp
1918

Note manuscrite de M.D. reprise en fac-similé dans *V.*

Walter Conrad Arensberg n'a pas encore découvert ce mat et il se contente pour le moment de faire mat le roi.

Marcel Duchamp

Publié initialement dans *Dada* 6 *(Bulletin Dada)*, Paris, février 1920, p. 3. Repris dans l'*Almanach Dada* paru à Berlin en 1920, p. 158, accompagné d'une traduction allemande ainsi conçue : « Walter Conrad Arensberg hat dieses Mittel noch nitch entdeckt, er begnüt sich mit einen Schach dem Kõnig ! Marcel Duchamp. » Dans les deux cas, ce texte répond à la phrase : « Marcel Duchamp ne fait plus d'art, ayant découvert un nouveau mat à la reine, mat fait avec des ficelles et un bonnet de bain en caoutchouc. Louise Margueritte et puis et puis » qui le précède immédiatement.

Ventilation

Sur la question d'une ventilation appropriée, les opinions diffèrent radicalement. Il semble impossible de contenter tout le monde. Notre but est, toutefois, de satisfaire la majorité de nos clients. Le conducteur de ce véhicule ce conformera avec plaisir aux instructions données dans ce sens. Votre coopération sera appréciée.

DADATAXI, Limited

Texte d'une affiche apposée dans les taxis new-yorkais et publiée comme *Ready-made* in *New York Dada*, avril 1921.

Podebal

DE NEW YORK 461 10 - V WESTERN UNION

PODEBAL - DUCHAMP

Télégramme envoyé de New York par M.D. à son beau-frère Jean Crotti, 5, rue Parmentier à Neuilly, le 1er juin 1921, en réponse à une invitation qui lui avait été adressée par les Dadaïstes parisiens de participer au Salon Dada (Galerie Montaigne). Détails dans Schwarz, CW Bib. 13.

Lettre à T. Tzara

Cher vieux,

J'ai vu vos articles dans Vanity Fair et aussi Secession, mais pas encore Munson.

Il y aurait un grand projet possible qui rapporterait vraisemblablement de l'argent —

Ce serait de faire frapper ou faire 4 lettres DADA en métal séparées et réunies par une petite chaîne. Puis faire un prospectus pas très long (3 pages environ dans toutes les langues) — Dans ce prospectus on énumérerait les vertus de Dada : En un mot pour faire acheter l'insigne à tous les gens de province de tous les pays, au prix d'un dollar ou l'équivalent en autres monnaies. — Le fait d'acheter cet insigne sacrerait l'acheteur Dada = on lui expliquerait naturellement qu'il y a 3 sortes de Dadas — Les Dadas anti, les Dadas pro, et les Dadas neutres. Mais que quelles que soient ses opinions, l'insigne protégerait contre certaines maladies, contre les ennuis multiples de la vie, quelque chose comme les Pilules Pink pour tout.

Naturellement l'objection première et la seule est la mise à la poste de 100 000 prospectus à 1 sou. La frappe des lettres en métal ne coûterait pas cher. Le secret de la réussite première serait dans la rédaction alléchante du prospectus (qui à mon avis ne devrait être que le résumé d'une brochure plus longue avec photos qui serait envoyée avec l'insigne).

On recommanderait de porter l'insigne en bracelet, scapulaire, boutons de manchettes, épingles de cravate. — Il y aurait des modèles en argent, or, platine, qui naturellement coûteraient plus d'un dollar. — Il y aurait un agent dans chaque ville importante ; et si vous pouviez diviser le travail en Europe, je pourrais m'occuper des États-Unis.

Naturellement je pense que ça amènerait toute une polémique de la part de bien des Vrais Dadas ; mais tout cela ne ferait que du bien au rendement financier —

Si cela vous intéresse, vous devriez tâcher d'écrire un brouillon de prospectus, je vous enverrai des idées si j'en ai.

Peut-être pourrions-nous commencer en petit.

Aussi sous forme de réclame dans les journaux, revues de province.

Vous comprenez bien mon idée : *rien* de littéraire « artistique » ; pure médecine, panacée universelle, fétiche, dans ce sens : Si vous avez mal aux dents allez chez votre dentiste, et demandez-lui s'il est Dada.

Si vous êtes à bout d'arguments dans une discussion : Dada est la meilleure réponse à n'importe quel « pourquoi », etc.

Si l'idée ne vous intéresse pas dites-le moi quand même — parlez-en à Man Ray ça l'amusera. J'y penserai plus longuement si vous trouvez que ça en vaille la peine.

Je vais aller voir Shadowland dans lequel Kreymborg a écrit un article sur Dada peut-être prendront-ils un article de vous.

Marcel DUCHAMP
1947 Broadway N. Y. CITY

Lettre adressée par Marcel Duchamp de New York à Tristan Tzara. Elle n'est pas datée mais un recoupement permet de la situer en 1921. Trois extraits en ont paru dans l'article de Robert LEBEL « *L'Humour absurde de Marcel Duchamp* » (XXe siècle, nouvelle série n° 8, janvier 1957).

DIEU BOURDELLE DIEU
DE BORDEL DE DIEU

Télégramme envoyé le 18 juin 1923 à Francis Picabia en réponse à une demande de participation à un film.

WANTED
$ 2.000 REWARD

For information leading to the arrest of George W. Welch, alias Bull, alias Pickens, etcetry, etcetry. Operated Bucket Shop in New York under name *Hooke, Lyon* and *Cinquer*. Height about 5 feet 9 inches. Weight about 180 pounds. Complexion medium, eyes same. Known also under name *Rrose Sélavy*.

ON RECHERCHE
$ 2.000 de récompense

pour tout renseignement aboutissant à l'arrestation de George W. Welch, alias Bull, alias Pickens, etcetry, etcetry.
A tenu le bureau d'un courtier marron à New York sous le nom de Hooke, Lyon et Cinquer. Taille environ 5 pieds 9 pouces. Poids environ 180 livres. Teint moyen, yeux moyens. Également connu sous le nom de *Rrose Sélavy*.

Ready-made rectifié, New York, 1923, format affichette 50 × 35 cm. Duchamp découvrit cette affiche style Western dans un restaurant où elle était utilisée pour la publicité d'un magasin new-yorkais. Il se borna à substituer aux deux photos (face et profil) du convict les siennes propres et à ajouter au texte la dernière phrase : « Also known as Rrose Sélavy ».

Sur la deuxième Machine-Optique

Les notes inédites qui suivent, extraites de la correspondance de Duchamp avec Jacques Doucet, serviront à élucider le processus de création de la Rotative, *tout comme les notes de la* Boîte *témoignent de la haute intelligence qui présida à l'élaboration de la* Mariée. *La* Machine, *commandée et financée par Doucet occupa quotidiennement Duchamp pendant le printemps, l'été et l'automne de 1924. Une première machine optique* Rotative plaques de verre, *d'aspect très différent, avait été exécutée pendant le séjour de Duchamp à New York en 1920.*

26 octobre 1923

Rrose Sélavy a un côté « femmes savantes » qui n'est pas désagréable.

7 mars 1924

J'ai trouvé et acheté un pied aujourd'hui — chez Ruppaley fournisseur d'appareils d'électricité médicale.
De là j'ai été chez Mildé et j'ai rendez-vous samedi à 3 heures chez Man Ray avec un « ingénieur » qui me fera un devis après avoir entendu mes désirs.

Samedi 8 mars 1924

Je viens de voir l'ingénieur Mildé. Il est venu chez Man Ray et semble avoir parfaitement compris ce que je voulais : je lui ai donc demandé de faire un devis qu'il doit me livrer Mardi matin.

Mercredi 16 mars 1924

J'ai été hier à 5 heures chez Mildé — et l'ingénieur n'a pas été surpris du refus. Il m'a expliqué que le moule pour le verre coûtait à lui seul 300 F — et chaque tirage 100 ou 150 ; qu'il avait besoin d'un engrenage en fibre, etc. . . . etc. . . . J'ai donc terminé la question en lui disant nettement la somme maximum (2 500). Je lui ai fait sentir que nous pourrions trouver dans le commerce un verre qui pourrait peut-être s'adapter facilement. De même il serait possible d'établir un système à courroie qui éviterait les engrenages coûteux.

4 avril 1924

Je voudrais coller un velours comme fond sur la plaque de tôle qui soutient la spirale. Un velours anglais, un velours de soie ?? Un velours qui rappelle les fonds absolument mats que l'on voit dans les studios de cinéma — 70 *cm* de large sur la même longueur. Peut-être pourriez-vous m'aider à trouver cela ?

[Sans date]

Je vous envoie mon dernier choix (sur les derniers trois). Je préfère le plus noir des deux. Le plus grossier donnerait un gris, comparé à l'autre qui donne un noir rouge. Je ferai faire, quand tout sera fini, des fonds en aluminium peint qu'on pourra appliquer sur le velours et retirer. Chacun donnant un fonds différent.

Mercredi 3 juillet 1924

Voudrais bien prêter mes bras pour le montage du globe. Man Ray en a fait une excellente photo qui paraîtra dans « 391 » [1] — si toutefois vous n'y mettez pas d'objection.

Val de la Haye — Vendredi 8 août 1924

J'ai beaucoup avancé les travaux de montage.

J'ai pu hier matin obtenir les deux plateaux en cuivre, etc. . . . en tôle d'acier : ce qui était la partie la plus importante.

J'ai été porter le tout chez le monteur — et après discussion de prix, je puis vous affirmer que le tout ne dépassera pas 1 000 F.

15 août 1924

Notre mécanicien va travailler pendant ce temps et j'espère qu'avec tous les détails, l'objet marchera fin septembre au plus tard.

Vendredi soir [sans date]

Si vous le voulez bien, dès Mardi ou Mercredi, je pourrai commencer à nettoyer le verre — il me faudra deux ou trois après-midi.

---

1) In *391*, Paris, n° 18, juillet 1924, encart.

15 septembre 1924

Rentré dimanche avec un piètre résultat. J'ai essayé de talonner notre mécanicien. J'ai presque (!) fini de monter le globe à raies sur la 1re plaque. Il s'occupe (!) du moteur. Il a fait faire un triangle en bois pour donner plus d'assise à l'ensemble. En somme, je suis sûr d'y arriver. Il faudra votre patience et la mienne.

Rouen 22 septembre 1924

Votre lettre semble avoir eu un effet magique. Le mécanicien a fait en 1 jour ce qui semblait devoir prendre huit. Nous en sommes maintenant à prévoir une expérience de rotation pour la semaine prochaine. Nous ne sommes pas d'accord sur la question velours. Car c'est le seul moyen d'obtenir une surface vraiment mate et vraiment noire en même temps. Mais nous pouvons faire des essais.

3 octobre 1924

Je reçois votre mot et l'échantillon qui me semble parfait. Le cercle a 0,60 m de diamètre et il en faut donc un peu plus pour rabattre par derrière.
Je m'occupe maintenant du globe de verre que je fais monter sur le cercle en cuivre.
P.S. J'aime beaucoup votre idée de différents éclairages et aussi les fonds que nous ajouterons.

Mercredi [sans date]

Je reçois le velours, parfait j'espère — Vais le préparer seulement — car de toute façon je dois attendre que tout le reste soit fini pour lui mettre ce pardessus.

21 octobre 1924

J'ai porté aujourd'hui la plaque de cuivre extérieure au graveur qui doit y graver en cercle une phrase [1]. Cela et un travail de marbrure

---

1) V. p. 267, note 1.

que je ferai moi-même sur le cuivre donneront à l'objet, même au repos, un aspect curieux. Car, comme vous le dites fort bien, il pourrait devenir fastidieux de le voir tourner trop souvent. Le graveur m'a fait un prix approximatif de 300 F. Le travail sera fini dans 5 ou 6 jours.
Je crois indispensable ce travail de lettres et de marbrures, surtout pour éviter le côté batterie de cuisine qu'a toujours le cuivre rouge. Le reste s'arrange. Je n'ai pas encore placé le velours, j'attends que tout le côté construction soit fini.

Vendredi [sans date]

J'ai enfin vu tourner quelque chose. Je dois voir demain le moteur placé : et si vous êtes libre Lundi après-midi vers 3 heures, j'aimerais vous rencontrer chez Man Ray et vous emmener chez le mécanicien. Vous y verrez l'instrument à l'état brut.

Vendredi 31 octobre 1924

Par-dessus ce que vous avez vu tourner chez Man Ray vient un disque en cuivre rouge supportant le globe en verre : (coupe et profil du globe de verre et du disque de cuivre).
Sur ce disque en cuivre, au bord et tout autour, j'ai fait graver une légende [1] par un graveur — géographe — qui m'a fait un travail remarquable. Je l'ai vu aujourd'hui et je joins ici sa facture de 300 F. La semaine prochaine, tout sera fini.

19 octobre 1925 (?)

Un ami m'a demandé d'exposer le globe que vous avez, me disant que vous aviez accepté de le prêter.
Pour vous dire vrai, je n'y tiens pas. Et je ne le ferai que si vous y tenez.
Toutes les expositions de peinture ou sculpture me font mal au cœur. Et je voudrais éviter de m'y associer.

1) « Rrose Sélavy et moi esquivons les ecchymoses des Esquimaux aux mots exquis. »

Je regretterais aussi qu'on voie dans ce globe autre chose que de « l'optique ».

Sur l'Obligation Monte-Carlo

« Marcel Duchamp a formé une société dont il est Administrateur, etc. Les actions sont en vente au prix de 500 F. L'argent sera utilisé pour exploiter une martingale à Monte-Carlo. Les actionnaires recevront 20 % d'intérêt, etc. Quelques actions viennent d'arriver dans ce pays et leur facture est très amusante. Elles comportent une roue de roulette recouverte d'une photo de Marcel assez diabolique. Elles sont signées deux fois de sa main. Rrose Sélavy (nom sous lequel Marcel est presque aussi connu que sous son patronyme réel) apparaît comme président de la société. Toute personne cherchant à investir de l'argent dans des curiosités artistiques trouvera là l'occasion d'acquérir un parfait chef-d'œuvre. La signature de Marcel à elle seule vaut bien plus que les 500 F demandés. Marcel a abandonné complètement la peinture et consacré la majeure partie de son temps aux échecs pendant les quelques dernières années. Il doit se rendre à Monte-Carlo en janvier pour lancer les opérations de sa nouvelle société. »

The Little Review, vol. X, nº 2, New York, automne et hiver 1924-25, p. 18, rubrique de Jane Heap, signée jh. Traduit de l'anglais.

Extraits des Statuts

Art. 1er. — La Société a pour objet :

1º L'exploitation de la roulette de Monte-Carlo dans les conditions ci-après.

2º L'exploitation du Trente et Quarante et autres mines de la Côte d'Azur sur délibération du Conseil d'Administration.

Art. 2. — Le rendement annuel est basé sur un système à montante, éprouvé sur cent mille boules, propriété exclusive du Conseil d'Administration.

L'application du système aux chances simples permet de servir un dividende de 20 %.

Art. 3. — La Société pourra, sur délibération de l'Assemblée Générale, rembourser tout ou partie des obligations au plus un mois

Art. 4. — Le paiement des coupons aura lieu le 1er Mars de chaque année ou par semestre, au gré des actionnaires.

Ces statuts figurent au verso de l'*Obligation Monte-Carlo.*

Café de Paris
Monte-Carlo
Téléphone : 2-50

Le jeudi [sans date] 1924

Avec un tout petit capital j'expérimente ma combinaison depuis 5 jours. J'ai gagné régulièrement tous les jours — de petites sommes — en 1 heure ou 2.

Je perfectionne encore et j'espère rentrer à Paris avec le système tout à fait au point.

C'est d'une monotonie délicieuse. Pas la moindre émotion. Le problème consiste d'ailleurs à trouver la figure rouge et noire à opposer à la roulette.

La martingale n'a pas d'importance. Elles sont toutes bonnes et toutes mauvaises.

Mais avec la bonne figure, même une mauvaise martingale pourra tenir. Et je crois avoir trouvé une bonne figure. Vous voyez que je n'ai pas cessé d'être peintre, je dessine maintenant sur le hasard.

Lettre à Francis Picabia (inédite)

Monaco, mardi [sans date] 1924

J'ai commencé à jouer et la lenteur des progrès en plus ou en moins est une épreuve de patience. Je me promène dans l'égalité, ou

je marque le pas de façon inquiétante pour ladite patience. Mais enfin, faire cela ou autre chose...
Je ne suis ni ruiné ni milliardaire et ne serai jamais ni l'un ni l'autre.

Paris, 16 janvier 1925

J'ai mis à la poste tout à l'heure l'obligation dont nous avons parlé hier. Elle s'expliquera d'elle-même. J'ai beaucoup travaillé le système, appuyé de ma mauvaise expérience de l'année dernière. Ne soyez pas trop sceptique, car il s'agit dans ce cas d'avoir cru éliminer le mot hasard. Je voudrais avoir forcé la roulette à devenir un jeu d'échecs. Prétention et sa suite : mais j'aimerais tant payer mes dividendes.

2 décembre 1925

Enfin ci-joint les 50 F que je vous dois pour 6 mois de l'obligation Monte-Carlo.

Lettres à Jacques Doucet (inédites).

Les hommes au miroir

Souvent le miroir les emprisonne et les retient fermement. Ils se tiennent devant lui, fascinés. Ils sont absorbés, séparés de la réalité, et seuls avec leur vice le plus cher, la vanité. Ils peuvent bien faire connaître à tous tous leurs autres vices ; mais ce secret-là, ils le gardent bien et le renient même devant leurs amis les plus intimes.

Les voici en contemplation devant ce paysage qui est eux-mêmes, les montagnes de leur nez, les défilés et replis de leurs épaules, de leurs mains et de leur peau, auxquels les années les ont si bien accoutumés qu'ils ne savent plus comment ils ont évolué ; et les multiples forêts vierges de leur chevelure. Ils méditent, ils sont satisfaits, ils tentent de s'appréhender dans leur ensemble. Les femmes leur ont appris que le pouvoir ne sert à rien. Les femmes leur ont dit ce qui attirait chez eux, ils ont oublié ; mais maintenant ils se rassemblent comme une mosaïque faite de ce qui en eux a plu aux femmes. Car ils ne savent pas d'eux-mêmes ce qui plaît chez eux. Seuls les hommes beaux sont sûrs d'eux, mais les hommes beaux ne sont pas faits pour l'amour : ils se demandent, au meilleur moment même, si cela leur va bien. Faites pour l'amour sont ces grandes laides choses qui portent orgueilleusement leur visage devant eux comme un masque. Les grands taciturnes qui derrière leur silence cachent beaucoup ou ne cachent rien.

Mains effilées, aux doigts longs ou courts, propres à l'étreinte. La nuque qui s'élève abruptement pour se perdre à la lisière de la forêt de la chevelure, la douce courbe de la peau derrière une oreille, la moule mystérieuse du nombril, les cailloux plats des rotules, les articulations de leurs chevilles qu'une main enveloppe pour les empêcher de sauter — et au-delà des régions plus éloignées et encore inconnues du corps, plus vieux que lui, beaucoup plus usé, ouvert à tous les accidents : ce visage, toujours ce visage qu'ils connaissent si bien. Car ils n'ont un corps que la nuit, et encore le plus souvent dans les bras d'une femme. Alors que leur visage, toujours présent, les accompagne partout.

Le miroir les regarde. Ils se recueillent. Soigneusement, comme s'ils nouaient leur cravate, ils composent leurs traits. Insolents, sérieux et conscients de leur apparence, ils se retournent pour affronter le monde.

Rrose Sélavy

In Man Ray, *Photographies 1920-1934*, Paris, Cahiers d'Art, 1934, p. 67. L'original allemand de cette étude (*Mann vor dem Spiegel*) apparaît à la page suivante. Ce texte est apocryphe et constitue en quelque sorte un *ready-made* littéraire. Composé par une amie allemande de Man Ray, L.D., dans sa langue maternelle, puis traduit en anglais, il fut ensuite signé par M.D. (*Rrose Sélavy*).

Transformateur...

Transformateur destiné à utiliser les petites énergies gaspillées comme :
l'excès de pression sur un bouton électrique.
l'exhalaison de la fumée de tabac.
la poussée des cheveux, des poils et des ongles.
la chute de l'urine et des excréments.
les mouvements de peur, d'étonnement, d'ennui, de colère.
le rire.
la chute des larmes.
les gestes démonstratifs des mains, des pieds, les tics.
les regards durs.
les bras qui en tombent du corps.
l'étirement, le baillement, l'éternuement.
le crachement ordinaire et de sang.
les vomissements.
l'éjaculation.
les cheveux rébarbatifs, l'épi.
le bruit de mouchage, le ronflement.
l'évanouissement.
le sifflage, le chant.
les soupirs, etc. . . .

AHN, p. 225.

Physique de bagage

Calculer la différence entre les volumes d'air déplacés par une chemise propre (repassée et pliée) et la même chemise sale.

Ajustage de coïncidence d'objets ou partie d'objets ; la hiérarchie de cette sorte d'ajustage est en raison directe du « disparate ».

In *London Bulletin*, n° 13, 15 avril 1939, p. 12.

Carte interzone à A. Breton

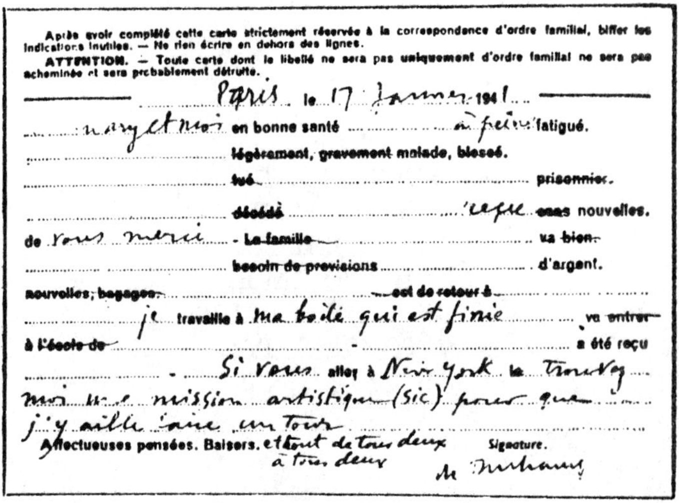

Après avoir complété cette carte strictement réservée à la correspondance d'ordre familial, biffer les indications inutiles. — Ne rien écrire en dehors des lignes.

ATTENTION. — Toute carte dont le libellé ne sera pas uniquement d'ordre familial ne sera pas acheminée et sera probablement détruite.

Paris le 17 Janvier 1941

Mary et moi en bonne santé à peine fatigué.

~~légèrement, gravement~~ malade, blessé.

~~tué~~ prisonnier.

~~décédé~~ reçu ~~sans~~ nouvelles.

de vous merci - ~~La famille~~ va ~~bien.~~

~~besoin de provisions~~ d'argent.

~~nouvelles, bagages.~~ ~~est de retour à~~

je travaille à ma boîte qui est finie va ~~entrer~~

à ~~l'école de~~ a été reçu

Si vous allez à New York trouvez moi une mission artistique (sic) pour que j'y aille faire un tour

Affectueuses pensées. Baisers. et tout de tous deux à tous deux

Signature. M. Duchamp

In *View*, nº 7-8, octobre-novembre 1941, p. 5. Fac-similé d'une carte — seule correspondance admise par les autorités d'occupation en 1941 — expédiée par Marcel Duchamp de Paris à André Breton, alors à New York.

Infra-mince

QUAND
LA FUMÈE DE TABAC
SENT AUSSI
DE LA BOUCHE
QUI L'EXHALE,
LES DEUX ODEURS
S'ÉPOUSENT PAR
INFRA-MINCE

Marcel Duchamp

Imprimé en pleine page, en caractères variés, dans *View*, n° spécial sur Marcel Duchamp, New York, série V, n° 1, couv. IV. Repris dans *Les Quatre vents*, n° spécial sur « le langage surréaliste », n° 8, 2e trimestre 1947 ; et dans CW, pp. 519-520. V. commentaire de Denis de Rougemont : « Duchamp, mine de rien », bib. B 178.

SURcenSURE

SOYONS SÉRIEUX
Je tiens à dire tout d'abord que
....
....
...................qu'il est le premier du monde, et supérieur notamment..................
Nous approuvons d'avance......
........qu'il ordonne ....
....
nous sommes convaincus que ...
......inspirés par la plus haute raison.
Nous nous en tiendrons donc volontiers ....
....
........le malheur est........
....
....
lequel en est donc tout à fait innocent ....
....
...................fait à la fois notre joie et notre désespoir.

....
....
....
....
obligés de tartiner chaque jour sur la physionomie ....
....
....
.........C'était un tour de force
....
camarades de la Phynance, comme disait le père Ubu ......
....
....
....
....
....
Mais attention !
....
....

In *L'Usage de la Parole*, n° 1, Paris, déc. 1939, p. 16; trad. angl. in *Art of this Century*, New York, Éd. Peggy Guggenheim, 1942, pp. 58-59; trad. suéd. de E. Lindegreen et I. Laaban in *Salamander*, n° 1, Malmö, 1955, p. 12.

Sens :

On peut voir regarder. Peut-on entendre écouter, sentir humer, etc....? (M.D.)

In Da Costa, *Le Memento Universel*, fasc. 1, Paris, 1948. Variante d'une note de la « Boîte 1914 ».

Il Reale Assoluto

NOUS, MARCEL DUCHAMP,

déclarons à toutes fins utiles que le porteur du présent
CERTIFICAT INALIÉNABLE ET INTRANSMISSIBLE

est lecteur agréé et agrégé du recueil de poèmes de
ARTURO SCHWARZ

intitulé

IL REALE ASSOLUTO

Le porteur de ce *Certificat Inaliénable et Intransmissible* est seul détenteur du *Droit de Libre Lecture* du dit recueil et a versé pour jouir de ce privilège la somme de mille lires italiennes.

Fait en cent exemplaires numérotés et signés en notre résidence habituelle à New York le 29 février de l'année bissextile 1964.

Illustration pour le recueil de poèmes d'Arturo Schwarz, *Il Reale Assoluto*, publié par son auteur à Milan, en 1964. Reproduit sur la couverture de l'édition courante de ce recueil. CW Cat. 368.

NOTES BIBLIOGRAPHIQUES

L'œuvre plastique et « littéraire » de Marcel Duchamp ayant fait l'objet, ces dernières années d'un inventaire quasi exhaustif, on s'est borné ici à donner une liste sommaire des publications essentielles de et sur notre auteur.

Pour le reste, le lecteur pourra consulter avec profit la somme d'Arturo Schwarz *The Complete Works of Marcel Duchamp* (bib. 195) qui contient plusieurs bibliographies, index et appendices. Pour la période 1968-1972, on se reportera à la mise à jour des travaux de Schwarz publiée par Robert Lebel dans la récente édition allemande de son *Marcel Duchamp* (bib. 118). Enfin, le remarquable catalogue établi par Kynaston McShine et Anne d'Harnoncourt pour la Rétrospective Duchamp aux musées de Philadelphie, New York et Chicago en 1973-1974 renferme une mine de renseignements bibliographiques et des documents inédits.

Des indications plus précises intéressant les bibliophiles ont été consignées par Poupard-Lieussou dans l'édition originale du *Marchand du Sel.*

Parmi les innombrables enregistrements, interviews, émissions télévisées ou radiodiffusées, articles et échos de la presse quotidienne et périodique, nous avons dû faire un choix non exempt de quelque arbitraire.

Rappelons une liste des abréviations figure à la p. 6.

A

ÉCRITS DE MARCEL DUCHAMP

On trouvera ci-dessous, classé par ordre chronologique de rédaction ou de première publication, l'essentiel de la production écrite de Marcel Duchamp. Lorsque ces textes sont reproduits dans le présent volume, la pagination correspondante est indiquée.

Page

A 1. [La Boîte 1914] CW Bib. 1.

A 2. « A Complete Reversal of Art Opinions by Marcel Duchamp Iconoclast ». In *Art and Decoration*, n° 11, New York, sept. 1915, CW Bib. 2.

A 3. « THE ». In *Rogue*, New York, n° 1, oct. 1916, CW Bib. 6.

A 4. *The Blind Man*, New York, n° 1, 10 avril 1917 ; n° 2, mai 1917, CW Bib. 7, 8.

A 5. *Rongwrong*, New York, mai 1917, CW Bib. 9.

A 6. « Walter Conrad Arensberg n'a pas encore découvert . . . » In *Bulletin Dada* [Dada 6], Paris, févr. 1920, p. 3, CW Bib. 10.

A 7. [Cheque Tzanck]. In *Cannibale*, n° 1, Paris, 25 avril 1920, p. 13, CW 263.

A 8. « Dada soulève tout », janv. 1921, CW Bib. 11.

A 9. *New York Dada*, New York, avril 1921, CW Bib. 12.

A 10. « Po de bal », New York, 1er juin 1921, CW Bib. 13.

A 11. « Mâcheur Fran[cfortSau]cisse . . . . » : I. In *391*, n° 15, Paris, juillet 1921, p. 4. II. In *View*, n° 1 [M.D.], New York, mars 1945, p. 36, CW Bib. 14.

A 12. « Si vous voulez une règle de grammaire . . . ». In *391*, n° 15 [Le Pilhaou-Thibaou], Paris, juillet 1921, p. 4, CW Bib. 14.

A 13. « En 6 qu'habilla Rrose Sélavy ». Note ms. sur *L'Œil Cacodylate*, tableau de F. Picabia, Paris, 1921, CW Bib. 15.

A 14. « Walter Conrad Arensberg n'a pas encore découvert . . . » I. In *Bulletin Dada/Dada 6*, Paris, févr. 1920, p. 3. II. In *Dada Almanach*, Berlin, Eric Reiss Verlag, 1921, p. 158 [Réimpr. New York, Something Else Press, 1966]. Trad. all. CW Bib. 10.

A 15. *Some French Moderns says McBride*. New York, Société Anonyme Inc./Melomime Publ., Inc., 1922, C.W. 277.

A 16. « Il faut dire : la crasse du tympan et non . . . » In *Le Cœur à Barbe*, Paris, avril 1922, p. [5], CW Bib. 16.

A 17. « Can a Photograph have the Significance of Art? » In *Manuscripts*, n° 4, New York, déc. 1922, p. 2, CW Bib. 20.

A 18. [Lettres à Jacques Doucet]. A propos de la deuxième machine-optique, oct. 1923-1925, CW Bib. 123.

A 19. [6 jeux de mots]. In *Littérature*, n° 5, Paris, déc. 1922, CW Bib. 17.

A 19 bis. « Leçons du soir et du matin . . . » In *Littérature*, n° 10, Paris, mai 1923, p. 10, CW Bib. 21.

A 20. « Rrose Sélavy et moi estimons les ecchymoses . . . » In *391*, n° 18, Paris, juillet 1924, CW 281.

A 21. *Roulette de Monte-Carlo*. In *The Little Review*, n° 2, New York, Automne-hiver 1924-25, p. 18.

A 22. *Roulette de Monte-Carlo*. Statuts. Au verso de l'Obligation, 1924, CW 280.

A 23. [17 jeux de mots]. In Pierre de Massot, *The Wonderful Book*, Paris, s.n.e., 1924, CW Bib. 22.

A 24. *Anémic Cinéma*. Paris, 1925-1926, CW 287, 289.

A 25. « 80 Picabias ». In Cat. vente Picabia, Paris, Hôtel Drouot, 8 mars 1926, encart., CW Bib. 24.

A 26. « La Mariée mise à nu par ses célibataires, mêmes [sic] ».

In *Le Surréalisme au service de la Révolution*, nº 2, Paris, oct. 1930.

A 27. « Formule de l'opposition hétérodoxe dans les domaines principaux » (L'opposition et les cases conjuguées sont réconciliées). [Extraits d'A 28]. In *Le Surréalisme au service de la Révolution*, nº 2, Paris, oct. 1930, CW Bib. 25.

A 28. *L'Opposition et les cases conjuguées sont réconciliées.* (Av. V. Halberstadt). Bruxelles, L'Échiquier-Edmond Lancel ; Saint-Germain-en-Laye, Legrain, 1932, CW Bib. 25.

A 29. « The Bride Stripped Bare by her Own Bachelors ». In *This Quarter*, nº sp. surréaliste, nº 1, sept. 1932, CW Bib. 30 a.

A 30. [Lettre] (Av. V. Halberstadt). In *L'Échiquier*, Bruxelles, sept.-oct. 1932, p. 1810, CW Bib. 26.

A 31. *Francis Picabia par Gertrude Stein.* Trad. fr. d'un poème de G.S., in Cat. exp. Picabia, Paris, Galerie L. Rosenberg, 1er-24 décembre 1932, CW Bib. 27.

A 32. *Comment il faut commencer une partie d'échecs*, par Eugène Znosko-Borovsky. Version fr. de M.D. I. Paris, *Les Cahiers de l'Échiquier français*, coll. « Les "Comment" de l'Échiquier », nº 2, 1933. II. Paris, Marcel Ledun ; Lille, S.P.E.D., 1954, CW Bib. 29.

A 33. *La Mariée mise à nu par ses Célibataires, même* [Boîte verte]. I. Paris, Éd. Rrose Sélavy, 1934. II. In MDS. III. Tr. angl. de George Heard Hamilton. New Haven, The Readymade Press, 1957. IV. Tr. angl., in *Salt Seller*, New York, Oxford Univ. Press, 1973, CW Bib. 30.

A 34. « Men before the Mirror ». In *Man Ray. Photographies 1920-1934*. Paris, *Cahiers d'Art*, 1934 [Texte angl. et all.], CW Bib. 31.

A 35. « Recette ». In *Boîte-en-valise*, bib. A 53, CW Bib. 46.

A 36. *Morceaux moisis.* In *Boîte-en-valise*, bib. A 53, CW Bib. 47.

A 37. « La Mariée mise à nu par ses Célibataires, même ».

In *Le Surréalisme au service de la Révolution*, nº 5-6, Paris, 15 mai 1935, CW Bib. 30 b.

A 38. « Leçons du soir et du matin . . . ». In Exp. de dessins surréalistes, Paris, Galerie Quatre Chemins, 13-31 décembre 1935 [Variante de A 19 bis], CW Bib. 21.

A 39. *Rotoreliefs*, CW 294.

A 40. « The Bride ». Trad. angl. de Julien Lévy. In Julien Lévy. *Surrealism*. The Black Sun Press, New York, 1936, CW Bib. 30 c.

A 41. [Note]. In Exp. de peintures dada, paysages récents par Francis Picabia. Paris, Galerie de Beaune, 19 nov.-2 déc. 1937.

A 42. *La Carte surréaliste garantie*. Carte postale représentant « 50 cc air de Paris », Paris, G. Hugnet, 1937, CW 264.

A 43. [Citation]. In *L'Humour noir*. Conf. d'André Breton à la Comédie des Champs-Élysées, 9 oct. 1937 [Variante de A 19 bis], CW Bib. 21.

A 44. « Rendez-vous du dimanche 6 février 1916 ». I. In *Minotaure*, nº 10, Paris, hiver 1937. II. In *Boîte-en-valise*, bib. A 53. III. In Da Costa, *Mémento Universel*, Paris, 1948, fasc. II, art. « Toir » [Extrait]. IV. Trad. angl. In Cat. Exp. Guggenheim, New York, 1957 [Extrait]. Plusieurs autres réimpr. non citées, CW Bib. 36.

A 45. *Dimensionnisme*. Manifeste collectif. In *Plastique*, Paris, 1938, CW Bib. 35.

A 46. « Teinturerie Rrose Sélavy . . . » In *Dictionnaire abrégé du Surréalisme*. Paris, Galerie des Beaux-Arts, 1938 [Variante de A 19 bis], CW Bib. 21.

A 47. *Exposition Internationale du Surréalisme*. Générateur-arbitre : Marcel Duchamp, Paris, Galerie des Beaux-Arts, janv.-févr. 1938, CW 304.

A 48. « Oseur d'influence, aux heures d'affluence ». In *London Bulletin*, nº 13, Londres, avril 1939, p. 12, CW Bib. 39.

A 49. *Rrose Sélavy*, Paris, G.L.M., coll. « Biens Nouveaux », dir. par Henri Parisot, nº 4, 1939, CW Bib. 38.

A 50. « SURcenSURE ». I. In *L'Usage de la Parole*, nº 1, Paris, déc. 1939, p. 16. II. Trad. angl. In Cat. Coll. *Art of this Century*, éd. Peggy Guggenheim, New York, 1942, pp. 58-59. III. Trad. suéd. In *Salamander*, nº 1, Malmö, 1955, p. 12, CW Bib. 40.

A 51. *L'Homme qui a perdu son squelette.* Roman collectif. Collab. [apocryphe ?] de M.D. In *Plastique*, nº 4, pp. 2-6 ; et nº 5, pp. 2-9, Paris, 1939, CW Bib. 41.

A 52. « Transformateur . . . ». In *Anthologie de l'Humour noir*, Paris, Sagittaire, 1940, p. 225. Rééd., CW Bib. 42.

A 53. *Boîte-en-valise.* 1er tirage à 20 ex., tirage total 300 ex. Paris, puis New York, 1941-1942 ; Paris, 1958-1968, CW 311.

A 54. [Carte-correspondance à André Breton]. In *View*, nº 7-8 (nº surréaliste édité par Nicolas Calas), New York, oct.-nov. 1941, CW Bib. 45.

A 55. *VVV.* Almanach, nº 2-3, New York, mars 1943, CW 316.

A 56. *La Parole est à Péret.* Manifeste collectif, New York, éd. Surréalistes, 28 mai 1943, CW Bib. 49.

A 57. « Quand la fumée . . . ». I. In *View*, nº 1 (M.D.), New York, mars 1945, couv. 4. II. In *Les Quatre Vents*, nº 8, Paris, mars 1947, p. 7, CW Bib. 50.

A 58. In *IIIe Convoi*, nº 3, Paris, nov. 1946.

A 59. « Eleven Europeans in America ». Interview av. James Johnson Sweeney. In *Museum of Modern Art Bulletin*, nº 4-5, New York, 1946, CW Bib. 55.

A 60. « Jurors are always Apt to be Wrong ». In Cat. Exp. *The Temptation of St. Anthony*, Washington, The American Federation of Arts, 1946, p. 3, CW Bib. 57.

A 61. *Exposition Internationale du Surréalisme.* Présentée par André Breton et Marcel Duchamp. Cat. *Le Surréalisme en 1947*, Paris, Pierre à Feu, Maeght Éd., 1947, CW 328.

A 62. « Je soussigné déclare connaître . . . ». Télégr. à Antoine

Pevsner. In Cat. Exp. Pevsner, Paris, Galerie Drouin, juin 1947, CW Bib. 58.
A 63. « Sens ». In Da Costa, *Le Memento Universel*, fasc. 1, Paris, Jean Aubier, 1948, CW Bib. 62.
A 64. « [Ombres portées] ». I. In *Instead*, nº 1, New York, févr. 1948, n.p. II. Tr. angl. d'A. Schwarz, in *The Large Glass and Related Works*, bib. B 197. III. In A. Schwarz, *Notes and Projects for the Large Glass*, bib. B 200, CW Bib. 60.
A 65. « -toir ». In *Mémento Universel Da Costa*, fasc. 2, Paris, 1949.
A 66. « Francis Picabia est une vis . . . ». In *491*, Paris, Galerie Drouin, 4 mars 1949, CW Bib. 63.
A 67. « When a Picture shocks it is nothing ». In « The Great Armory Show », *Life*, New York, 2 janv. 1950, p. 60, CW Bib. 66.
A 68. « [A Tribute to the Artist] ». In Cat. Rétrosp. Charles Demuth, New York, Museum of Modern Art, 7 mars-11 juin 1950, CW Bib. 68.
A 79. « Terminologistes amateurs . . . ». In Cat. Exp. Hans Richter, Paris, Galerie des Deux-Iles, 10-28 févr. 1950; Bâle, Galerie d'Art Moderne, 11-29 mars 1950, CW Bib. 67.
A 70. [Extraits des « notes » de la *Mariée*]. In Robert Motherwell, *Dada Painters and Poets*, New York, Wittenborn, 1951, pp. XXVII-XXVIII. [Trad. angl. de bib. A 26], CW Bib. 30 f.
A 71. *Collection Société Anonyme.* 33 notes critiques de M.D. pour le cat. *Collection of the Société Anonyme Museum of Modern Art 1920*, New Haven, Yale University Art Gallery, 1950, CW Bib. 69.
A 72. « A Family Affair ». In *Time*, New York, 11 mars 1952, p. 82, CW Bib. 74.
A 73. « La Gaia pittura . . . ». Carte invit. exp. Enrico Donati, New York, Alexander Iolas Gallery, 14 avril-15 mai 1952, CW Bib. 76.
A 74. « Francis Picabia ». In *Dau al Set*, Barcelone, août-

septembre 1952. [Trad. fr. par Angèle Lévesque d'une note publiée en anglais dans le cat. Société Anonyme, bib. A 72], CW Bib. 69 a.

A 75. « Kurt Schwitters 1887-1968, by Tristan Tzara ». [Trad. angl. d'un texte fr. de Tzara]. In Cat. Exp. Schwitters, New York, Sidney Janis Gallery, 13 oct.-8 nov. 1952, CW Bib. 78.

A 76. « Les Toiles, c'est laid ». Papier gommé distribué à la Galerie Surréaliste « A l'Étoile scellée », Paris, déc. 1952. [Apocryphe ?], CW Bib. 80.

A 77. [Lettre]. In Eleanor Bitterman, *Art in Modern Architecture*, New York, Reinhold, 1952, p. 152, CW Bib. 81.

A 78. « Lettre de Sidney Janis à Jean Arp ». [Trad. fr. d'un texte angl. de Janis]. Préf. [janv. 1953] au Cat. Exp. *Dada 1916-1923*, New York, Sidney Janis Gallery, 15 avril-9 mai 1953 [org. par M.D.], CW Bib. 82.

A 79. « Dada is Art by Tristan Tzara ». [Trad. angl. d'un texte fr. de Tzara]. In Cat. Exp. *Dada 1916-1923*, New York, Sidney Janis Gallery, 15 avril-9 mai 1923 [org. par M.D.], CW Bib. 83.

A 80. « [Dada] ». In *Life*, New York, 25 mai 1953, CW Bib. 84.

A 81. « A Guest + a Host = a Ghost ». Envel. de bonbons distr. à l'Exp. Bill Copley, Paris, Galerie Nina Dausset, déc. 1953, CW Bib. 86.

A 82. [Lettre]. In *Médium*, nouv. série, n° 2, Paris, févr. 1954, p. 12, CW Bib. 88.

A 83. [Citation sur Raymond Roussel]. In Michel Leiris, « Conception et réalité chez Raymond Roussel ». In *Critique*, n° 89, Paris, oct. 1954, p. 828, CW Bib. 89.

A 84. « Non car . . . ». In *Combat-Art*, Paris, 6 déc. 1954, p. 1, CW Bib. 92.

A 85. [Citation sur la liberté]. In *Dictionnaire de la Peinture moderne*, Paris, Hazan, 1954, p. 84, CW Bib. 94.

A 86. [Lettre à André Breton]. I. In *Médium*, n° 4, Paris, janv.

1955, p. 33. II. In Octavio Paz, *Marcel Duchamp ou le Château de la pureté*, Bib. B 185, CW Bib. 95.

A 87. *A Conversation with Marcel Duchamp and James Johnson Sweeney*. Int. filmé de M.D. par J.-J. S., réalisé en 1955 par Robert D. Graff, diffusé en janv. 1956 par la N.B.C., CW Bib. 97.

A 88. « C'est fini la peinture. Qui fera mieux que cette hélice ? » Cit. apocryphe de M.D. I. In *Les Clefs de l'Art moderne*, Paris, la Table ronde, 1955. II. In Cat. Exp. Fernand Léger, Paris, Musée des Arts Décoratifs, juin-oct. 1956, p. 30. III. In Cat. Exp. *50 ans d'Art moderne*, Bruxelles, Palais Intern. des Beaux-Arts, 17 avril-21 juillet 1958, n.p., CW Bib. 98.

A 89. « The Mary Reynolds Collection ». Préf. [New York 1956] au cat. *Surrealism and its Affinities*, Chicago, The Art Institute, 1956, pp. 5-6, CW Bib. 99.

A 90. *Dada 1916-1923*. [Exp. org. et cat. comp. par M.D.]. New York, Sidney Janis Gallery, 15 avril-9 mai 1953, CW 336.

A 91. *Jacques Villon, Raymond Duchamp-Villon, Marcel Duchamp*. [Exp. org. et cat. comp. par M.D.]. New York, Musée Solomon R. Guggenheim, 8 janv.-17 févr. 1957, CW 341.

A 92. « The Creative Act/Le Processus créatif ». Texte d'une intervention de M.D. à l'American Federation of Arts, Houston, Texas, 1957. I. In *Newsletter*, American Federation of Arts, Houston, avril 1957. II. In *Art News*, nº 4, New York, été 1957, pp. 28-29. III. Trad. fr. par M.D. in MDS., bib. B. 188, pp. 169-172. IV. Trad. fr. par M.D. in R. Lebel, *Sur Marcel Duchamp*, bib. B 118, pp. 77-78. V. Trad. esp. in O. Paz, *Marcel Duchamp ou le Château de la Pureté*, bib. B 158, pp. 77-78, CW Bib. 104.

A 93. [Lettre à Tristan Tzara (1921)]. I. In R. Lebel, « L'Humour absurde de M.D. », in *XXe Siècle*, nouv. série, nº 8, Paris, janv. 1957, p. 12. II. In MDS., bib. B 188, pp.

180-182. III. Alès (Gard), P.A.B., déc. 1958. IV. Trad. angl. de G.H. Hamilton. In R. Lebel, *Sur Marcel Duchamp*, bib. B 118, pp. 96-97, CW Bib. 111.

A 94. [Note]. In Cat. Exp. *50 ans d'Art Moderne*. Exp. Univ. et Intern. de Bruxelles 1958, Palais Intern. des Beaux-Arts, 17 avril-19 oct. 1958, CW Bib. 98.

A 95. « Il y a 70 ans, jeune Gargantua, ... « I. In Cat. Exp. Hans Richter, Washington, The Institute of Contemporary Arts, 6 avril-11 mai 1958. II. Trad. fr. in Cat. Exp. Hans Richter, Berlin, Akademia der Kunste, 17 oct.-16 nov. 1958. III. Trad. fr. in MDS., bib. B 188, p. 174. IV. Trad. fr. in Cat. Exp. Hans Richter, Paris, Galerie Denise René, 4-31 mars 1960, CW Bib. 107.

A 96. « Possible ». I. Alès (Gard), P.A.B., juin 1958. II. In *691*, Alès, P.A.B., 1959, p. 1. III. Trad. angl. in A. Schwarz, *The Large Glass and Related Works*, bib. B 197. IV. Trad. esp. in O. Paz, *Marcel Duchamp ou le Château de la Pureté*, bib. B 158, CW Bib. 108.

A 97. « Il n'est pas certain que je revienne à la peinture ». Int. av. Alain Jouffroy in *Arts*, n° 694, Paris, 29 oct. 1958, p. 12, CW Bib. 109.

A 98. *L'Équilibre*. Alès, P.A.B., août 1958, CW 346.

A 99. MAGES. Idéogramme de M.D. pour le Cat. de l'Exp. *Le Dessin dans l'Art Magique*, Paris, Galerie Rive Droite, 21 oct.-20 nov. 1958.

A 100. « Des Magritte en cher, en hausse ... ». In Carte invit. Exp. René Magritte, New York, Alexander Iolas Gallery, 2-28 mars 1959, CW Bib. 115.

A 101. « Granell en son ... ». In Cat. Exp. E.F. Granell, New York, Bodley Gallery, 23 mars-4 avril 1959, CW Bib. 116.

A 102. « Man Ray, n.m. ... ». I. In Cat. Exp. Man Ray, Londres, Inst. of Cont. Art, 31 mars-25 avril 1959. II. In Cat. Exp. Man Ray, Paris, Galerie Rive Droite, oct. 1959 ; New York, Alexander Iolas Gallery, nov. 1959. III. In

Man Ray, *Self Portrait/Autoportrait*, bib. B 141, CW Bib. 117.

A 103. « Mina's Poems à 2 dimensions 1/2 ». I. In Carte invit. Exp. Mina Loy, New York, Bodley Gallery, 14-25 avril 1959. II. In MDS., bib. B 188, p. 175, CW Bib. 118.

A 104. « Je purule, tu purules, la chaise purule . . . ». In *Boîte alerte*, cat. Exp. Int. Surréalisme 1959-1960, Paris, Galerie Daniel Cordier, déc. 1959, CW Bib. 127.

A 105. [Lettre à Jean Crotti du 17 août 1952]. In Cat. Exp. Jean Crotti, Paris, Musée Galliera, 11 déc. 1959-11 janv. 1960, n.p., CW Bib. 135.

A 106. « Cops Pullulate, Copley copulates . . . ». In Carte inv. Exp. Bill Copley, New York, Alexander Iolas Gallery, 9-28 janv. 1960, CW Bib. 134.

A 107. « Si la scie scie la scie . . . ». In Annonce d'un *Homage to New York*, de Jean Tinguely, organisé au Museum of Modern Art de New York le 17 mars 1960, CW Bib. 135.

A 108. *Should the Artist go to College?* Allocution de M.D. à un colloque organ. à Hofstra le 13 mai 1960.

A 109. « Mi Sol Fa Do Ré ». In Cat. Exp. Michel Cadoret-Edgar Varèse, *La Passoire à Connerie*, New York, Galerie Norval, 14 nov.-15 déc. 1960, CW Bib. 137.

A 110. *Quatre inédits de Marcel Duchamp*. Alès, P.A.B., 1960, CW Bib. 141.

A 111. « Fusils et fusées d'un Refusé . . . ». In Cat. Exp. Kurt Seligmann, New York, Gallery d'Arcy, 1960, CW Bib. 143.

A 112. « Where do we go from here ». Intervention (inédite) de M.D. lors d'un colloque organisé au Philadelphia Museum of Art le 20 mars 1961, CW Bib. 145.

A 113. « Apropos of Ready-mades ». I. In *Dossiers acénonètes du Collège de Pataphysique*, n° 17, Paris, déc. 1961, pp. 87, 88 [Extraits]. II. In *Subsidia Pataphysica*, n° 2, août 1966, pp. 87, 88 [Extraits]. III. In *Art and Artists*, Londres, n° 4, juillet 1966, pp. 7-11, CW Bib. 149 et 207.

A 115. « Une NNNNNNNNNNNN de récifs OSCILL . . . »

In Cat. Exp. Enrico Donati, Bruxelles, Palais des Beaux-Arts, 21 oct.-5 nov. 1961, CW Bib. 150.

A 116. [Allocution]. Prononcée par M.D. au Community Arts Auditorium de Wayne State University le 29 nov. 1961, lors de la collation du grade de Docteur Honoris Causa, CW Bib. 151.

A 117. « Il arrange or, jus n'y est ». In Cat. Exp. Georges Hugnet, Paris, Galerie de Marignan, 20 mars-7 avril 1962, CW Bib. 155.

A 118. « Par conséquent Takis . . . ». I. In Cat. Exp. Takis, Milan, Galleria Schwarz, 14 avril-4 mai 1962. II. In Cat. Exp. *Takis. Dix ans de sculpture. 1954-1964*, Paris, Galerie Alexandre Iolas, 8 oct.-7 nov. 1964. III. Av. trad. angl. in *Signals*, n° 3-4, Londres, oct.-nov 1964, pp. 2, 4, CW Bib. 156.

A 119. « Bravo for your 60 Ism-packed years ». In *Art News*, n° 8, New York, déc. 1962, p. 26, CW Bib. 158.

A 120. « Having heard so much about the Armory Show . . . ». In Cat. Exp. *Armory Show 50th Anniversary Exhibition. 1913-1963*, Utica, Museum of Art, 17 févr.-31 mars 1963 ; New York, Armory of the Sixty-Ninth Regiment, 6-28 avril 1963, CW Bib. 161.

A 121. [Allocution]. I. Utica, Munsun-Williams-Proctor Institute, 17 févr. 1963. [Inaug. de la Rétrosp. Armory Show]. II. Extraits in *Utica Daily Press*, Utica, 18 févr. 1963, p. 17, CW Bib. 163.

A 122. « La Vie en ose . . . ». In Carte inv. Exp. Man Ray, New York, Cordier and Ekstrom Gallery, 30 avril-18 mai 1963, CW Bib. 166.

A 123. « There was a painter named Copley . . . ». [Limerick]. In *Iris Time*, n° 6, Paris, 13 mai 1963. Cat. Exp. Bill Copley, Paris, Galerie Iris Clert, 13 mai-9 juin 1963, CW Bib. 167.

A 124. « Salissez (Pronounce Sally Says) ». In Cat. Exp. E.L.T. Mesens, La Réserve, Albert Plage, Knokke-le-Zoute, juillet-août 1963, CW Bib. 168.

A 125. [Lettre à Pierre de Massot du 25 mai 1922]. In Cat. nº 11. *Poésie-Prose. Peintres-graveurs de notre temps. Éditions rares. Revues.* Paris, Nicaise, 1964, p. 100, CW Bib. 172.

A 126. « Uniformes et Livrées ». In Benjamin Péret et Enrico Baj, *Dames et Généraux*, Milan, Galleria Schwarz, 1964, CW Bib. 173.

A 127. « ... et roses pour/Fr. en 6 ... ». In Cat. Exp. *Hommage à Francis Picabia*, Paris, Galerie Louis Carré, nov. 1964, CW Bib. 178.

A 128. « La Vache à lait ... ». In Cat. Exp. Arman, New York, Sidney Janis Gallery, 29 déc. 1964-27 janv. 1965, CW Bib. 184.

A 129. « With Segal, it's not a matter of ... ». In Cat. Exp. Segal, New York, Sidney Janis Gallery, 4-30 oct. 1965, CW Bib. 191.

A 130. « Dieu Bourdelle Dieu ». I. Télég. à Francis Picabia, 18 juin 1923. II. In M. Sanouillet, *Francis Picabia et « 391 »*, bib. B 186, p. 150, CW Bib. 224.

A 131. [Cinq lettres et un télég. à F. Picabia]. In M. Sanouillet, *Dada à Paris*, bib. B 184, pp. 280, 552-553, CW Bib. 194.

A 132. *Étant donnés : 1º La Chute d'eau ; 2º Le Gaz d'éclairage ...* Notes inédites sur la genèse, l'élaboration et l'assemblage de la « construction » du Musée d'Art de Philadelphie, 1946-1966. 1 épais vol. manuscrit illustré. Archives de la Collection Arensberg, Musée d'Art de Philadelphie.

A 133. [Allocution]. Pron. à la Tate Gallery de Londres le 16 juin 1966, lors de l'inaug. de l'Exp. *The Almost Complete Works of Marcel Duchamp*, 18 juin-3 juillet 1966, CW Bib. 202.

A 134. [Émission de télévision]. Lors de la mort d'André Breton, O.R.T.F., 2 oct. 1966, CW Bib. 216.

A 135. *A l'Infinitif*, New York, Cordier et Ekstrom, Inc., 1967, CW Bib. 226.

A 136. [Lettre à Marc Le Bot du 2 févr. 1962]. In M. Le Bot,

Francis Picabia et la Crise des valeurs figuratives, bib. B 120, p. 51, CW Bib. 245.
A 137. [Lettre à Jan Van der Marck du 11 juillet 1967]. In Walter de Maria, « Chicago Project ». In *S.M.S.*, n° 1, New York, févr. 1968, n.p., CW Bib. 248.
A 138. « For they have a body only at night . . . ». In Man Ray, *Objets de mon Affection*, Paris, Marcel Zerbib, 1968, n.p., CW Bib. 253.
A 139. « Isabelle sculpte, ausculpte . . . ». Note ms. de M.D. [1967] pour Isabelle Waldberg. I. In Carte inv. Exp. I. Waldberg, Paris, Galerie Georges Bongers, 29 avril-14 mai 1969. II. In *I. Waldberg à l'entrée ou à la sortie de son Palais de la Mémoire*, Paris, Le Point d'être, 1971, CW Bib. 261.

B

BIBLIOGRAPHIE CRITIQUE SUR MARCEL DUCHAMP

+ INDIQUE UNE PARTICIPATION (VOLONTAIRE OU INVOLONTAIRE, ET DONT L'AUTHENTICITÉ N'EST PAS GARANTIE) DE DUCHAMP SOUS LA FORME DE CITATIONS OU D'ATTRIBUTIONS ÉCRITES OU ORALES. LORSQUE CETTE PARTICIPATION EST IMPORTANTE, LE NUMÉRO DE LA PAGE EST INDIQUÉ.

B 1. [Anonyme]. « Art was a Dream ». In *Newsweek*, n° 19, New York, 9 nov. 1950, pp. 118-119. CW Bib. 126.

B 2. [Anonyme]. « Artist Descending to America ». In *Time*, New York, 7 sept. 1942, pp. 100-102. CW Bib. 48. +

B 3. [Anonyme]. *Art and Artists*. N° spécial Duchamp, I, n° 4, Londres, juillet 1966. CW Bib. 206. +

B 4. [Anonyme]. « A Complete Reversal of Art Opinions... ». In *Arts and Decoration*, n° 11, New York, sept. 1915, pp. 427-428, 442. CW Bib. 2. +

B 5. [Anonyme]. « Cubism to Cynicism ». In *Time*, New York, 31 août 1936, p. 22. CW Bib. 33. +

B 6. [Anonyme]. « Duchamp n'est pas sorti du bain ». In *L'Express*, Paris, 8 août 1966, p. 30. CW Bib. 214. +

B 7. [Anonyme]. « Growing up Absurd ». In *The Observer*, Londres, 19 juin 1966, p. 3. CW Bib. 203. +

B 8. [Anonyme]. « Hippies Protest at Dada Preview ». In *The New York Times*, New York, 26 mars 1968, p. 21. CW Bib. 249. +

B 9. [Anonyme]. « Marcel Duchamp's Frankenstein ». In *Art Digest*, New York, 1er janv. 1938, p. 22. CW Bib. 37. +

B 10. [Anonyme]. « Monsieur Marcel has no more Shocks ». In *The Evening News*, Londres, 2 juin 1968. CW Bib. 255. +

B 11. [Anonyme]. « New Etchings from Duchamp ». In *The Observer*, Londres, 9 juin 1968, p. 40. CW Bib. 256. +

B 12. [Anonyme]. « Restoring 1000 Glass Bits in Panel ». In *The Literary Digest*, New York, 20 juin 1936, pp. 20, 22. CW Bib. 32. +

B 13. ADCOCK, Craig. *An Examination of the Supporting Notes of Marcel Duchamp's « La Mariée mise à nu par ses célibataires, même » with a view*

to a Mathematical Analysis. Thèse ronéotée, Université du Colorado, janv. 1973.
B 14. AMAYA, Mario. *Pop as Art.* Londres, Studio Vista, 1965. CW Bib. 196. + 57.
B 15. APOLLINAIRE, Guillaume. « Marcel Duchamp ». In *Méditations esthétiques. Les Peintres cubistes.* Paris, Figuière, 1913; II. Hermann, 1965.
B 15 bis. *L'Arc.* N° spécial M.D.. N° 59, Aix-en-Provence, nov. 1974.
B 16. ASHTON, Dore. « An Interview with Marcel Duchamp ». In *Studio International,* n° 878, Londres, juin 1966, pp. 244-247. CW Bib. 201. +
B 17. AVEDON, Richard. *Observations.* New York, Simon & Schuster, 1959. CW Bib. 130. +
B 18. BAKEWELL, Joan. [Interview avec M.D.]. B.B.C. TV, Londres, 5 juin 1968. CW Bib. 254. +
B 19. BAROTTE, René. « Il y a 54 ans... ». In *Paris-Presse - l'Intransigeant,* Paris, 20 juin 1967, p. 5. CW Bib. 230. +
B 20. BLESH, Rudi. *Modern Art U.S.A. : Men, Rebellion, Conquest, 1900-1956.* New York, Alfred A. Knopf, Inc., 1956. CW Bib. 100. + 73-80.
B 21. BLUME, Mary. « Man Ray, Honored Guest ». In *New York Herald Tribune,* Paris, 12 mai 1967, p. 12. [Extraits des déclarations de M.D. à une table ronde *Salute to Man Ray,* Paris, American Center for Students and Artists, 10 mai 1967]. CW Bib. 228. +
B 22. BOSQUET, Alain. *Entretiens avec Salvator Dali.* Paris, Belfond, 1966. CW Bib. 198. + 160.
B 23. BRADY, Frank R. « Duchamp, Art and Chess ». In *Chess Life,* n° 6, Dubuque, Iowa, juin 1961, pp. 168, 169. CW Bib. 146. +
B 24. BRETON, André. *Anthologie de l'Humour noir.* I. Paris, Sagittaire, 1940. II. Paris, J.-J. Pauvert, 1966. [Réimpr.]
B 25. BRETON, André. *L'Art magique.* Paris, Club Français du Livre, 1957. CW Bib. 105. + 98.
B 26. BRETON, André. « Marcel Duchamp ». I. In *Littérature,* Nouv. série, n° 5, Paris, 1er oct. 1922, pp. 7-10 ; II. In *Les Pas perdus,* Paris, Gallimard, 1924, pp. 141-146 ; III. In R. Motherwell, *The Dada Painters and Poets,* New York, Wittenborn, 1951, pp. 207-211 [Trad. anglaise].
B 27. BRETON, André. « Marcel Duchamp ». I. In *Dictionnaire abrégé du Surréalisme,* Paris, Galerie des Beaux-Arts, 1938 ; II. In *Anthologie de l'Humour noir,* Paris, Sagittaire, 1940 [Rééd.]
B 28. BRETON, André. « Les Mots sans rides ». In *Littérature,* nouv. série, n° 7, Paris, 1er déc. 1922, pp. 12-14.
B 29. BRETON, André. « Le Phare de la Mariée ». I. In *Le Surréalisme et la peinture,* Paris, N.R.F., 1928 [rééd.] ; II. In *Le Minotaure,* n° 6, Paris, déc. 1934, pp. 45-49 ; III. In *View,* n° 1, New York, mars 1945 [trad. angl.] ; IV. In *J. Villon, R. Duchamp-Villon, M. Duchamp,* cat. exp., New York, Guggenheim Museum, 1957 [trad. angl.] ; V. In R. Lebel, *Sur Marcel Duchamp,* Paris, Trianon Press, 1959, pp. 88-94.
[Plusieurs autres reproductions ou traductions, intégrales ou partielles, ont été délibérément omises].

B 30. BRIGHT, Barbara. « Geniuslike Artist has World against Him ». In *The Atlanta Constitution*, Atlanta, Georgia, 13 avril 1960, p. 22. CW Bib. 136. +
B 31. BROCHIER, Jean-Jacques. « Le siècle d'Aragon ». In *Le Magazine littéraire*, Paris, sept. 1967, p. 14. CW Bib. 237. +
B 32. BRUNIUS, Jacques et CHAVASSE, Paule. « Lewis Carrol, maître d'école buissonnière ». Émission télévisée, O.R.T.F., 25 déc. 1966. CW Bib. 223. +
B 33. BUFFET-PICABIA, Gabrielle. *Aires Abstraites.* Genève, Cailler, 1957.
B 34. BUFFET-PICABIA, Gabrielle. « Cœurs volants ». In *Cahiers d'Art*, n° 1-2, Paris, 1936, pp. 34-43; II. In *Aires Abstraites*, Genève, Cailler, 1957.
B 35. BUFFET-PICABIA, Gabrielle. « Magic Circles ». In *View*, n° 1, [M.D.] New York, mars 1915, pp. 14-16, 23.
B 36. BUFFET-PICABIA, Gabrielle. « Some Memories of Pre-Dada : Picabia and Duchamp ». I. In R. Motherwell, *The Dada Painters and Poets* (bibl. B 148), pp. 253-267 [trad. angl. de Ralph Manheim] ; II. In *Aires Abstraites*, Genève, Cailler, 1957.
B 37. BURNHAM, Jack. « Unveiling the Consort ». In *Art Forum*, New York. Part I, mars 1971, pp. 55-61; Part II, avril 1971, pp. 42-51.
B 38. CABANNE, Pierre. *Entretiens avec Marcel Duchamp*. I. Paris, Belfond, 1967 ; II. New York, Viking Press, 1971 [trad. angl. par Ron Padgett]. CW Bib. 225. +
B 39. CABANNE, Pierre. « Je suis un défroqué ». In *Arts*, Paris, 25 mai 1966, p. 17. +
B 40. CAGE, John. *Diary : How to Improve the World*. I. New York, Something Else Press, 1967. II. In J. Cage. *A Year from Monday*. Middletown, Wesleyan Univ. Press, 1967, pp. 52-68. CW Bib. 241. +
B 41. CAGE, John. « 26 Statements re : Duchamp ». In *Art and Literature*, n°3, Lausanne, automne-hiver 1964, p. 10. CW Bib. 179. +
B 42. CALAS, Nicolas. « The Brothers Duchamp all at Once ». In *Art News*, New York, fév. 1957.
B 43. CALAS, Nicolas. « Cheat to Cheat ». In *View*, n° 1 [M.D.]. New York, mars 1945, pp. 20-21.
B 44. CAMFIELD, William A. *Francis Picabia* (1879-1953) : *A Study of his Career from 1895 to 1918*. Thèse ronéotée. Yale University, 1964. CW Bib. 183. +
B 45. CAMFIELD, William A. *Francis Picabia*. Cat. exp., New York, S.R. Guggenheim Museum, 1970.
B 46. CAMFIELD, William A. « The Machinist Style of Francis Picabia ». In *The Art Bulletin*, New York, sept.-déc. 1966, pp. 309-322. +
B 47. CARROUGES, Michel. « La Machine célibataire selon Franz Kafka et Marcel Duchamp ». I. In *Le Mercure de France*, n° 1066, Paris, 1er juin 1952 ; II. In *Les Machines célibataires*, Paris, Arcanes, 1954, pp. 27-60.
B 48. CHENIEUX, Jacqueline. « Patience et impatience chez Marcel Duchamp ». In *Le Nouveau Commerce*, cahier 24-25, Paris, printemps 1973, pp. 73-99.

B 48 bis. CLAIR, Jean. *Marcel Duchamp ou le grand fictif*. Paris, Galilée, 1975.
B 49. CLAY, Jean. « Marcel Duchamp le dynamiteur ». In *Réalités*, Paris, juin 1967, pp. 80-81. CW Bib. 233. +
B 50. CONSTABLE, Rosalind. « New York's Avant Garde ». In *Sunday Herald Tribune Magazine*, New York, 16 mai 1964, pp. 7-10. CW Bib. 174. +
B 51. COURTHION, Pierre. *L'Art indépendant*. Paris, Albin Michel, 1958, p. 188. CW Bib. 114. +
B 52. CREHAN, Herbert. « Dada ». In *Évidence*, nº 3, Toronto, automne 1961, pp. 36-38. CW Bib. 152. + [Transcription par Robert Cowan d'un entretien radiophonique].
B 53. DALI, Salvator. « The King and Queen Traversed by Swift Nudes ». In *Art News*, nº 2, New York, avril 1959, p. 25. CW Bib. 119. +
B 54. DEMUTH, Charles. « For Richard Mutt ». In *The Blind Man*, nº 2, New York, mai 1917.
B 55. DESCARGUES, Pierre. « Duchamp dévoile le Cheval Majeur ». In *La Tribune de Lausanne*, 3 juillet 1966, p. 8. CW Bib. 212. +
B 56. DERON, Jean-Paul. « Ce qui n'est pas insolite tombe dans l'oubli ». In *Paris-Normandie*, Rouen, 13 avril 1967, p. 1. CW Bib. 227. +
B 57. DESES, Greta. *Dada*. Film, 33 min., Cannes, Festival Int. du Film, 1967. [Réal. en 1966]. CW Bib. 235. +
B 58. DESNOS, Robert. « Rrose Sélavy ». I. In *Littérature*, nouv. série, nº 7, Paris, 1ᵉ déc. 1922, pp. 14-22 ; II. In *Corps et biens*, N.R.F., 1930.
B 59. DREIER, Katherine S., et ECHAURREN, R. Matta. *Duchamp's Glass/La Mariée mise à nu par ses célibataires, même : An Analytical Reflection*. New York, Société Anonyme, Inc., The Museum of Modern Art, 1944.
B 60. DREIER, Katherine S. « Marcel Duchamp ». In : *Collection of Société Anonyme*, New Haven, 1950.
B 61. DROT, Jean-Marie. *Jeu d'échecs avec Marcel Duchamp*. Film pour l'O.R.T.F., 8 juin 1964. II. *Chess Games with Marcel Duchamp*, version anglaise, sept. 1964. CW Bib. 175. +
B 62. DROT, Jean-Marie. *Journal de voyage à New York*. Film pour l'O.R.T.F., 19 avril 1962. CW Bib. 157. +
B 63. EGLINTON, Laurie. « Marcel Duchamp, back in America, gives Interview ». In *Art News*, nº 7, New York, 18 nov. 1933, pp. 3-11. CW Bib. 28. +
B 64. FERMIGIER, André. « L'Oracle et la Sibylle ». In *Le Nouvel Observateur*, nº 89, Paris, 27 juillet 1966, pp. 34, 35. CW Bib. 213. +
B 65. FERRARI, Luc, et PATRIS, S.G. *Hommage à Edgar Varèse*. Émission télévisée pour l'O.R.T.F., 6 nov. 1966. CW Bib. 220. +
B 66. FLEMMING, H. Th. « Immer Spielt Magic Hinein ». In *Die Welt*, nº 242, Essen, 18 oct. 1965, p. 7. CW Bib. 193. +
B 67. FLORAN, Jacques. *Le Corbillard et le chameau*. Émission télévisée [sur le film *Entr'acte* de Picabia et René Clair] pour l'O.R.T.F., 26 juin 1967. CW Bib. 234. +

B 68. FONG, Monique. « Marcel Duchamp ». In *Les Lettres nouvelles*, Paris, juin 1967, pp. 70-76. CW Bib. 231. +
B 69. GASCOYNE, David. « Blind Man's Buff ». In *The Booster*, Paris, 1937.
B 70. GENAUER, Emily. « Duchamp... Pop's Granddada ». In *New York Herald Tribune*, New York, 24 janv. 1965, pp. 31-32. CW Bib. 187. +
B 71. GERSTNER, Karl. « Bio-Graphie eines Kunstwerken ». In *Spannungs-Bild*, nº 2, Cologne, Galerie Der Spiegel, janv. 1966. CW Bib. 197. +
B 72. GLUECK, Grace. « Duchamp Opens Display Today ». In *The New York Times*, New York, 14 janv. 1965. CW Bib. 185. +
B 73. GLUECK, Grace. « Duchamp Parries Artful Questions ». In *The New York Times*, New York, 25 oct. 1967. CW Bib. 239. +
B 74. GOLD, Laurence S. *A Discussion of Marcel Duchamp's Views on the Nature of Reality and their Relation to the Course of his Artistic Career.* Thèse ronéotée, Princeton, mai 1958. CW Bib. 112 [Contient en appendice un entretien avec M.D.] +
B 75. GOLDAINE, Louis et ASTIER, Pierre. *Ces Peintres vous parlent*. Paris, Éditions du Temps, 1964. CW Bib. 181. + 46.
B 76. GOLDING, John. *Cubism : a History and an Analysis. 1907-1914.* Londres, Faber and Faber ; New York, Wittenborn, 1959, p. 163. CW Bib. 132. +
B 77. GOLDING, John. *Marcel Duchamp : The Bride Stripped Bare by her Bachelors, Even*. New York, Viking, 1973.
B 78. GRAY, Cleve. « Speculations/Marcel Duchamp ». In *Art in America*, nº 2, New York, mars-avril 1966, pp. 72-75.
B 79. GREELEY-SMITH, Nixola. « Cubist Depicts Love in Brass and Glass ». In *The Evening World*, New York, 4 avril 1916, p. 3. CW Bib. 5. +
B 80. GUSTAFSON, Ingemar. « Marcel Duchamp ». In *Salamander*, nº 1, Malmö, Suède, 1955.
B 81. HABASQUE, Guy. *Le Cubisme*. Genève, Skira, 1959, p. 132. CW Bib. 131.
B 82. HAHN, Otto. « Andy Warhol, prêtre du cinéma souterrain ». In *L'Express*, Paris, 14 nov. 1966, p. 31. CW Bib. 221. +
B 83. HAHN, Otto. « Marcel Duchamp ». In *L'Express*, nº 684, Paris, 23 juillet 1964, pp. 22-23. CW Bib. 176. +
B 84. HAHN, Otto. « Passport nº G 255 300 ». In *Art and Artists*, nº 4, Londres, juillet 1966, pp. 6-11. CW Bib. 206. +
B 85. HAHN, Otto. « Qu'est-ce que le Happening ? ». In *Arts*, Paris, 20 avril 1966, p. 51. CW Bib. 199. +
B 85 bis [HAHN, Otto]. [Entretien avec M.D.]. In *VH 101*, Paris, nº 3, printemps 1970.
B 86. HAMILTON, George Heard. « Duchamp, Duchamp-Villon, Duchamp ». In *Yale Association Bulletin*, nº 2, New Haven, 1945.
B 87. HAMILTON, Richard. *The Almost Complete Works of Marcel Duchamp.* Cat. exp. Marcel Duchamp, Londres, Tate Gallery, 18 juin-31 juillet 1966.
B 88. HAMILTON, Richard. « Duchamp ». In *Art International*, nº 10, Lugano, Noël 1963. CW Bib. 171. + 22-28.
B 89. HAMILTON, Richard. *Not Seen and/or Less Seen of/by Marcel Du-*

champ/Rrose Sélavy 1904-1964. Cat. exp. The Mary Sisler Collection, New York, Cordier & Ekstrom Gallery, 14 janv. - 13 fév. 1965. CW Bib. 186. +

B 90. HAMILTON, Richard. « Towards a Typographical Rendition of the Green Box ». In *Uppercase*, n° 2, Londres, mai 1959.

B 91. HARNONCOURT, Anne d', et HOPPS, Walter. *Étant donnés : 1° La Chute d'eau ; 2° Le Gaz d'éclairage. Reflections on a New Work by Marcel Duchamp*. Philadelphia Museum of Art, 1969. +

B 92. HEAP, Jane. « Marcel Duchamp ». In *The Little Review*, New York, automne-hiver 1924-25.

B 93. HELLMAN, Geoffrey. « Marcel Duchamp ». In *The New Yorker*, New York, 6 avril 1957, pp. 25-27. CW Bib. 102. +

B 94. HESS, Thomas B. « J'accuse Marcel Duchamp ». In *Art News*, n° 10, New York, fév. 1965, p. 54. CW Bib. 190. +

B 95. HOPPS, Walter. *By or Of Marcel Duchamp or Rrose Sélavy*. Cat. exp. Marcel Duchamp, Pasadena Art Museum, 8 oct.-3 nov. 1963. CW Bib. 129. +

B 96. HUGNET, Georges. *Marcel Duchamp*. Paris, s.n.e., [mai] 1941.

B 97. HULTEN, K.G. *Bewagen Beweging*. Cat. exp., Amsterdam, Stedelijk Museum, 10 mars-17 avril 1961. CW Bib. 144. + encart.

B 98. JANIS, Harriet et BLESH, Rudi. *Collages. Personalities, Concepts, Techniques*. Philadelphie et New York, Chilton, 1962. CW Bib. 160. + 11.

B 99. JANIS, Harriet et Sidney. « Marcel Duchamp, Anti-Artist ». In *View*, n° 1 [M.D.], New York, mars 1945, pp. 18-19, 21, 23-24, 53-54 ; II. In *Horizon*, n° 70, Londres, oct. 1945 ; III. In R. Motherwell : *The Dada Painters and Poets*, Bib. B 148, pp. 306-315. CW Bib. 51. +

B 100. JANNEAU, Guillaume. « Extrait de l'Art Cubiste (Paris, 1929) ». In « Two Views on Marcel Duchamp », *The Cubist Spirit in its Time*, Londres, London Gallery, 1947.

B 101. JEAN, Marcel. *Histoire de la peinture surréaliste*. I. Paris, Le Seuil, 1959 [réimpr.] ; II. Londres, Weidenfled and Nicolson, 1960 [trad. angl. de Gordon Watson-Taylor]. CW Bib. 138. + 100-112.

B 102. JOUFFROY, Alain. *Une Révolution du regard*. Paris, Gallimard, 1964. CW Bib. 182. + 111-124.

B 103. JOUFFROY, Alain. « L'Idée de jugement devrait disparaître ». I. In *Arts*, n° 491, Paris, 24-30 nov. 1954, p. 13 ; II. In *Une Révolution du regard*, Bib. B 102, pp. 109-111. CW Bib. 91. +

B 104. JOUFFROY, Alain. « Marcel Duchamp nous déclare : Il n'est pas certain que je revienne à la peinture ». In *Arts*, Paris, 29 oct. 1958, p. 12. CW Bib. 109 +.

B 105. JOUFFROY, Alain. « Duchamp, prince de l'insolence ». In *Arts-Loisirs*, n° 87, Paris, juin 1967, p. 21. CW Bib. 232. +

B 106. KIESLER, Frédérick J. « Design Correlation ». In *Architectural Record*, n° 5, New York, mai 1937.

B 107. KIESLER, Frédérick J. « Les Larves d'Imagie d'Henri Robert Marcel Duchamp ». In *View*, n° 1 [M.D.], New York, mars 1945.

B 108. KOCHNITZKY, Léon. « Marcel Duchamp and the Futurists ». In *View*, n° 1 [M.D.], New York, mars 1945, pp 41, 45.
B 109. KRASNE, Belle. « A Marcel Duchamp Profile ». In *Art Digest*, n° 8, New York, 15 janv. 1952, pp. 11, 24. CW Bib. 73. +
B 110. KREYMBORG, Alfred. « Why Marcel Duchamps [sic] calls Hash a Picture ». In *The Boston Transcript*, Boston, 8 sept. 1915, p. 12. CW Bib. 3. +
B 111. KUH, Katharine. « Four Versions of "Nude Descending a Staircase" ». In *Magazine of Art*, New York, nov. 1949, pp. 264-265. CW Bib. 65. +
B 112. KUH, Katharine. « Marcel Duchamp ». In *20th Century Art from the Louise and Walter Arensberg Collection*. The Art Institute of Chicago, 20 oct.-18 déc. 1949, pp. 11-18. CW Bib. 64. +
B 113. KUH, Katharine. « Marcel Duchamp ». In *The Artist's Voice : Talks with Seventeen Artists*. New York, Evanston, Harper and Row, 1962, pp. 81-93. CW Bib. 159. +
B 114. LASKER, Edward. *The Adventures of Chess*. New York, Dover, 1959. CW Bib. 128. +
B 115. LEBEL, Robert. « L'Humour absurde de Marcel Duchamp ». In *XXe Siècle*, nouv. série, n° 8, Paris, janv. 1957.
B 116. LEBEL, Robert. « Marcel Duchamp ». In *Le Surréalisme, même*, n° 3, Paris, automne 1957 ; II. In R. Lebel, *Sur Marcel Duchamp*, Paris, Trianon Press, 1959, pp. 95-97.
B 117. LEBEL, Robert. « Marcel Duchamp maintenant et ici ». In *L'Œil*, n° 149, Paris, mai 1967, pp. 18-23, 77. CW Bib. 229. +
B 118. LEBEL, Robert. *Sur Marcel Duchamp*. I. Paris, Trianon Press, 1959. Textes d'André Breton et Henri-Pierre Roché [réimpr.] ; II. New York, Grossman, 1967 [trad. angl.]. CW Bib. 242. + ; III. Cologne, DuMont Schauberg, 1962, 1972 [trad. all.].
B 119. LEBEL, Jean-Jacques. « Mise au point ». In *La Quinzaine Littéraire*. Paris, 1er oct. 1966, p. 6. CW Bib. 218. +
B 120. LE BOT, Marc. *Francis Picabia et la crise des valeurs figuratives*. Paris, Klincksieck, 1968, CW Bib. 245. + 51.
B 121. LEIRIS, Michel. « Arts et Métiers de Marcel Duchamp ». In *Fontaine*, n° 54, Paris, été 1946.
B 122. LEVESQUE, Jacques-Henry. « La leçon de Marcel Duchamp ». In *United States Lines Paris Review*, Paris, [1955]. [Av. trad. angl.].
B 123. LEVESQUE, Jacques-Henry. « Marcel Duchamp ». In *Orbes*, 2e série, n° 4, Paris, été 1935, pp. 1-2.
B 124. LEVESQUE, Jacques-Henry. « La Sagesse de Marcel Duchamp ». Art. inéd., 11 p. manuscrites. Coll. M. Sanouillet.
B 125. LEVESQUE, Jacques-Henry et VAN HEECKEREN, Jean. « Anemic Cinéma » et « La Porte de Duchamp ». In *Orbes*, 2e série, n° 2, Paris, été 1933, non paginé.
B 126. LEVY, Julien. « Duchampiana ». In *View*, n° 1 [M.D.], New York, mars 1945, pp. 33-34. CW Bib. 52. +

B 127. LIBERMAN, Alexander. *The Artist in his Studio*. London, Thames and Hudson ; New York, The Viking Press, 1960. CW Bib. 140. + 57.
B 128. LINDAMOOD, Peter. « I Cover the Cover ». In *View*, nº 1 [M.D.], New York, mars 1945, p. 3. CW Bib. 53. +
B 129. LINDE, Ulf. « Framför och bakom glaset ». In *Konstrevy*, nº 5-6, Stockholm, 1961, pp. 162-165. CW Bib. 153. +
B 130. LINDE, Ulf. *Marcel Duchamp*. Stockholm, Galerie Burén, 1963. CW Bib. 169. +
B 131. LINDE, Ulf. « Samtal med Marcel Duchamp ». In *Dagens Nyheter*, Stockholm, 10 sept. 1961, p. 5. CW Bib. 147. +
B 132. LIPPARD, Lucy R. *Dadas on Art*. Englewood Cliffs, N.J., U.S.A., Prentice Hall, 1971. +
B 133. LOY, Mina. « O Marcel : or I Too Have Been to Louise's ». I. In *The Blindman*, nº 2, New York, mai 1917, pp. 14-15 ; II. In *View*, nº 1 [M.D.], New York, mars 1945, pp. 35, 51.
B 134. MacAGY, Douglas [ed.]. « The Western Round Table on Modern Art (1949) ». In *Modern Artists in America*, New York, Wittenborn, 1951, pp. 27-37. CW Bib. 71. +
B 135. MacMONNIES, Frederick. « French Artists Spur on an American Art ». In *New York Tribune*, 24 oct. 1915, pp. 2-3. CW Bib. 4. +
B 136. MacMORRIS, Daniel. « Marcel Duchamp's "Frankenstein" ». In *The Art Digest*, nº 7, New York, janv. 1938, p. 22. CW Bib. 37. +
B 137. McBRIDE, Henry. « Duchamps [sic] du Monde ». In *Art News*, New York, mars 1952, pp. 33-35, 61, 62. CW Bib. 75. +
B 138. McLUHAN, Marshall. « The Ghost of Mechanization ». Art. inéd., 2 p. dactylog. Coll. Ass. Int. Dada Surréalisme, Paris.
B 139. McSHINE, Kynaston et HARNONCOURT, Anne d'. *Marcel Duchamp*. Cat. exp. rétrospective Philadelphia Art Museum ; New York Museum of Modern Art, Chicago Art Institute, sept. 1973-mars 1974. [Chap. par Robert Lebel, Arturo Schwarz, Michel Sanouillet, etc.].
B 140. MANRAY « Bilingual Biography ». In *View*, nº 1 [M.D.], New York, mars 1945, pp. 32, 51. CW Bib. 54. +
B 141. MAN RAY. *Self Portrait*. I. Boston and Toronto, Little, Brown and Co., 1963 ; II. Londres, André Deutch ; III. Paris (*Autoportrait*, trad. fr. d'Anne Guérin), Laffont, 1964. CW Bib. 170.
B 142. MASSOT, Pierre de. *Marcel Duchamp. Propos et souvenirs*. Milan, Schwarz, 1965. CW Bib. 200.
B 143. MASSOT, Pierre de. « La Mariée mise à nu par ses célibataires, même ». In *Orbes*, 2e série, nº 2, Paris, été 1933, pp. XVII-XXII.
B 144. MASSOT, Pierre de. « L'Opposition et les cases conjuguées sont réconciliées ». In *Orbes*, 2e série, nº 2, Paris, été 1933, pp. 15-17.
B 145. MASSOT, Pierre de. *The Wonderful Book : Reflections on Rrose Sélavy*. Paris, Impr. Ravilly, [1924]. CW Bib. 198.
B 146. MELVILLE, Robert. « Marcel Duchamp ». In *The New Statesman*, Londres, 1er juillet 1966, p. 25. CW Bib. 211. +
B 147. MEURICE, Jean-Michel et FERMIGIER, André. *Images et Idées*. Émis-

sion télév., O.R.T.F., 21 janv. 1968. [sur l'exp. M.D., Paris, Galerie Givaudan, juin-sept. 1967]. CW Bib. 246. +

B 147 bis. MICHELSON, Annette. « 'Anemic Cinema'. Reflections on an Emblematic Work ». In *Art Forum*, New York, oct. 1973, pp. 64-69.

B 148. MOTHERWELL, Robert. *The Dada Painters and Poets : an Anthology*. New York, Wittenborn, 1951 [réimpr.]. CW Bib. 20. +

B 149. MUSSMAN, Toby. « Anemic Cinema ». In *Art and Artists*, n° 4, New York, juillet 1966, pp. 49-51. CW Bib. 210. +.

B 150. NADEAU, Maurice et SCHUSTER, Jean. *Pour saluer André Breton*. Émission télév., O.R.T.F., 19 oct. 1966. CW Bib. 219. +

B 150 bis. NORMAN, Dorothy. [Entretien avec M.D.]. In *Art in America*, juillet-août 1969.

B 151. NORTON, Louise. « Buddha of the Bathroom ». In *The Blind Man*, n° 2, New York, mai 1917, pp. 5-6.

B 152. O'DOHERTY, Brian. « Duchamp's Cardiogram ». In *Art and Artists*, n° 4, Londres, juillet 1966, p. 21. CW Bib. 208. +

B 152 bis. *Opus International*. N spécial M.D., Paris, mars 1974.

B 153. PACH, Walter. « A Family of Artists ». In Cat. exp. *Duchamp Frères et Sœur*, New York, Rose Fried Gallery, 25 fév.-31 mars 1952.

B 154. PARINAUD, André. « Duchamp raconte Breton ». In *Arts-Loisirs*, n° 54, Paris, 5 oct. 1966, pp. 5-7. CW Bib. 217. +

B 155. PARKER, Robert A. « America Discovers Marcel ». In *View*, n° 1 [M.D.], New York, mars 1945, pp. 32-33.

B 156. PAULIN, André. « Marcel Duchamp ». In *Triptyque*, n° 107, Paris, avril 1937.

B 157. PAZ, Octavio. « Présence et présent ». In *Preuves*, Paris, mai 1968, pp. 7-15. CW Bib. 251. +

B 158. PAZ, Octavio. *Marcel Duchamp ou le château de la pureté*. I. Paris, Galerie Givaudan, 1968. CW Bib. 244. +. II. New York, Cape Goliard Press, 1970 (trad. angl.).

B 158 bis. PINCUS-WITTEN, Robert. « Theatre of the Conceptual : Autobiography and Myth ». In *Art Forum*, New York, oct. 1973, pp. 40-46.

B 159. PLEYNET, Marcellin et MILLET, Catherine. « Le Fétiche Duchamp ». In *Art Press*, n° 1, Paris, déc.-janv. 1973, pp. 4-7.

B 160. POWELL, Tristan. *Rebel Ready-Made*. Film (37') [Réalisé lors de la rétrospective M.D. à la Tate Gallery de Londres. Diffusé par la B.B.C. le 23 juin 1966. CW Bib. 204. +].

B 161. REIF, Rita. « Marcel Duchamp : Where Art has Lost, Chess is the Winner ». In *The New York Times*, New York, 27 mai 1968, p. 60. CW Bib. 250. +

B 162. RIBEMONT-DESSAIGNES, Georges. *Déjà Jadis : ou du mouvement Dada à l'espace abstrait*. Paris, Julliard, 1958 [Rééd.].

B 163. RICHTER, Hans. « A propos de Marcel Duchamp, des 'disques' et du 'Nu descendant un escalier' ». In *Style*, n° sp. sur le cinéma, Paris, 1946.

B 164. RICHTER, Hans. *Chesstera*. Film (30'), couleurs. New York, 1954-57. +
B 165. RICHTER, Hans. *Dada : Kunst und Antikunst*. I. Cologne, DuMont-Schauberg, 1964 ; II. Londres, Thames and Hudson, 1965 (trad. angl.) ; III. Bruxelles, Éditions de la Connaissance, 1966 (trad. franç.).
B 166. RICHTER, Hans. *Dada Profile*. Zurich, Die Arche, 1961. CW Bib. 154. + 31.
B 167. RICHTER, Hans. *Dadascope*. Film (40'), couleurs. New York 1958-59. +
B 168. RICHTER, Hans. « Discs and Nudes Descending a Staircase ». In *Dreams that Money Can Buy*. Film. New York, 1947.
B 169. RICHTER, Hans. *8 × 8*. Film (88'), couleurs. New York, 1954-57. +
B 170. RIVIÈRE, Claude. « Marcel Duchamp devant le Pop Art ». In *Combat*, Paris, 8 sept. 1966, p. 9. CW Bib. 215. +
B 171. ROBERTS, Colette. « Triomphe et mystère de Duchamp ». In *France-Amérique*, New York, 3 mai 1959.
B 171 bis. ROBERTS, Colette. [Entretien avec M.D.]. In *Art in America*, juillet-août 1969.
B 171 ter. ROBERTS, Colette. [Entretien avec M.D.]. In *Art News*, New York, décembre 1968.
B 172. ROCHÉ, Henri-Pierre. « Diskoptics de Marcel Duchamp ». In *Phases*, nº 1, Paris, janv. 1954, p. 14. CW Bib. 87. +
B 173. ROCHÉ, Henri-P. « Duchamp ». In *Dictionnaire de la peinture moderne*, Paris, Hazan, 1954.
B 174. ROCHÉ, Henri-P. « L'homme-miracle ». In *Arts*, Paris, 24 nov. 1954.
B 175. ROCHÉ, Henri-P. « Souvenirs sur Marcel Duchamp ». In *La Nouvelle N.R.F.*, nº 6, Paris, juin 1953, pp. 1133-1138. CW Bib. 85. +
B 176. ROCHÉ, Henri-P. « Vie de Marcel Duchamp ». In *La Parisienne*, nº 24, Paris, janv. 1955, pp. 63-69.
B 176 bis. ROTH, Moira. « Robert Smithson on Duchamp, an Interview ». In *Art Forum*, New York, oct. 1973, p. 47.
B 177. ROUGEMONT, Denis de. « André Breton ». I. In *Preuves*, Paris, nov. 1966, p. 17 ; II. In *Encounter*, Londres, août 1967, p. 68. CW Bib. 222. +
B 178. ROUGEMONT, Denis de. « Marcel Duchamp mine de rien ». I. In *Preuves*, nº 204, Paris, fév. 1968, pp. 43-47 ; II. In D. de Rougemont, *Journal d'une époque, 1926-1946*, Paris, Gallimard, 1968. CW Bib. 247. +
B 180. ROUGEMONT, Denis de. *Journal des Deux-Mondes*. Paris, Gallimard, 1947. CW Bib. 59. +
B 181. ROUSSEL, Raymond. *Comment j'ai écrit certains de mes livres*. Paris, Lemerre, 1935.
B 182. RUSSELL, John. « Exile at Large ». In *The Sunday Times*, nº 7567, Londres, 9 juin 1968, p. 54. CW Bib. 257. +
B 183. SAARINEN, Aline B. *The Proud Possessors*. New York, Random House, 1958. CW Bib. 113, + 242.
B 184. SANOUILLET, Michel. *Dada à Paris*. Paris, Pauvert, 1965. +

B 185. SANOUILLET, Michel. « Dans l'atelier de Marcel Duchamp ». In *Les Nouvelles Littéraires*, n° 1424, Paris, 16 déc. 1954, p. 5. CW Bib. 93. +
B 186. SANOUILLET, Michel. *Francis Picabia et « 391 »*. Paris, Le Terrain Vague. T. I [repr. offset de la revue de F. Picabia], 1960 ; T. II [notes critiques], 1966.
B 187. SANOUILLET, Michel. « Marcel Duchamp and the French Intellectual Tradition ». In Cat. exp. rétrospective M.D., Philadelphia Museum of Art, New York Museum of Modern Art, Chicago Art Institute, 21 sept. 1973-mars 1974, pp. 47-55.
B 188. SANOUILLET, Michel. *Marchand du sel.* Écrits de Marcel Duchamp. I. Éd. originale épuisée. Paris, Le Terrain Vague, 1958. CW Bib. 122. + [2 000 ex. courants, 50 luxe sur Auvergne à la forme, dont 10 hors-commerce nominatifs] ; II. Salerne, Rumma Editore, 1969 [trad. ital. et intr. d'Alberto Boatto].
B 189. SANOUILLET, Michel. *Il Movimento Dada.* Milan, Fabbri, 1970.
B 190. SANOUILLET, Michel. *Picabia.* Paris, le Temps, 1964.
B 191. SANOUILLET, Michel. « Quand les muets se taisent... ». In *Cahiers Dada-Surréalisme*, n° 3, Paris, Minard, 1969, pp. 6-7.
B 192. SARGEANT, Winthrop. « Dada's Daddy ». In *Life*, New York, 28 avril 1952, pp. 100-111, CW Bib. 77. +.
B 193. SCHONBERG, Harold C. « Creator of 'Nude Descending' Reflects after Half a Century ». In *New York Times*, New York, 12 avril 1963, p. 25. CW Bib. 165. +
B 194. SCHUSTER, Jean. « Marcel Duchamp, vite ». In *Le Surréalisme, même*, n° 2, Paris, printemps 1957, pp. 143-145. CW Bib. 103. +
B 195. SCHWARZ, Arturo. *The Complete Works of Marcel Duchamp.* London, Thames and Hudson ; New York, Harry N. Abrams, 1970. + [réimpr. et trad.].
B 196. SCHWARZ, Arturo. « Contributions to a Poetic of the Ready-made ». In *Marcel Duchamp. Ready-mades, etc. (1913-1964)*, Milan, Galleria Schwarz ; Paris, Le Terrain Vague, 1964. CW Bib. 180. +
B 197. SCHWARZ, Arturo. *The Large Glass and Related Works.* Milan, Galleria Schwarz, 1967. CW Bib. 238. +
B 198. SCHWARZ, Arturo. *Marcel Duchamp/Ready-mades, etc. (1913-1964).* I. Milan, Galleria Schwarz, 1964 ; II. Paris, Le Terrain Vague, 1964. [Textes de Walter Hopps et Ulf Linde].
B 199. SCHWARZ, Arturo. *Marcel Duchamp. 66 Creative Years.* I. Milan, Galleria Schwarz, 1971 ; II. Paris, Éric Losfeld, 1972.
B 200. SCHWARZ, Arturo. *Notes and Projects for the Large Glass.* New York, Harry N. Abrams, 1969. CW Bib. 263. +
B 201. SEITZ, William C. *The Art of Assemblage.* New York, The Museum of Modern Art, 1961. CW Bib. 148. + 46.
B 202. SEITZ, William C. « What's Happened to Art? ». In *Vogue*, n° 4, New York, 15 fév. 1963, pp. 110-113 et 129-131. CW Bib. 162. +

B 203. SELIGMANN, Kurt. « Magic and the Arts ». In *View*, nº 1 [M.D.], New York, oct. 1946, p. 16. CW Bib. 56. +
B 204. SEUPHOR, Michel. « Paris New York 1951 ». In *L'Art d'Aujourd'hui*, nº 6, Paris, juin 1951, p. 4. CW Bib. 70. +
B 205. SHIREY, David L. « The Gayest of Us All ». In *Newsweek*, New York, 30 oct. 1967, p. 63. CW Bib. 240. +
B 205 bis. SIEGAL, Jeanne. [Entretien avec M.D.]. In *Arts*, New York, décembre 1968-janvier 1969.
B 206. SOBY, James Thrall. « The Arensberg Collection ». In *Saturday Review of Literature*, New York, 6 nov. 1954, p. 61. CW Bib. 90. +
B 207. SOBY, James Thrall. « Marcel Duchamp in the Arensberg Collection ». In *View*, nº 1, [M.D.], New York, mars 1945, pp. 11-13.
B 208. SPIES, Werner. « Marcel Duchamp - der dadaistische Oldtimer ». In *Frankfurter Allgemeine*, Francfort, 27 juillet 1967. CW Bib. 236. +
B 209. STEEFEL, Lawrence D., Jr. « The Art of Marcel Duchamp ». In *The Art Journal*, nº 2, hiver 1962-63, pp. 72-80.
B 210. STEEFEL, Lawrence D., Jr. *The Position of La Mariée mise à nu par ses célibataires, même (1913-1923) in the Stylistic and Iconographic Development of the Art of Marcel Duchamp*. I. Thèse ronéotée, Princeton Univ. 1960. II. In « The Art of Marcel Duchamp », Bib. B 209 [Int. avec M.D.].
B 211. STEEGMULLER, Francis. « Duchamp : Fifty Years Later ». In *Show*, nº 2, New York, fév. 1963, pp. 28-29. CW Bib. 164. +
B 211 bis. *Studio International*. Nº spécial M.D., janv.-fév. 1975.
B 212. SUQUET, Jean. « Le Signe du Cancer ». I. In *Almanach Surréaliste du demi-siècle*, nº sp. de *La Nef*, nº 63-64, Paris, Le Sagittaire, 1950.
B 213. SUQUET, Jean. *Miroir de la Mariée*. Paris, Flammarion, 1974.
B 214. SWEENEY, James Johnson. « *A Conversation with Marcel Duchamp*' I. Interview télév., Philadelphie, N.B.C., 1955 ; II. In *Marchand du Sel*, Bib. B 188, pp. 149-161 (adapt. franç. de Michel Sanouillet) ; III. In Octavio Paz, *Marcel Duchamp ou le Château de la Pureté*, Bib. B 158 (trad. esp. d'O.P.). CW Bib. 97. +
B 215. SWEENEY, James Johnson. « Villon, Duchamp-Villon, Duchamp ». Préf. cat. exp. Guggenheim Museum, New York, janv.-fév. 1957 ; Houston Museum of Fine Arts, mars-avril 1957. CW Bib. 101. +
B 216. SWEENEY, James Johnson. « Eleven Europeans in America : Marcel Duchamp ». I. In *The Museum of Modern Art Bulletin*, nº 4-5, New York, 1946, pp. 19-21 ; In Octavio Paz, *Marcel Duchamp ou le Château de la Pureté*, Bib. B 158, pp. (trad. esp. d'O.P.). CW Bib. 55. +
B 217. TAKIGUCHI, Shuzo. *To and From Rrose Sélavy*. Tokyo, Ed. Rrose Sélavy, 1968. CW Bib. 258 ; CW Cat. 344 c. +
B 218. THARRATS, Joan-Josep. « Marcel Duchamp ». In *Art Actuel International*, nº 6, Lausanne, 1958, p. 1 ; II. In « Coloquio con Marcel Duchamp », in *Revista*, nº 357, Barcelone, 14 fév. 1959, p. 17 (trad. esp.). CW Bib. 110. +
B 219. TOMKINS, Calvin. *The Bride and the Bachelors : the Heretical Courtship in Modern Art*. New York, Viking, 1965.

B 220. TOMKINS, Calvin. *The World of Marcel Duchamp 1887* — New York, Time Inc., Time-Life Library of Art, 1966.
B 221. TOMKINS, Calvin. « Not Seen and/or Less Seen ». I. In *The New Yorker*, New York, 6 fév. 1965, pp. 37-93 ; II. In C. Tomkins, *The Bride and the Bachelors*, Bib. B 219, pp. 9-68 [texte revu et augmenté]. CW Bib. 189. +
B 222. TOVAK, Günter. *Marcel Duchamp*. Film (15') réalisé à l'occ. de l'exp Duchamp à la Kestner Gesellshaft, Hanovre, 7-28 sept. 1965. CW Bib. 192. +
B 223. VERKAUF, Willy, JANCO, Marcel et BOLLIGER, Hans. *Dada : Monograph of a Movement*, Teufen, Niggli, 1961.
B 224. WALDBERG, Patrick, SANOUILLET, Michel et LEBEL, Robert. *Metafisica, Dada e Surrealismo*. T. VII de *L'Arte Moderna*. Milan, Fabbri, 1968.
B 225. WASTE, Henrie. « A Portrait ». In *View*, n° 1 [M.D.], New York, mars 1945, pp. 34-35, 51.
B 226. WATSON-TAYLOR, Simon. « Ready-made ». In *Art and Artists*, n° 4, Londres. juillet 1966, p. 46 ; II. In *Dossiers Acénonètes du Collège de Pataphysique*, n° 17, Paris, [22 déc. 1961], p. 88. CW Bib. 209. +

TABLES

TABLE DES HORS-TEXTE

17 — Fontaine (ready-made, photographie par R. Mutt), 1917. *Galerie Sidney Janis, New York.*

18 — A bruit secret (ready-made aidé), 1916. *Collection L. et W. Arensberg, Musée d'Art de Philadelphie.*

19 — Apolinère Enameled (ready-made rectifié), 1916-1917. *Collection L. et W. Arensberg, Musée d'Art de Philadelphie.*

20 — Rotative demisphère (machine optique), 1925. *Musée d'Art Moderne de New York.*

21 — Obligation pour la roulette de Monte Carlo (collage), 1924. *Musée d'Art Moderne de New York.*

22 — Deux Rotoreliefs (disques de carton), 1935. Diamètre 25 cm. En haut : Verre de Bohème, vert et noir sur fond blanc ; en bas : Corolles, blanc, noir et orange. A droite : « DISKOPTIKSDEMARCELDUCHAMP ». Narration par Henri-Pierre Roché de la présentation des Rotoreliefs par M.D. au concours Lépine de 1935 (in : *Phases*, N° 1, Paris, janvier 1954).

TABLE DES MATIÈRES

CHAPITRE III
M.D., CRITICAVIT

CHAPITRE IV

TEXTICULES

Du même glossateur

Marchand du Sel. Écrits de Marcel Duchamp. Paris, Le Terrain Vague, 1958 (épuisé).

Picabia. Monographie. Paris, Éditions du Temps, 1964 (épuisé).

Dada à Paris. 1. Paris, Jean-Jacques Pauvert, 1965 ; 2. Nice, Centre du XXe siècle, 1980 ; Paris, Flammarion, nouv. éd. revue et corrigée, 1993.

Francis Picabia et « 391 ». Tome I (réimpression de la revue de Francis Picabia) et II (apparat critique). 1. Paris, Le Terrain Vague, 1966 (épuisé) ; 2. Paris, Belfond Losfeld, 1976 ; 3. Nice, Centre du XXe siècle, 1982.

Dada. Tome I (réimpression de la revue de Tristan Tzara) et II (apparat critique). Nice, Centre du XXe siècle, 1976-1984.

Dada. Paris, Hazan, 1969.

Il Movimento Dada. Milan, Fabbri, 1970.

Documents Dada (avec Y. Poupard-Lieussou). Genève, Weber-Skira, 1974.

Dada et Surréalisme. Paris, Rive Gauche Productions, 1981.

Proverbe. Réimpression critique de la revue de Paul Éluard. Nice, Centre du XXe siècle, 1978. Z. Réimpression critique de la revue de Paul Dermée (avec Elmer Peterson). Nice, Centre du XXe siècle, 1977.

Achevé d'imprimer en novembre 2007
sur les presses de l'imprimerie Maury Eurolivres
45300 Manchecourt

N° d'Éditeur : L.01EBUNFH1614A008
Dépôt légal : Mai 1994.
N° d'Imprimeur : 07/10/133096-X-2007

Imprimé en France